中国经济新常态

中共中央党校经济学教研部
曹立◎主编

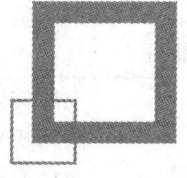

新华出版社

图书在版编目（CIP）数据

中国经济新常态/中共中央党校经济学教研部著
北京：新华出版社，2014.9
ISBN 978－7－5166－1186－9
Ⅰ.①中… Ⅱ.①中… Ⅲ.①中国经济—通俗读物 Ⅳ.①F12－49
中国版本图书馆 CIP 数据核字（2013）第 206054 号

中国经济新常态
作　　者：中共中央党校经济学教研部

出 版 人：张百新	选题策划：黄春峰
责任编辑：赵怀志　沈文娟	责任校对：刘保利
封面设计：任燕飞	责任印制：廖成华

出版发行：新华出版社
地　　址：北京石景山区京原路 8 号　　邮　　编：100040
网　　址：http://www.xinhuapub.com　　http://press.xinhuanet.com
经　　销：新华书店
购书热线：010－63077122　　中国新闻书店购书热线：010－63072012
照　　排：新华出版社照排中心
印　　刷：河北鑫宏源印刷包装有限责任公司
成品尺寸：170mm×240mm
印　　张：19　　　　　　　　　　字　　数：288 千字
版　　次：2014 年 9 月第一版　　印　　次：2014 年 9 月第一次印刷
书　　号：ISBN 978－7－5166－1186－9
定　　价：36.00 元

图书如有印装问题，请与出版社联系调换：010－63077101

出版说明

2014年5月,习近平总书记在河南考察时指出:"我国发展仍处于重要战略机遇期,我们要增强信心,从当前我国经济发展的阶段性特征出发,适应新常态,保持战略上的平常心态。"这是新一代中央领导首次以新常态描述新周期中的中国经济。

30多年的高速增长带来了中国经济举世瞩目的成就,但其中也蕴藏了一些风险和问题,如资源紧张、产业结构失衡、收入差距扩大、环境污染等。如何化解这些风险,推动经济健康持续发展,是新常态下中国经济的重要使命,广大干部群众极为关注。比如,如何深化改革,实现经济的转型升级?如何平稳度过经济换挡期?如何协调中国区域发展?如何推进城乡一体化发展?如何调整产业结构、化解产能过剩?如何充分释放国内的消费需求……

新常态下的中国经济,将告别过去传统粗放的发展方式,进入高效率、低成本、可持续的中高速增长阶段。为便于读者深入学习和理解中国经济新常态,我社约请中共中央党校经济学教研部编撰了《中国经济新常态》这本通俗理论读物。本书观点正确、说理明晰、通俗易懂,对新常态时期中国经济的发展路径进行了深入的分析和解读,适合各级党政领导干部、经济工作者和青年学生参阅。

最后,需要特别指出的是,本书的编写由曹立教授主持,特致谢意!

目 录

❶ 加快发展混合所有制经济／1
   ◎混合所有制经济的内涵与特征
   ◎混合所有制经济是基本经济制度的重要实现形式
   ◎发展混合所有制经济对于中国经济体制改革的重大意义
   ◎发展混合所有制经济的路径选择

❷ 使市场在资源配置中起决定性作用／20
   ◎市场配置资源的机制
   ◎市场在资源配置中的决定性作用
   ◎市场经济中的政府经济职能
   ◎全面推进市场化改革的主要政策

❸ 深化财税体制改革与化解债务风险／48
   ◎当前我国财税体制存在哪些主要问题
   ◎深化财税体制改革的重点工作是什么
   ◎如何看待我国的债务风险
   ◎为什么说中国的债务风险仍处于可控之中
   ◎怎样正确认识地方债和地方融资平台

◎怎样防范地方债务风险

4 推进区域协调发展／68
◎我国区域协调发展的新态势
◎影响我国区域协调发展的主要因素
◎区域协调发展的国际经验
◎构建我国区域协调发展的新型机制
◎目前我国区域协调发展的主要目标和重点
◎实现我国区域协调发展的政策建议

5 推进城乡发展一体化／100
◎城乡一体化及其现状
◎建设以人为核心的城镇化
◎要推进城乡人口的自由流动
◎要不断提升城乡人力资本
◎要提升城乡公共服务均等化水平
◎要促进城乡和谐社会建设

6 确保粮食安全／131
◎我国粮食安全的基本含义
◎确保粮食安全的战略意义
◎我国粮食安全面临的主要挑战
◎我国确保粮食安全的主要对策

7 推进以人为本的城镇化／156
◎推进农业转移人口市民化

◎ 提高城镇建设用地利用效率
◎ 建立多元可持续的资金保障机制
◎ 优化城镇化布局和形态
◎ 提高城镇建设水平
◎ 加强对城镇化的管理

❽ 城镇布局与城市群发展／182

◎ 城镇布局下城市群的形成
◎ 城市群的基本特征与演变规律
◎ 对城市群的研究与实践
◎ 我国城市群的发展现状及问题
◎ 我国城市群发展的战略构想

❾ 调整产业结构与化解产能过剩／210

◎ 产业结构与产能过剩：理论基础与分析框架
◎ 当前我国产业结构面临的突出问题
◎ 产能过剩形成原因及其微观基础
◎ 产业结构调整与化解过剩产能的原则与对策设计

❿ 应对人口老龄化对中国经济的挑战／240

◎ 什么是人口老龄化
◎ 中国人口老龄化状况及其特征
◎ 中国人口老龄化对中国经济的挑战
◎ 应对人口老龄化对中国经济的挑战

⑪ 提高对外开放水平／266
　　◎对外开放对我国经济发展具有重要战略意义
　　◎我国实施对外开放战略的理论依据和重大发展
　　◎我国对外开放面临的新挑战
　　◎我国对外开放的政策取向

1 加快发展混合所有制经济

2013年中央经济工作会议再次提出,要"稳中求进",即既要巩固稳中向好的发展态势,促进经济社会大局稳定,为改革创造必要环境和条件;又要推动全面深化改革,以改革促创新、促发展、促转方式调结构、促民生。做好2014年经济工作最核心的是要坚持稳中求进、改革创新。党的十八届三中全会作出的《中共中央关于全面深化改革若干重大问题的决定》(以下简称《决定》)提出,全面深化改革,要发挥经济体制改革牵引作用。而在布局经济体制改革时,首先是坚持和完善基本经济制度,《决定》中还特别提出,混合所有制经济是基本经济制度的重要实现形式。这是我们党认真总结改革开放35年来的实践经验作出的重大决策,是对社会主义与市场经济结合新的探索,是对社会主义初级阶段基本经济制度内涵的丰富和发展。

一、混合所有制经济的内涵与特征

改革开放以来,我国所有制结构的变化集中体现在混合所有制的发展上,具体说是在宏观层次上,就是由单一的公有制经济发展为以公有制经济为主体,多种所有制经济相互并存、共同发展的基本格局;在企业层次上,多种经济成分之间相互渗透、相互融合,股权多元化的混合所有制企业逐步出现与发展。由此可知,混合所有制是与社会化大生产、市场经济相适应的一种主体多元化、运行社会化的财产制度。

(一)混合所有制经济的内涵

什么是混合所有制经济？较为权威的观点认为：混合所有制经济是指不同性质的资本联合、融合或参股而形成的经济成分，一般采取股份制的资本组织方式。它以社会中存在多种所有制经济成分为前提，通过各类性质的产权在市场中以多种形式自主流动和重组形成，并适应竞争的需要不断变化资本结构。由此可见，对于混合所有制经济，既可以从宏观角度考察，即指整个社会（或国家）存在多种所有制经济；也可以从微观角度考察，是指不同所有制性质的投资主体共同出资组建的企业，即一企多制。十八届三中全会提出的发展混合所有制经济，是侧重于微观角度。从混合所有制经济产生的根源来看，它是一种次生的所有制形态，也就是指，两种或两种以上原生或基本所有制形式通过联合、重组而产生的一种新的所有制形式。因此，混合所有制经济包括两重含义：一是指整个社会的多种所有制形式和经济成分并存的格局；二是指不同所有制性质的资本在同一企业中的"混合"。混合所有制作为所有制关系中的一种新的所有制类型，它的出现打破了各种所有制之间自我封闭的界限，突破了单一所有制筹集资金渠道的局限，有效地解决了扩大企业规模和承担经营风险不对称的矛盾，从而能够促进产业结构、企业结构和所有制结构的合理调整。

西方学者讨论的"混合经济"与我们所讨论的混合经济有较大差异。新古典综合派继承了凯恩斯和汉森关于资本主义经济是一种"混合经济"的理论观点，以"混合经济"作为新古典理论分析的制度前提。凯恩斯在《通论》中曾说过，挽救资本主义制度的"唯一切实的办法"就是扩大政府的机能，"让国家之权威与私人之策动力量互相合作"[①]。这是关于"混合经济"论点的最初由来。汉森在1941年发表的《财政政策和经济周期》一书中，较为系统地解释了"混合经济"的含义。他指出，从19世纪末

---

① [美]凯恩斯：《通论》，商务印书馆1981年版，第321页。

加快发展混合所有制经济

期以后,世界上大多数资本主义国家的经济,已经不再是单一的纯粹的私人资本主义经济,而是同时并存着"社会化"的公共经济,因而成了"公私混合经济"或称"双重经济"。汉森认为必须从双重意义上来理解这种"混合经济",即生产领域的"公私混合经济"(如国有企业与私营企业并存)、收入和消费方面的"公私混合经济"(如公共卫生、社会安全和福利开支与私人收入和幸福的并存)。根据汉森的看法,无论是美国或西欧,都存在着从个人主义的经济向社会福利为重点的"公私混合经济"过渡的趋势。萨缪尔森认为,"我们的经济是私人组织和政府机构都实施经济控制的'混合经济':私有制度通过市场机制的无形指令发生作用,政府机构的作用则通过调节性的命令和财政刺激得以实现"。① 日本经济学家都留重人对"混合经济"也曾做过探讨。他认为,由于市场导向型的自由企业资本主义不可避免地会转变为其他模式,这种其他模式因为现在还找不到一个更好的术语,可以称它为"社会资本主义"或"混合经济","也就是说,是一种在有众多的公共管理手段干预(以实现社会既定目标)下,价格机制作用被限制在一定范围内起作用的经济组织体系"②。在此基础上,都留重人判断:"绝大多数资本主义国家已经进入了一个混合经济生产模式的时代。"③ 都留重人提出的"混合经济",是在技术进步的前提下,在经济私有化和全球化的背景下,介于资本主义与社会主义之间的一种过渡经济状态。由此可见,西方学者所讨论的"混合经济"是以市场经济为主,通过价格机制调节和干预经济生活,以平息经济波动,保证宏观经济的均衡增长。一方面是针对市场失灵和政府失灵的双重后果提出的对经济控制的新思路的概括,也就是所谓把"看得见的手"与"看不见的

---

① [美]保罗.A.萨缪尔森等:《经济学》,中国发展出版社1992年版,第68页。
② [日]都留重人:《日本的资本主义——以战败为契机的战后经济发展》,复旦大学出版社1995年版,第263页。
③ [日]都留重人:《日本的资本主义——以战败为契机的战后经济发展》,复旦大学出版社1995年版,第265页。

手"结合起来;另一方面,这种对经济现状的概括,以淡化资本主义经济私有制的性质,而以"混合经济"这一模糊的范畴来说明当代资本主义。

(二) 混合所有制经济的特征

混合所有制经济的性质由其控股主体的所有制形式来决定,不能笼统地说混合所有制是公有制还是私有制。从资产运营的角度分析,混合所有制已突破了公有制和私有制的界限,因为无论资本来源是公有的还是私有的,都已融合为企业的法人财产。在现代公司中,各利益主体通过治理结构形成一种混合的、复杂的产权安排。具有如下特征:

第一,混合所有制经济实现了财产主体的多元化、运作社会化,实现了对生产资料实物形态的"共同占有"和价值形态的"个人所有"相统一。混合所有制经济是不同所有者在产权形式上的联合(劳动力在某种意义上是劳动者自己的财产权),使不同所有制形式及不同所有者主体得以融合,从而实现了产权主体多元化和分散化;混合所有制经济还实现了生产资料的社会化占有和使用,真正实现了联合起来的生产者的财产,实现了生产资料实物的"共同占有"和价值形态的"个人占有",既承认主体的利益又能使资本使用社会化;混合所有制经济内部产权清晰,以此界定的责、权、利关系明确,相应的股权设置合理,因此,混合所有制经济运行规范、高效。

第二,混合所有制经济具有很强的所有权兼容力。所有制形式是所有权运行的制度安排,所有权从根本上看,是一种利益载体。公有权和私有权的对立就是利益的对立,是个人利益和共同利益的对立。在社会主义初级阶段,我们承认非公有制经济存在的合理性,就是承认私有财产权与公有财产权一样具有合法性,那么保护和发展这种所有权对于所有者来说就是保护他们的利益,从而更能调动他们的劳动积极性和主动性。由于混合所有制经济是财产权的联合,因此,在一种更宽广的范围内实现了私有权和公有权的融合,实现了个人利益和共同利益的统一。混合所有制是一种更开放，更具兼容力的所有权运行的制度安排，对于合理配置社会资源具有积极意义。

第三，混合所有制经济与市场经济具有天然的联系。市场经济是商品经济发展的高级阶段，市场经济是交换经济，商品交换是不同利益主体的交换，从本质上看是不同所有权的交换。公有制经济内部，所有权单一，不可能产生真正的交换，不能产生市场经济的交换关系，这也是所有制改革的出发点，建立社会主义市场经济体制必须构建社会主义市场经济的交换关系。混合所有制经济是在公有制经济内部引进非公有制经济和非国有经济，从而构建不同所有权主体、不同交换主体和不同的利益主体，而多元利益主体的存在、众多市场参与者的存在是广泛的市场交易、市场竞争、市场对资源配置发挥基础性作用的前提。因此，混合所有制经济与市场经济有着天然的联系。

第四，混合所有制经济形成了资本所有者和劳动者利益共同体，充分调动了投资者和劳动者两个方面的积极性。劳动力和生产资料的结合方式，即生产要素的结合方式是划分社会形态的一个重要标准，马克思以劳动力和生产资料的结合方式说明劳动者在生产中的地位和作用。党的十八届三中全会《决定》指出，允许员工持股，以"形成资本所有者和劳动者利益共同体"，它对于重新认识社会主义市场经济条件下的劳资关系，具有重要的启示意义。在以往的认识中，往往自觉不自觉地按照资本主义条件下的劳资矛盾、劳资关系来看待这一问题，比较突出地强调了其对立性、对抗性的一面。但是，在社会主义市场经济条件下，劳资关系可以摆脱、或者说我们可以挣脱以往利益对立乃至对抗的传统框架，积极探索构建劳资伙伴关系，力争形成劳资利益共同体的制度框架和利益关系格局。在混合所有制企业中，形成资本所有者和劳动者利益共同体，确立了劳动者的主体地位，调动了投资者和劳动者两个方面的积极性。

从实践中来看，我国存在的混合所有制经济主要有三大类型：（1）公有制和私有制联合组成的混合所有制企业。可以进一步细分为两种形式，一是国有经济或集体经济与外资联合而成的企业,如中外合作经营、合资经营等;二是国有经济或集体经济同国内私营经济联合组成的企业。(2)公有制与个人所有制联合组成的混合所有制企业。这包括国有企业股份制改造中吸收本企业职工持有部分股权的企业,以及集体经济实行股份合作制的企业中集体所有与个人所有相结合的混合所有制企业。(3)公有制内部国有企业与集体企业联合组成的混合所有制企业。如城市国有企业与农村乡镇企业或城市集体企业组成的联合体。这是公有制企业之间的联合。混合所有制经济的形式随着经济的发展会进一步呈现多样化的趋势。

二、混合所有制经济是基本经济制度的重要实现形式

所谓经济制度,就是指人类社会发展到一定阶段上占统治地位的生产关系的总和,即"社会经济结构"。1992年党的十四大提出建立社会主义市场经济体制,把建立社会主义市场经济体制作为我们改革的目标模式。党的十五大提出社会主义初级阶段的基本经济制度这个概念,就是公有制为主体,多种所有制经济共同发展。这是中国共产党把马克思主义的基本原理与中国的实际相结合,不断深化所有制改革,并成功地实现了社会主义公有制和市场经济的结合,形成了符合中国国情的所有制结构。

从本质上看,基本经济制度问题就是所有制基础问题,而我国的基本经济制度,就是我国社会主义市场经济体制以什么所有制为基础的问题。我国30多年改革开放的实践证明,所有制是构成生产关系诸因素中最重要的因素,社会主义所有制改革自然是我国经济体制改革最为核心的部分,无疑是我国"破"计划经济体制、"立"市场经济体制最大的难点之一。所以,所有制改革是中国经济体制改革的关键,没有所有制改革的成功就没有经济体制改革的成功,所有制改革尤其是国有企业改革是改革攻坚的核心和关键。

改革开放以来,我们党一直在努力寻找公有制和基本经济制度有效的

实现形式。1993年，党的十四届三中全会决定提出："随着产权的流动和重组，财产混合所有的经济单位越来越多，将会形成新的财产所有结构。"1997年，党的十五大提出："公有制实现形式可以而且应当多样化"，"要努力寻找能够极大促进生产力发展的公有制实现形式。股份制是现代企业的一种资本组织形式，有利于所有权和经营权的分离，有利于提高企业和资本的运作效率，资本主义可以用，社会主义也可以用。"1999年，党的十五届四中全会指出："国有大中型企业尤其是优势企业，宜于实行股份制的，要通过规范上市、中外合资和企业相互参股等形式，改为股份制企业，发展混合所有制经济。"2002年，党的十六大提出："除极少数必须由国家独资经营的企业外，积极推行股份制，发展混合所有制经济。"2003年，党的十六届三中全会提出："要适应经济市场化不断发展的趋势，进一步增强公有制经济的活力，大力发展国有资本、集体资本和非公有资本等参股的混合所有制经济，实现投资主体多元化，使股份制成为公有制的主要实现形式。"十八届三中全会《决定》对发展混合所有制经济作用和意义的论断，是我们党以往有关论断的继承和发展，是我国改革发展实践和认识进一步深化的成果。

我国出现和发展混合所有制经济，主要源于国有企业改革，源于寻找国有制同市场经济相结合的形式和途径。国有企业改革的方向是建立现代企业制度，即现代公司制，而规范的现代公司制是股权多元化的，除了原有的国有资本外，还要吸收其他非国有资本作为战略投资者，公司公开上市还会有大量的民营企业和股民持有公司股票。我国经济改革的实践证明，国有企业进行公司制股份制改革，可以实现国有制同市场经济的有机结合，使国有制找到了能有效促进生产力发展的实现形式。在对原有公有制特别是国有制进行改革的同时，允许体制外非公有制经济发展，是一项非常成功的增量改革。在经济改革的强力推动下，我国经济迅速起飞，不仅国有资本成倍大幅度增长，各种民间资本和居民储蓄存款也大量增加。

现在，私营企业上千万户，注册资金30多万亿元①；据国家统计局数据，2012年民间固定资产投资占全社会固定资产投资（37.5万亿元）的比例达到61.3%；而到2013年8月，居民储蓄余额已达44万亿元，其中定期存款额超过27万亿元。大量民间资本要求拓宽投资渠道，从而为发展混合所有制经济创造了现实条件。

近些年来，国有资本、集体资本和非公有资本交叉持股、相互融合的混合所有制经济迅速发展，在经济生活中发挥着越来越重要的作用，显示出旺盛的生命力。以银行业为例，据银监会年报显示，"截至2012年年底，股份制商业银行和城市商业银行总股本中，民间资本占比分别为41%和54%。农村中小金融机构股本中，民间资本占比超过90%"②。到2012年，我国已有2494个境内上市公司，股票市值达23万亿元③，占当年国内生产总值的44.3%。中国上市公司相当大部分是由国有资本参股控股的，它们是典型的混合所有制经济。根据国务院国资委材料，至2012年年底，国有控股上市公司953家，占我国A股上市公司数量的38.5%；市值13.71万亿元，占A股上市公司总市值的51.4%。④根据历年《中国税务年鉴》材料，从1999年到2011年，混合所有制经济对全国税收的贡献率是逐年提高的，1999年占11.68%，2005年占36.57%，2011年占48.52%。⑤这反映了混合所有制经济迅速发展的情况。今后，要允许更多国有经济和其他所有制经济发展成为混合所有制经济，国有资

---

① 国家工商行政管理总局：《2012年全国市场主体发展总体情况》，2013年1月10日，第1页。

② 银监会：《中国银行业监督管理委员会2012年报》，2013年5月24日，第二部分银行业改革发展，第38页。

③ 银监会：《中国银行业监督管理委员会2012年报》，2013年5月24日，第一部分经济金融形势与银行业概况，第22页。

④ 王勇：《全面贯彻落实党的十八大精神　深化国资国企改革提高发展质量效益——在全国国有资产监督管理工作会议上的讲话》，2013年1月10日。

⑤ 张卓元：《混合所有制经济是基本经济制度的重要实现形式》，《经济日报》，2013年11月22日。

本投资项目允许非国有资本参股。2013年9月6日，国务院常务会议提出，尽快在金融、石油、电力、铁路、电信、资源开发、公用事业等领域向民间资本推出一批符合产业导向、有利于转型升级的项目，形成示范带动效应，并在推进结构改革中发展混合所有制经济。允许混合所有制经济实行企业员工持股，形成资本所有者和劳动者利益共同体。鼓励发展非公有资本控股的混合所有制企业。①

三、发展混合所有制经济对于中国经济体制改革的重大意义

混合所有制经济是有利于促进社会生产力发展的资本组织形式。积极发展混合所有制经济，有利于改善国有企业、集体企业和非公有制企业的产权结构，推动企业建立适应市场经济发展的现代企业制度；有利于国有资本放大功能、保值增值、提高竞争力；有利于推动各类所有制企业产权的流动和重组，优化资本配置，使效益最大化；有利于依托多元产权架构和市场化的运营机制提高国有经济或公有经济效益；有利于非公有制经济进入基础设施、公用事业等更多领域，拓展发展空间。积极发展混合所有制经济，必将对发展中国特色社会主义产生重大影响。

第一，混合所有制经济是积极探索公有制的多种实现形式，实现公有制与市场经济结合的必要途径。所有制改革不仅要鼓励非公有制经济的发展，而且要改革公有制实现形式，探索公有制的多种实现形式，从混合所有制财产的实际支配权看，多元产权的资产属于企业共同支配，共同使用，采取社会化的运作方式。从这个意义上说，混合所有制经济是公有制的一种实现形式。混合所有制经济与市场经济有天然的联系，与市场经济的亲和力强，因此混合所有制经济是公有制与市场经济结合的必要途径。

---

① 张卓元：《混合所有制经济是基本经济制度的重要实现形式》，《经济日报》，2013年11月22日。

第二，混合所有制经济是实现按劳分配和按生产要素分配的基本途径。按照马克思主义经济学的基本原理，生活资料的任何分配都是生产条件分配的结果，所有制的多样性必然带来分配方式的多样性，公有制占主体决定了按劳分配占主体，同时，在社会主义市场经济的条件下，生产要素包括资本、劳动力、土地、技术、信息等都要进入市场。生产要素的所有者作为市场主体，在市场竞争中要按照价值规律、供求规律进行平等竞争，实行优胜劣汰，优化配置，因此必须把按劳分配和按要素分配结合起来，这样既能体现和坚持效率优先、兼顾公平的原则，又能体现和坚持鼓励一部分人通过诚实劳动与合法经营先富起来的政策。混合所有制经济的分配方式是一种具有明显的按劳分配和按要素分配相结合的分配方式，例如，在股份制企业中，它的财产所有者或投资者都是多元化的，不论是控股、参股，也不论是法人持股、个人持股，收入必然是多样化的，按劳分配和按要素分配的方式是并存的，所以在现阶段，混合所有制经济是实现这种新的分配方式的最好途径。

第三，混合所有制是所有制由封闭走向开放的必然选择。中国经济体制改革最有意义和最大的突破在于确立社会主义市场经济体制。而市场经济要求产权主体多元化。在市场经济中，交换应是不同产权主体之间生产要素的让渡与转移。没有多元的产权主体，就不可能有真正的交换关系，因而就不可能形成真正的市场。单一的公有制内部的产权分离和调整，无法塑造出市场必要的产权基础。非公有制与市场经济存在天然的联系，能够提供市场机制发挥作用的基础。国有经济与非国有经济在现代市场经济中都是不可缺少的组成部分。国家掌握一定数量的经济资源，保持一定数量的国有企业，是政府进行宏观调控、实现产业结构优化、克服市场失灵所必要的。而非国有经济则是市场机制发挥作用的基本领域。因此，各种所有制成分之间在功能上具有互补性，相互之间无法完全替代。

所谓封闭式的多元所有制结构是指，在宏观上各种所有制形式孤立地并存，构成一种板块组合。其特点是为各种所有制形式划定存在领域，每一种所有制都对应着国民经济的一块。整体的国民经济被不同的所有制分割成孤立的板块,各板块之间各自独立、相互封闭。政府的经济政策因不同的所有制而各异,这种带有歧视性的经济政策造成了不公平的竞争环境。具体来说,这种封闭的所有制结构存在三个主要缺陷:其一,由于各种具体的所有制形式与外界相互隔绝,缺乏与外界的对比参照,从而不能形成强劲的压力和紧迫感,不能从内部激发效率;其二,各种所有制形式之间不能在同一国民经济板块内部相互配合和优势互补,限制了所有制结构整体功能的优化,窒息了协作生产力的发挥。所以,人为地为各种所有制划定经济领域,是违背市场法则的。这种封闭的所有制结构在微观上还表现为企业内资本主体的单一化,即在微观层次上,或全民、或集体、或私人,非此即彼,完全是一种纯粹单一的所有制形式。这种所有制结构在资源配置中存在严格的所有制界限。资源不能自由流动和转移,不同所有制企业之间不能自由流动和转移,不同所有制企业之间不能通过资本联合发展起广泛的经济协作,企业的规模扩张受到资金融通渠道的限制。在这种所有制微观结构单一化的基础上难以实现所有制宏观结构的优化配置。因此,一个能适应生产力的发展,能够实现资源的优化配置和充分利用的所有制结构应该是开放的系统。为追求自身利益的最大化,不同类型的经济成分相互渗透、相互融合,生产要素在不同的企业组织形式之间竞争、协作的关系有可能通过所有制的混合化而建立起来,各类经济的相对优越性也有可能通过所有制的混合来实现。

第四,发展混合所有制经济有利于提高企业竞争力。国有资本对自己承担的公共建设项目上,积极引进社会资本一同建设,可以直接放大国有资本功能,而且由于投资主体多元化而改善公司治理,提高效率和竞争力。有资料显示,2010、2011、2012年,全国规模以上工业企业资产利润率,国有及国有控股企业分别为4.9%、5.4%、4.6%,股份制企业分别为6.6%、8.4%、7.6%,说明混合所有制经济效益较高。今后,要适当减少持国有股份占比很高的股份公司的国有股,让更多的非国有资本参股,尤其要尽可能吸收新的战略投资者;划转部分国有资本充实社会保障基金,以便更好地应对人口老龄化趋势可能导致的养老基金缺口。与此同时,发展混合所有制经济,也有利于各种所有制资本取长补短、相互促进、共同发展。混合所有制经济有利于国有资本和其他民间资本在企业(公司)内部实现同等使用生产要素和公平受益,所以对民间资本也是有利的。随着经济发展和改革深化,产权多元、自主经营、治理规范的混合所有制经济,将会有进一步发展,并成为社会主义市场经济的微观主体。

第五,混合所有制企业成为我国企业走出去的主体。在当今社会化大生产条件下,各国企业对全球市场的争夺愈益激烈,而这种竞争实际上是规模和实力的较量,依靠资本的联合和集中来提高市场竞争能力已成为世界潮流。由于全社会生产要素的可动员规模,最关键的决定因素是所有制形式,即所有权的聚合机制和配置机制。不同的聚合和配置机制有不同的生产要素组织形式,而生产要素利用的范围和深度不同,其利用效率也不相同。单一的所有制形式由于不能使不同性质的所有权相互兼容,因此其吸收和调动社会经济资源的能力便受到种种限制。只有混合所有制,才能做到不同种类、不同性质的经济要素自由组合、任意配置,并在不断运动的过程中达至最优。在迅速把社会闲散资金吸聚为大规模资本的能力方面,混合所有制具有其他单一所有制不可比拟的优势,能使资产的存量结构和增量结构,在动态中不断得以优化,成为我国企业走出去的"航空母舰",成为与国外企业巨头竞争的主体。

四、发展混合所有制经济的路径选择

《中共中央关于全面深化改革若干重大问题的决定》明确指出,要积极发展混合所有制经济,这对于进一步巩固和完善社会主义基本经济制度,对于保证市场在资源配置中发挥决定性作用,对于充分激发一切积极因素推动社会财富创造,对于进一步调整理顺社会利益关系,都有着非常重要的理论和实践意义。发展混合所有制经济的基本路径是围绕"产权开放"和"产业开放",在完善基本经济制度、推进产权制度建设、完善现代企业制度、深化国有资产体制改革等方面,促进混合所有制经济成长壮大。

(一)坚持和完善基本经济制度

为巩固和完善基本经济制度,首先需要从思想认识上明确,公有制经济和非公有制经济都是社会主义市场经济的重要组成部分,都是我国经济社会发展的重要基础。我国仍然处于而且将长期处于社会主义初级阶段,在建设中国特色社会主义过程中,发展非公有制经济,对于促进经济增长、推动技术创新、提供就业岗位、增加居民收入、增加国家税收、满足人民群众日益增长的多方面的物质和文化需要等,都具有重要的和不可替代的作用。新的工业革命和技术革命发展使得生产力呈现两种趋势:一是生产社会化规模化不断发展;二是向个性化差异化发展。因此,要确认非公有制经济同公有制经济一样,都是我国经济社会发展的重要基础,在制定各项方针政策和实际工作中消除所有制歧视,包括消除各种隐性壁垒,继续支持非公有制经济健康发展。

目前民营经济发展中存在"玻璃门"、"旋转门"等一些障碍,根本在于思想,没有把非公有制经济放在与公有制经济同等地位上。积极发展混合所有制经济,既要发展国有资本控股的混合所有制经济,也要鼓励发展非公有制资本控股的混合所有制经济。进一步引入竞争,消除对非公有制经济的歧视,并在一个竞争的环境中相互融合,强调不同所有制经济市场主体地位的公平和平等性,放开产业限制,消除产业进入壁垒。虽然此前的非公经济"36条"放宽非公有制经济市场准入,但是在政策上还存在一些不平等,不能与其他所有制企业一视同仁。按照十八届三中全会的要求,坚持权利平等、机会平等、规则平等,废除对非公有制经济各种形式的不合理规定,消除各种隐性壁垒,制定非公有制企业进入特许经营领域具体办法。如支持和鼓励非公经济参与市政基础设施项目建设经营，允许非公经济通过出资入股、收购股权、参股、控股、租赁或购买服务等形式参与城镇供水、供暖、供气、生活污水垃圾处理设施及配套管网等市政基础设施建设和经营；允许非公经济以独资、控股或参股形式参与水电站、火电站、热电站、天然气发电、余压余热发电等项目建设及电力服务有关业务；鼓励非公经济参与特定区域供电线路、微电网建设；允许和鼓励具备相应资质条件的非公经济进入交通运输领域，参与公路、桥梁、隧道、车站、码头、综合运输枢纽、物流园区、运输站场等交通基础设施的建设、养护、运营和管理，及交通运输新兴业务领域（交通信息化、交通智能业务、科技创新业务、节能减排、绿色交通建设）的投资、建设和经营。

根据国家工商总局《全国市场主体发展报告》，截至2013年年底，全国私营企业1253.86万户，注册资本（金）39.31万亿元，私营企业占所有企业单位数的82%以上。在上述私营企业中，大型私营企业虽然为数不多，但是拥有的企业资产和个人财富相当可观。而从实际情况看，这支队伍（包括大中小私营主）的作用并未发挥出来。由此可见，非公资本参与发展混合所有制具有相当大的潜力，需要进一步坚持和完善基本经济制度，解放思想，推进混合所有制经济成长壮大。

（二）进一步推进产权制度建设

产权制度是关于产权界定、运营、保护等的一系列体制安排和法律、法规的总称。产权是以财产所有权为主体的一系列财产权利的总和，包括占有、使用、收益、处分等权利。现代意义上的财产，既包括土地、房屋、设备及存款、现金等不动产和动产，也包括股票、债券等证券资产，还包括专利、商标、名誉等无形资产。现代经济学认为，产权是对经济主体财产行为权利的法律界定，市场经济是一个不同利益取向的经济主体在产权明确界定的条件下进行公平自由交易的经济系统。如果产权界定不清和缺乏保护,交易主体的权利、责任、义务缺乏法律制度的规制,交易就没有安全性可言。产权制度能够帮助一个人在与他人的交易中形成一个可以合理把握的预期。也就是说,由于产权确立了人们之间受益受损的边界,各类微观经济主体对自己的合法权益有了一个稳定的长期预期,才会产生追求长期经济利益的动力。

产权是所有制的核心,现代产权制度是构建现代企业制度的重要基础,健全归属清晰、权责明确、保护严格、流转顺畅的现代产权制度,是深化竞争性领域国企改革的关键。国有资本"一统天下"的企业改造为产权多元的混合所有制企业,有利于打破"一股独占"或"一股独大"的僵持格局,真正建立产权主体多元化、治理结构法人化的制度。这不仅使经济体制改革取得突破,而且也可以发挥经济体制改革的牵引作用,带动其他领域的改革。从这个意义上说,发展混合所有制是整个改革棋局的关键一步。截止到2012年年底,中央企业及其子企业控股的上市公司共378家,地方国有企业控股的上市公司681户。中央企业及其子企业中,引入非公资本形成混合所有制企业的,大约占到总企业户数的50%左右,地方国有企业引入非公资本形成混合所有制企业的,比重稍高一些。因此,要进一步放开产权,推进产权制度建设。

现阶段产权制度建设的着力点:一是推进产权归属清晰和产权多元化改革,严格产权保护制度,公有制经济财产权不可侵犯,非公有制经济财产权同样不可侵犯;二是建立产权顺畅流动的机制。要解决产权的流动问题,需要界定国有资产交易价格。定价问题只有在充分竞争的市场上才能解决得比较好。在市场经济条件下,无论其资产属性,其定价都是按照其在市场上的盈利能力来决定的,是动态的、交易双方认定的,而不是由投资数量、投资规模决定的管理价格;三是加快完善资本市场体系建设。要大力发展多层次资本市场体系,完善资本市场结构,逐步建立和完善产权改革和产权顺畅流转的平台,促进包括国有企业在内的各种性质企业生产要素在全国范围内自由流动和充分竞争,实现资源的优化配置。

(三) 推动国有企业完善现代企业制度

要按照党的十八届三中全会的重要部署,深化国有企业改革,要突出重点、分类实施,完善现代企业制度。

1. 准确界定不同国有企业功能。国有企业身处不同行业,其功能目标、产权结构、公司治理、改革重点都有明显区别。进一步深化国有企业改革,首先要准确界定不同国有企业的功能,实施分类改革和监管。对提供公益性产品或服务的企业,如供水、供电、供气、公共交通等,要加大国有资本投入,支持其在提供公共服务方面做出更大贡献,同时进一步规范公司治理,建立符合企业功能定位的考核评价指标体系,有针对性地加强服务质量、价格等监管。对国有资本继续控股经营的自然垄断行业的企业,要实行政企分开、政资分开、特许经营、政府监管为主要内容的改革,根据不同行业特点实行网运分开,放开竞争性业务,推进公共资源配置市场化,加强行业监管和社会监督。对一般性竞争领域的国有企业,要按照市场化的要求,依托资本市场,推进公众公司改革,鼓励战略投资者参与国有企业改组改造,实现国有资产资本化,提高国有资本流动性。

2. 健全公司法人治理结构。健全协调运转、有效制衡的公司法人治理结构,是进一步提高国有企业科学决策和经营发展水平的关键。一是继续深化股份制公司制改革。推动具备条件的国有大型企业实现整体改制上市或主营业务上市,不具备整体上市条件的要加快股权多元化改革,有必要保持国家独资经营的也要加快公司制改革。二是推进规范董事会建设,完善外部董事选聘、培训、评价机制,严格董事履职责任,健全董事会运作机制,形成股东会、董事会、监事会、经理层各负其责、运转协调、有效制衡的机制。探索现代企业制度与党组织发挥政治核心作用、职工民主管理有效融合的途径。三是继续深化企业人事、用工、分配制度改革,建立更加科学的考核分配和激励约束机制。完善经营管理者激励机制,深化企业内部管理人员能上能下、员工能进能出、收入能增能减的制度改革。

四是建立长效激励约束机制,强化国有企业经营投资责任追究,探索推进国有企业财务预算等重大信息公开。

(四)深化国有资产管理体制改革

按照十八届三中全会精神的要求,今后国有资产管理体制改革要以管资本为主加强国有资产监管,改革国有资本授权经营体制,组建若干国有资本运营公司,支持有条件的国有企业改组为国有资本投资公司。国有资本投资运营要服务于国家战略目标,更多投向关系国家安全、国民经济命脉的重要行业和关键领域,重点提供公共服务、发展重要前瞻性战略性产业、保护生态环境、支持科技进步、保障国家安全。深化国有资产管理体制改革,实现由管理国有企业向管理国有资本的转变。按照现代产权理论的要求,国有经济的基本存在形式将从国有企业转变为国有资本,国有资产的基本形态也将由实物形态转变为价值形态,相应地,国有资产管理体制的主要任务也必须由现在的管理国有企业转变为管理国有资本。

党的十四届三中全会确立了国有资产管理体制和国有企业改革的重大方向和总体设想。截止到2011年,全国90%以上的国有企业完成了公司制股份制改革,中央企业的公司制股份制改制面由2003年的30.4%提高到2011年的72%。国有资产规模快速扩大。截至2013年,国有企业(不包括国有金融类企业)资产累计接近80万亿元。国有企业公司制股份制改革基本完成。

积极发展混合所有制经济,就要完善国有资产监管体制,国有资产监管机构要从管国有企业为主向管国有资本为主转变。深化国有资产管理体制改革,最重要的是要真正解决好国资监管机构"只当老板不当婆婆"以及明确国有资产职能定位问题。

首先,要准确界定国有资本的职能。国有资本可以分为公益性和收益性两大类。公益性资本主要投资于提供公共服务和保障领域,包括基础设施、基础产业中普遍服务部分;收益性资本主要投资于重要竞争性产业和技术创新等领域，包括投资于引领科技进步、具有国际竞争力、进入世界500强的大型企业和跨国公司。与上述国有资本职能相适应，组建若干国有资本运营公司，分别制定不同类公司对各个企业的出资和投资方式，确定它们的经营目标和考核体系。例如，对公益性资本运营公司，就不能以资本增值作为主要考核指标，而应着重在成本控制、服务质量等方面提出要求。

其次，完善国有资本经营预算制度。所谓国有资本经营预算，是指反映政府出资人以资本所有者身份取得的收入和用于资本性支出的预算，反映了国有资本所有者与国有资本经营者之间的收益分配关系。国家作为国有资本投资者依法取得国有资本收益，是应当享有的权利，也是建立国有资本经营预算制度的基础。1993年，党的十四届三中全会通过的《中共中央关于建立社会主义市场经济体制若干问题的决定》首次提出建立国有资产经营预算；2002年，党的十六大确立了我国新的国有资产监督管理体制；2003年，党的十六届三中全会通过的《中共中央关于完善社会主义市场经济体制若干问题的决定》明确提出建立国有资本经营预算制度；2007年，党的十七大强调加快建设国有资本经营预算制度。按照中央部署，2007年，国务院发布了《国务院关于试行国有资本经营预算的意见》，规定国有资本收益的具体内容：（1）应交利润，即国有独资企业按规定应当上交国家的利润；（2）国有股股利、股息收入，即国有控股、参股企业国有股权（股份）获得的股利、股息收入；（3）国有产权转让收入，即转让国有产权、股权（股份）获得的收入；（4）企业清算收入，即国有独资企业清算收入（扣除清算费用），国有控股、参股企业国有股权（股份）分享的公司清算收入（扣除清算费用）；（5）其他国有资本收益。这些都为建立国有资本经营预算制度提供了依据，对国有资产出资人制度和落实国有资本收益权做出了规定。2007年12月，财政部和国资委联合印发了《中央企业国有资本收益收取管理暂行办法》，同时明确地方国有企业由地方国资委决定上缴制度。经过3年试运行，2010年国务院决定，从2011年起将5个中央部门（单位）和2个企业集团所属共1631户企业纳入中央国有资本经营预算实施范围，同时适当提高中央企业国有资本收益收取比例，其中资源类中央企业收取比例从10%提高到15%，一般竞争类中央企业收取比例由5%提高到10%，军工科研类中央企业收取5%。2012年，中央国有资本经营收入950.76亿元，国有资本经营支出预算875亿元，其中调入公共预算用于社保等民生支出仅50亿元，只占上缴利润的5.3%。

针对这种情况，十八届三中全会明确要求，"提高国有资本收益上缴公共财政比例，2020年提高到30%，更多用于保障和改善民生"。这必然要求国有资本经营预算制度在总结实践经验基础上逐步完善。

（曹立：中共中央党校经济学部教授）

2 使市场在资源配置中起决定性作用

党的十八届三中全会《决定》指出:"经济体制改革是全面深化改革的重点,核心问题是处理好政府和市场的关系,使市场在资源配置中起决定性作用和更好发挥政府作用。"市场决定资源配置是市场经济的一般规律。我国要完成全面建成小康社会的目标,实现中华民族伟大复兴的"中国梦",必须紧紧围绕使市场在资源配置中起决定性作用,全面深化经济体制改革。

一、市场配置资源的机制

资源配置是指稀缺的资源在各种不同用途上的安排。由于人的需要是多样的和无止境的,而满足人们需要的资源却是有限的,因此就有一个资源合理配置问题。而市场是实现资源合理配置的最有效方式。

(一) 市场的内涵

市场的概念有广义和狭义之分。狭义的市场是指人们交换商品和劳务的场所,如粮食市场、股票市场等。广义的市场则是交易行为的总称,所有产权发生转移和交换的关系都可以称为市场。市场是社会分工和商品经济发展的产物,同时,市场的发育和壮大又推动社会分工和商品经济的进一步发展,推动资源配置的优化。

在现代市场经济中,市场对资源的配置是以市场体系的形式进行的。

所谓市场体系是指包括各类市场在内的有机统一体，是相互影响、相互作用的各类型市场的总和。在简单商品生产阶段，市场主要是商品市场。随着商品经济的不断发展，进入市场交换的生产要素越来越多，在商品市场中又派生出各种要素市场，形成了市场体系。市场体系的结构可以从不同的角度来划分。从市场交易对象来看，可分为消费品市场、服务市场和生产要素市场。消费品市场包括粮食市场、水果市场、服装市场等。服务市场包括旅游市场、娱乐市场、文化市场、教育市场等。生产要素市场包括金融市场、劳动力市场、技术市场、土地市场等。从市场交易时间看，可分为现货交易市场和期货交易市场。从市场空间看，可以分为地方市场、区域市场、全国市场和国际市场。从市场形态看，可以分为有形商品市场和无形商品市场。

（二）市场配置资源的机制

市场配置资源的机制即市场机制，包括供求机制、价格机制和竞争机制，三者相互交织在一起，自动调节着资源的流向和流量，实现资源的合理配置。

供求机制是市场机制的基础，供求关系是市场最基本的关系，是市场配置资源的起点和终点。作为市场机制核心的市场价格是由市场供给和需求决定的。生产者提供某一商品时，生产的边际成本决定了该商品的供给价格。消费者在购买某一商品时，该商品对消费者的边际效用决定了该商品的需求价格。不过，商品的实际市场价格不是由生产者或消费者单方面决定，即不是单方面取决于该商品的供给价格或需求价格，而是由供求双方共同决定，并随供求状况而波动。当商品供过于求时则价格下降，供不应求则价格上升，供求平衡则价格相对稳定而适中。

价格机制是市场机制的核心，是市场配置资源的主要杠杆。价格直接影响着生产者和消费者的利益，生产者和消费者会根据价格的变动来决定商品的供给量和消费量，因此，由供求决定的价格反过来又调节供求，并使供给和需求趋向一致。当某种商品供不应求时,价格就会上升,从而引起该商品需求量的减少和供给量的增加,使供求趋向平衡。当某种商品供过于求时,价格就会下降,从而引起该商品需求量的增加和供给量的减少,也使供求趋向平衡。价格机制就像一只"看不见的手",不断地调节供求,使偏离均衡点的供求重新达到均衡状态。

竞争机制是市场机制的重要组成部分,是价格机制和供求机制有效发挥作用的必要条件。生产者为了将自己的商品销售出去,获取利润或减少亏损,就会在价格、品种、质量、性能、服务和销售等方面展开竞争,如提高管理水平、采用更先进的生产工艺和科学技术、降低成本、改进服务,或降低商品的价格等,以确立自己在市场中的优势地位。消费者之间也会产生竞争。市场竞争提高了资源配置的效率。同时,市场竞争的优胜劣汰机制,还能够使市场经济始终保持生机和活力。

在资源配置中,供求机制、价格机制、竞争机制相互联系、相互影响,共同发挥作用。市场对资源的配置主要是通过市场价格的变动来最终实现的,而价格变动是价格对供求变动的灵敏反应,是供求机制与竞争机制作用的结果。三种机制的共同作用决定了资源配置的合理流向与流量。

二、市场在资源配置中的决定性作用

在现代经济生活中,资源配置的方式主要有两种:除了市场配置方式外,还有一种方式即政府配置方式。两种资源配置方式的特点各不相同,其在资源配置中的地位和作用范围也不同。总的来说,市场在资源配置中起决定性作用,而政府的作用主要是维护市场秩序和弥补市场缺陷。

(一)市场在资源配置中起决定性作用的原因

在资源配置中,为什么起决定作用的只能是市场,而不是政府?这是由两种资源配置方式的不同特点决定的。

一是权力模式不同。政府配置资源的模式是一种集权模式。其典型代表就是计划经济。在计划经济体制下,资源配置权力高度集中于政府。政府决定社会生产什么、生产多少、如何生产、为谁生产。企业和个人必须服从政府的计划安排,没有决策自主权,其主动性、积极性和创造性被严重压抑。即使在市场经济中,由于政府配置资源手段的权威性和强制性,企业和个人的决策自主权也受到限制。在资源配置权力集中于政府的情况下,要实现资源优化配置,就要求政府必须是一个全能政府,而实际上这是不可能的。因此,集权模式配置资源的效率是比较低的。而市场配置资源的模式是一种分权模式。企业和个人拥有决策自主权,自由决定生产什么、生产多少、如何生产、为谁生产、如何消费等,其积极性、主动性、创造性彻底释放出来。他们根据价格信号以及自身的生产和消费条件,按照利益最大化原则作出最优选择,从而使资源处于合理的配置状态。

二是调节手段不同。政府调节经济、配置资源的手段主要是法律手段、行政手段和经济手段。法律手段和行政手段具有强制性、一刀切的特点,无法顾及经济个体的差异,自然会影响资源配置效率。即使是经济手段如税收、利率等虽然与法律手段和行政手段相比有较大的灵活性,但仍然有一定的强制性。市场配置资源的手段主要是价格机制、供求机制和竞争机制。在市场机制调节下,市场主体可以根据自身情况,自由作出最有利于自己的选择,因而能取得较好的效果。

三是信息水平不同。在政府配置资源中,信息来源于基层,而决策权则集中于政府特别是中央政府。由于经济生活中的生产者和消费者往往数以万计,每个生产者的生产条件都千差万别,每个消费者的消费需求也不一样。即使是同一个生产者或消费者,其在不同时间的生产或消费情况也不同。相关信息如此庞杂而多变,即使是一个由最有才干、最有经验的人组成的政府,要对经济信息全面准确把握也是不可能的。经济规模越大,经济联系越复杂,政府掌握充分信息的难度就越大。加之,基层传上来的种种信息都要经过层层筛选、过滤和整理,其层次和环节越多、信息失真的可能性就越大。因此，政府要掌握充分信息来作出资源优化配置的正确决策十分困难。在市场配置资源中，信息传递具有直接性、及时性和准确性的特点。市场中的生产者和消费者虽然彼此不一定熟悉，但是他们的供求状况可以通过市场价格反映出来，价格信号能够为市场主体的经济行为提供准确的信息指引。同时，生产和消费当事人对自己的生产和消费状况也最清楚。因此他们有比较充分的信息作出决策。

四是决策效率不同。这主要是由两方面因素造成的。其一，预算约束不同。在市场经济中，一个企业的支出要受其收入的制约，若其收不抵支，就要倒闭、破产。在此硬预算约束下，企业必须要精打细算、提高效率、降低成本。但对政府来说并不存在这个问题。政府是一个非经营性机构，其收入来源于税收，支出则用于公共开支等，其预算约束是软的。这样，政府也就缺乏提高效率、降低成本的动力。在政府活动中，同样的产出往往要用更多的资源；或者产出过多，供给超过实际需求，如政绩工程、形象工程、面子工程等。其二，时滞不同。政府作出一项决策要比私人部门决策慢得多，其中要经过几种时滞。首先是认识时滞。这是从问题产生到被纳入政府考虑的这一段时间。如果是中央政府决策，那么还要加上地方政府反映、报告问题的时间。其次是决策时滞。这是从政府认识到某一问题到政府最后得出解决方案的一段时间，当中可能要经过反复的讨论、争论。再次是执行与生效时滞。这是从政府公布某项决策到付诸实施以至产生效果的时间。由于存在上述时滞，有时某一政策已经作出尚未真正起作用，情况已发生了变化，政策已经失效。而私人部门的决策相对简单直接，时滞较短，效率较高。

五是利益取向不同。政府调节存在双重利益取向。一方面，政府作为社会公共机构，追求公共利益最大化。另一方面，政府经济职能是通过政府工作人员来履行的，而政府工作人员往往有其自身利益，且与公共利益并不总是一致。例如，有些人总是希望不断扩大其所在机构的规模，提高其机构的级别；或制定更多的规章制度，扩大其自身的权势和影响。有些人希望增加自己的薪俸和待遇,如更高级的公用轿车、更舒适的办公室、更多的出差旅游机会等。有些人为了维持个人利益,在决策中总是避开有风险的敏感问题,采取推托、敷衍的态度,以求明哲保身。当政府权力制约机制不健全时,有些政府工作人员甚至会出现腐败行为。这些都影响到公共目标的实现和政府效率。在市场调节下,市场机制和市场主体只有一个共同目标,即实现市场主体利益最大化,或者说,市场机制其实只是市场主体实现自身利益最大化的一种有效手段。因此市场的目标更容易实现。

由此可见,市场配置资源的效率远远高于政府。只要市场能够有效发挥作用的地方,就应当让市场去充分发挥配置资源的作用,政府一般不应干预,这是市场决定性作用的应有之义。

(二) 市场在资源配置中起决定性作用的具体表现

市场在资源配置中起决定性作用,具体表现在以下几个方面:

一是促进经济实现均衡。 在充分竞争的市场中,当供求出现失衡时,可以通过价格上下波动来使供求趋向平衡。如果供给大于需求,价格就会下跌,从而引起供给减少和需求增加,使供给和需求实现平衡。如果需求大于供给,价格就会上涨,从而引起需求减少和供给增加,也使供给和需求实现平衡。当市场价格为均衡价格,供求处于均衡状态时,资源配置也就处于最优状态。当价格为均衡价格时,对价格进行干预会降低资源的配置效率。干预价格的方式主要有支持价格和限制价格。支持价格也称保护价格,即政府为扶持某种商品生产而规定最低价。实行支持价格会促进某种产品的供给,同时减少该商品的需求,从而出现商品过剩。限制价格即政府对某种商品规定最高价。实行限制价格会促进对该种商品需求的增加,同时减少该商品的供给,从而出现商品短缺。无论是支持价格还是限制价格,结果都是资源配置效率的下降。因此,对市场要常怀敬畏之心。对价格的人为干预,虽然可以实现政府的某些目标,但常常会因其带来的不良后果而得不偿失。

二是促进经济结构调整和优化。市场能够调整经济结构，使之趋于合理化。首先，市场具有调整商品供求结构的作用。当某种商品供不应求时，市场不但可以通过价格的上涨来使该商品的供求趋于平衡，还会刺激替代品的开发和生产，从而使商品供求结构趋于平衡。其次，市场机制具有调整和优化企业结构的作用。市场会促进企业效率结构的优化。市场竞争会使资源流向那些效率高的企业，从而效率高的企业会不断发展壮大；而那些效率低的企业终将破产、倒闭或被效率更高的企业兼并，结果是使企业的效率结构提高到一个新的高度。市场还会促成大中小企业合理配置的企业规模结构。第三，市场机制具有调整和优化产业结构的作用。市场价格的高低会影响到企业利润的大小。企业为了追求利润最大化，会不断将资源从供过于求、价格较低的行业转移到供不应求、价格较高的行业中。当资源在产业间的流入或流出不能再为资源所有者带来更多的利润时，资源在各产业间的分配就达到了均衡状态，产业结构就趋于均衡化和合理化。同时，市场竞争会促使生产者不断生产新的产品，创造出新的需求，从而促进落后产业的淘汰和新兴产业的发展，推动产业结构不断升级。

三是促进技术创新和进步。市场对技术进步的促进作用是通过市场竞争压力和技术的市场交易来实现的。市场竞争分为价格竞争和非价格竞争两种形式。在价格竞争条件下，企业为了降低价格以增强自身的竞争力，就必须降低成本。为此企业必须提高管理水平，进行技术创新，使生产成本达到最小，并采用新工艺、新技术、新设备，对现有技术设备进行更新改造。在非价格竞争下，企业通过提高产品质量、增加花色品种或改善售后服务等途径，在竞争中获得优势。不论是提高产品质量和服务水平还是开发生产新产品，都离不开研制和利用新技术、新材料、新工艺、新设备等，这些都将促进技术创新和技术进步。同时，技术市场对技术创新和进步也有极大的促进作用。技术市场不仅有利于技术发明和创新转化为现实生产力，而且技术市场的等价交换能够使技术发明者得到合理的发明报酬，有利于刺激科技人员进行发明创造，从而为技术创新提供了源源不断的动力。各种技术创新要素的市场化也为组织技术创新提供了有利条件。技术市场还能通过市场需求信号为创新提供方向指引，使技术创新沿着正确的方向进行。

四是促进经济增长和社会财富总量增加。市场不仅能促进经济质量的提升，也能促进经济总量的增长和社会财富的增加。首先，市场能够自发地促进资本的积累，进而促进经济增长。市场主体的自利性质是商品生产者自发地进行积累的内在动力。市场的竞争性是商品生产者不断进行积累的外部压力，在激烈的市场竞争中，没有积累或在积累竞争中处于劣势，就会被市场所淘汰。而资本市场又为加快资本积累创造了有利条件。其次，市场还能够自发地促进劳动力素质的提高，进而促进经济增长。劳动力市场上的工资差别会引导劳动者在不同地点、不同行业和不同岗位之间自由流动，促进人力资本充分和有效的利用；另一方面决定人们对接受教育和训练的需求，从而影响家庭或居民对教育和训练的投资。同时接受教育的程度不同而获得的收入不同，会吸引人们从事教育投资，从而有利于劳动力素质的提高和经济增长。

（三）市场发挥作用的前提条件

市场要发挥资源优化配置的作用，必须具备一定条件。这些条件越充分，市场配置资源的效率就越高；反之，市场配置资源的效率就越低，甚至无效率。市场发挥资源优化配置作用的条件主要有以下几方面。

第一，市场主体是理性经济人。所谓"经济人"是指市场主体具有自利性，当他在经济活动中面临不同选择机会时，总是倾向于选择能够给自己带来更大经济利益的那种机会，即总是追求利益最大化。具体地说，当市场主体作为生产者时，总是追求利润最大化；当市场主体作为消费者时，总是追求效用最大化。同时，经济人是理性的，即他懂得如何趋利避损，实现自身利益的最大化。在市场经济中，自利是人们从事经济活动的根本动力，是人们经济行为的出发点和目的，甚至人们的利他行为也是出于利己动机。例如商品生产者生产社会所需要的东西，并不是因为其对社会怀有仁慈之心，而只是因为唯有如此，生产的东西才卖得出去，才能获得利润。虽然经济主体从事经济活动的直接目的是增加自己的经济利益，但从社会角度来看，则会使社会产品数量不断增加，从而提高国民总福利水平。斯密在《国富论》中曾经指出：一般地说，市场主体"确实不打算促进公共利益，也不知道自己会在多大度上促进这种利益……他所考虑的只是自己的收益。但是，在这种场合，像在其他许多场合中一样，他受一只无形之手引导去促进一个并非本意要达到的目的。也并不因为事非出自本意，就对社会有害。他追求自己的利益，却往往使他能够比真心实意要促进时更有效地促进社会的利益"。市场主体的这一经济人特性，是市场机制有效运行的最重要条件。因为只有在自身利益最大化的激励下，市场主体才会积极参与市场竞争，并对市场价格信号作出灵敏的反应，调整自己的生产或消费行为。如果市场主体不具有经济人特性，不追求利益最大化，市场机制将会失灵。

第二，市场是自由竞争的市场。在一个有效的市场中，存在大量买者和卖者，他们之间自由、充分地竞争。由于市场上的买者和卖者数量很大，每个个别买者的商品需求量，相对于市场总需求量而言都是比较小的，任何个别买者都不具备买者垄断的力量，其需求量的增加或减少不能影响市场总需求。同样，每个个别卖者的商品供给量，相对于市场总供给量而言都是比较小的，任何个别卖者都不具备卖者垄断的力量，其供给量的增加或减少不能影响市场总供给。在这种情况下，没有一个买者和卖者能够控制价格，每个买者和卖者都是价格的接受者。市场自由竞争是市场有效率的一个重要条件。如果市场为一个或少数几个主体所垄断，则市场失灵。

第三，市场是统一开放的市场。一个有效的市场是统一开放的市场，生产要素自由流动，没有进入或退出的壁垒，没有地区和行业的限制。任何一种生产要素都可以自由地从一个企业转移到另一个企业，从一个行业转移到另一个行业，从一个地区转移到另一个地区，如劳动力可以在企业、行业和地区间自由流动、原燃材料的流动不受控制、资本可以自由流动等。如果市场分割封闭，其配置资源的效率就将丧失。

第四，市场是诚信的市场。在市场经济中，绝大多数交易活动和经济交往都在陌生人之间进行，市场主体之间信息不对称普遍存在。所谓信息不对称是指在市场交易中，交易双方掌握的信息状况是不对称的。在信息不对称条件下，拥有信息优势的人可能会利用自己的信息优势，以求得自身利益最大化，从而损害他人利益和市场机制的有效运行。然而，对某个市场主体而言，失信虽然可以为他带来一时的收益，但是其他人的失信也会给他带来损失。为了禁止那些缺乏远见的谋利行为或损人利己行为，市场主体会达成契约，对双方的责权利加以明确约定，并形成法律制度、征信评级、信用中介服务、信用监管与失信惩戒等社会信用体系，促使大家诚实守约。因此，市场经济本质上是诚信经济。一般说来，社会信用体系越完善，社会诚信度越高，市场效率就越高。反之，市场效率就越低。

第五，市场是产权明晰的市场。有效的市场行为是以明晰的产权为前提的。对于企业来说，产权明晰就是企业必须具有独立的法人财产或自然人的全部财产权，从而能够使企业成为一个完整的、独立的经济组织，以自身的名义从事生产经营活动；同时企业还必须能够以法人财产或个人财产独立地承担民事责任。对于居民来说，产权明晰意味着有权消费自己的收入并对自己的消费剩余收入从事各种形式的投资并承担相应的风险责任。只有在产权明晰的情况下，成本收益、风险报酬对市场主体的激励约束才是有效的。如果产权不明晰，市场主体就会因为外部效应而缺乏提高经济活动效率的积极性，就不会对价格信号作出灵敏反应，从而导致市场失灵。

三、市场经济中的政府经济职能

市场虽然是配置资源的最优手段,但是并不是所有的资源配置活动、所有的经济领域都可以纳入到市场机制的有效调节范围内。在资源配置的某些领域,市场机制并不能有效地发挥作用,这就是所谓的市场失灵。在这些领域就需要政府发挥作用,以弥补市场的不足。正确处理政府与市场的关系,实现资源优化配置,关键是确定政府的经济职能,制定政府的权力清单。在清单之外政府不予干预经济活动,让市场机制充分发挥作用。市场经济中的政府经济职能主要有以下几个方面。

(一)制定市场规则,维护市场秩序

市场主体在经济交往和市场竞争中,会产生各种利益冲突和争端,必须有一系列规则来禁止市场主体采取缺乏远见的谋利行为或损人利己的行为,以保证市场交易顺利实现和市场的有序运行。市场规则就是为维持市场秩序而制定的规范市场主体活动的各种规章制度,包括法律、法规、公约等,它是参与市场活动的各方必须共同遵守的行为准则。市场规则分为市场进出规则、市场竞争规则、市场交易规则、市场仲裁规则,其基本要求是公开、公平和公正。由于市场主体的经济人特性,总是追求自身利益最大化,市场规则不能由参与市场的当事人来制定,而应由公正的第三方来制定,才能保证规则的公平和公正。当市场主体在经济交往中出现矛盾和争端时,也不能由当事人仲裁,而应由第三方来进行公正裁决。

行业协会虽然也可以制定某些市场规则,并对某些经济纠纷进行仲裁,但是,由于其权威性和强制力不够,无法在制定市场规则、维护市场秩序中起主导作用。政府作为公共权力机构,最适合充当公正的第三方,来制定市场规则,对市场主体的争端进行裁决。当市场主体的经济行为违反市场规则时,也应由具有权威性和强制力的政府进行相应惩处。当然,政府的作用主要是为市场经济的顺利运行创造必要的条件和适宜的环境，而不是干涉企业和个人的经济活动，插手市场经济的运转。这就好像是足球比赛，政府就像比赛中的裁判，而企业和个人就像足球运动员。裁判员的职责既不是去参加比赛，亲自展示脚下功夫；也不是对运动员指手画脚，为他们出谋划策，而是不偏不倚地使运动员遵守比赛规则，保证比赛的顺利进行。

（二）保障充分竞争

市场高效率是以充分竞争为前提的。但是在现实经济中却往往存在垄断。所谓垄断是指一个或少数经济主体控制了市场的供求和价格。市场中的垄断主要有以下类型：一是自然垄断。这是由规模经济造成的垄断。某些行业如邮电、通信、供水、供电、铁路等，有着生产规模越大、平均成本越低的特点，此特点决定了这些行业只有在一个企业生产的时候才是最有效率的，于是垄断就产生了。二是联合与共谋行为。这是市场主体利用自己的经济优势，通过联合组织或共谋等方式排斥市场竞争而形成的垄断，包括协议定价、串通投标、瓜分市场或顾客、定额分配生产量和销售量、联合抵制交易、实行价格歧视、掠夺性定价、签订搭售和附加不合理交易条款等。垄断的存在严重降低了市场配置资源的效率。垄断者通过限制产量、抬高价格来获得额外利润，不仅带来产出的减少，而且造成产品质量下降，垄断者也失去进行技术创新和提高管理水平的压力和动力。垄断阻碍了生产要素的充分流动，垄断价格扭曲了资源配置信号。这些都会造成效率的损失。

为保障市场竞争和活力，必须由政府对垄断行为进行规制。政府反垄断的政策措施主要有两方面。一是反垄断法。反垄断法是禁止某些控制市场行为的法规，主要目的是保护市场竞争活力和中小企业利益。西方很多国家都制定了反垄断法或反托拉斯法，这些法案主要限制以下行为：贸易的协议或共谋、垄断或企图垄断市场、兼并、价格歧视、不正当竞争或欺诈行为等。二是政府管制。政府出于保护消费者的考虑，对企业可能滥用垄断力量的行为进行管制。具体又分为经济性管制和社会性管制，前者涉及价格、生产、进入和退出条件等；后者旨在修正负的外部性、限制有损健康和安全的状况，如保护环境、保护劳工和消费者的健康和安全等。

（三）规制外部性影响

在市场经济中，有些市场主体的经济行为存在外部性，进而影响市场效率。所谓外部性是指某个个体的经济活动或行为对社会其他成员造成影响而又不承担这些影响所带来的成本和收益。外部性分为两种：一是正外部性，即某个经济行为主体的活动使他人或社会受益，但是他自己却没有得到相应的补偿。如消费者在自己的住宅周围养花种树，净化环境，会使他的邻居受益，但是他的邻居并不会为此向他作出任何支付。二是负外部性，即某个经济行为主体的活动使他人或社会受损，但是他却没有为此承担相应的成本。如化工、钢铁、炼油等污染严重行业的厂家生产过程中排放的废水、废气等污染物会给其他生产者与消费者造成损害，但是污染物的排放者却没有给受害者应有的赔偿。外部性会降低资源配置的效率。因为某个市场主体进行决策的时候，只是将其实际承担的成本和得到的收益进行比较，而无须对外部成本进行赔偿。在这种情况下，市场主体实际承担的成本会小于其活动的总成本，因而会过量从事产生外部成本的活动，由其决定的产出规模会大于社会需要的最优规模。相反，在外部收益得不到补偿的情况下，市场主体会选择较少地从事该类活动，产出规模会小于社会需要的最优规模。可见，无论是正外部性还是负外部性，都会造成市场的无效率。

要提高资源配置效率，就需要政府采取相应的措施来减弱或消除外部性。通常的办法是使外部性内部化，让外部效果由市场主体自行负担或承受，这样，外部性就消失了。具体措施有：一是明确产权。财产权确定可以制止某些外部影响的发生。例如，某条河流的上游企业排污使下游用水者受到损害。如果给予用水者以使用一定质量水源的产权,则上游企业排污就必须争取下游用水者同意,给后者足够的补偿。这样,由排污产生的负外部性就由污染制造者自行负担。二是征税和补贴。对造成外部不经济的企业进行征税,其数额应该等于该企业给其他社会成员造成的损失,从而使该企业的私人成本恰好等于社会成本。反之,对造成外部经济的企业,国家则可以采取补贴的办法,使得企业的私人利益与社会利益相等,鼓励企业增强这种能够产生外部经济的行为。三是政府直接管制。这是在治理污染产生的外部性上最常用的方法,具体地说,就是对各种污染制造者与污染物制定可容忍的污染标准。政府采取这种方法控制污染,必须知道把污染控制在什么程度才是合适的。这样,政府通过其直接管制在某种程度内可降低污染率,减轻污染所造成的社会成本。

(四)提供公共产品和服务

公共产品(服务)是指满足社会成员集体公共需要的产品。如国防、社会治安、消防、交通与通信事业、城市公共基础设施、国土整治与水利事业、基础教育、公立医院、保障性住房等。公共产品具有以下特性:一是非分割性,即公共产品通常是作为一个整体向社会提供的,它通常没有一定的计量单位,消费者消费公共产品一般不能自主选择消费的数量,通常是所有消费者都消费同样数量的公共产品。二是非竞争性,即任何人对公共产品的享用,并不妨碍其他人同时享用,不会因此而影响其他人享用该种产品的数量或质量。换言之,每新增一个消费者,公共产品的生产成本并不相应增加,其边际成本为零。三是非排他性,即在一些人享用公共产品带来的利益时,无法排除其他人同时从此种产品中获得利益,或者说,对于公共产品的提供者来说,在技术上无法将拒绝付款者排除在此种产品的受益范围之外。

公共产品的这些特性使其很难由市场机制来提供。公共产品的非竞争性意味着多一个人消费该产品不会增加其边际成本。这样一来,公共产品的成本就难以量化，公共产品提供者就难以向个别消费者收取合理费用，公共产品也就无法按市场原则生产出来。公共产品的非排他性使公共产品的提供者无法排斥任何消费者的利益分享，消费者就不会自愿向公共产品提供者付费，出现所谓"搭便车"行为。私人企业付出了成本却无法获得收益，或者收益远远小于其成本，它们就不会有动力提供这类公共产品。公共产品的重要性要求政府承担起提供公共产品的责任。而政府也具有提供公共产品的能力。因为政府能够制定课税标准，并通过强制征税间接地收取公共产品费用，以补偿生产成本，保证公共产品的供给。

（五）保持宏观经济稳定

市场调节虽然会使社会总供给和总需求自发趋向均衡，但是实际上，宏观经济的完全均衡是偶然现象，而非均衡则是常态。当经济失衡十分严重时，会出现生产过剩、失业、通货膨胀和周期性经济萧条等问题。引起经济失衡的原因很多，主要是有效需求不足。随着人口增加，新发明出现，资本增长，生产量有长期增长的趋势，并要求有相应的消费能力。但是，由于储蓄过多、贮藏增加，或者由于收入分配不公引起消费能力相对下降，造成有效需求不足，最后导致生产过剩和经济萧条。此外投资过度、乘数—加速原理的作用、战争、革命、石油价格等也会引起经济失衡和波动。经济波动增加了经济活动的不确定性，造成了资源的巨大浪费，阻碍了经济发展。

宏观经济的失衡和周期性波动是市场经济无法避免和解决的，必须依靠政府这只"看得见的手"来对经济进行宏观调控，以保证经济的稳定运行。政府宏观调控的目标主要是实现就业充分、物价稳定、经济增长和国际收支平衡。政府宏观调控措施主要是：对宏观经济进行经济预测和规划，明确经济发展方向；综合运用财政和货币政策，加强需求管理，保持总供给与总需求的平衡；运用产业政策，促进产业结构的合理化；运用收入分配政策，促进社会收入的均等化，进而扩大社会总需求；兴办公共事业，发挥其作为缓解周期波动、调节宏观经济流量的调节阀作用，当市场萧条、失业率过高时，政府通过增加支出，扩大公共事业规模，创造更多就业机会，从而降低失业率。

（六）促进共同富裕

社会收入分配公平是资源配置的重要目标。市场是按照人们投入生产的要素的贡献大小来分配的。在市场机制中，人们收入分配的多少取决于两个因素：一是所拥有的生产要素的价格，它取决于该要素的稀缺程度和边际生产力。二是所拥有的生产要素的数量。换言之，在市场分配收入制度下，人们的收入水平取决于他们对生产诸要素的占有状况。不同的要素所有者，由于他们拥有要素的数量和质量不同，他们的收入也就不平等。有的人占有的资源禀赋多，因而获得的收入较多；有的人占有的资源禀赋少，因而获得的收入较少。由于要素差别而产生的收入不平等，并非都是出自个人原因。从财产的差别来看，每个家庭的经济条件不同，每个人所能继承的财产就不同，所获得的收入也就不同。从个人能力来看，这方面的差别似乎完全取决于个人，其实不然。家庭的社会和经济地位不同，对个人受教育程度和发挥才能的机会也会不同，甚至由于各个家庭经济状况不同，子女所能得到的营养和关怀不同，也会影响到个人的天赋，进而影响到收入的多少。因此，完全靠市场机制调节收入分配，就会使社会收入差别扩大，甚至导致贫富两极分化。收入差距过大不仅有悖于资源配置的公平原则，也会破坏市场效率，影响经济发展和社会安定团结。

但是，市场本身无法解决收入差距过大问题，必须由政府通过收入再分配政策来实现社会成员收入分配的均等化。一方面，实行针对高收入者的税收政策。如按累进税率征收的个人所得税，针对财产转移征收的遗产税和赠予税，针对房屋、土地等不动产征收的财产税，针对某些高档商品和劳务消费征收的消费税等。另一方面，实行针对低收入者的社会福利政策。如增加教育投入，包括兴办公立学校、设立奖学金和大学生助学贷款、加强各种职业培训和成人教育等；建立多层次的社会保障体系，包括失业救济金制度、养老金制度、残疾人保险制度、未成年子女家庭补助制度、困难家庭补助制度、医疗保险和医疗援助制度、保障性住房制度等。政府通过这些再分配政策，促进社会成员共同富裕，实现社会公平正义。

四、全面推进市场化改革的主要政策

我国经过30多年的经济改革，传统计划经济模式已被摈弃，市场已经在资源配置中发挥基础性作用，社会主义市场经济体制基本形成。但是与资源优化配置的要求相比，我国现行经济体制仍然存在不少问题，突出表现为：市场体系不完善，市场机制作用发挥不充分，政府对经济干预过多，政府越位、缺位、错位等现象仍然比较突出等。要提高资源配置效率，增强经济发展的动力和活力，必须全面推进市场取向的经济体制改革，使市场在资源配置中起决定性作用和更好发挥政府作用。具体政策措施主要有以下几个方面。

（一）发展混合所有制经济和非公经济

市场有效发挥资源优化配置作用的一个重要前提，是市场主体必须是追求利益最大化的理性经济人。从企业角度来说，就是必须追求利润最大化。国有经济是中国特色社会主义制度的重要支柱，是社会主义市场经济的重要基础。但是，国有经济产权所有者非人格化、经济效率偏低等问题一直没有得到根本解决。同时非公有制经济虽然是理性经济人，具有天然的市场适应性，但其发展仍然受到诸多限制，经济活力和创造力没有充分释放出来。要有效发挥市场机制的作用，促进资源优化配置，必须在坚持国有经济主导作用的同时，进一步推进所有制改革和完善。

首先，完善产权保护制度。公有制经济财产权不可侵犯，非公有制经济财产权同样不可侵犯。要保护各种所有制经济产权和合法利益，保证各种所有制经济依法平等使用生产要素、公开公平公正参与市场竞争、同等受到法律保护。现阶段完善产权保护制度的一项重要任务，就是要在保护公有制经济的财产权不被挤占，防止国有资产流失的同时，加强对非公有制经济合法权利的司法保护，特别是在非公有制经济主体与公有制经济主体发生经济纠纷时，要树立公平公正执法观念，不得歧视非公有制经济主体。

其次，积极发展混合所有制经济。国有资本、集体资本、非公有资本等交叉持股、相互融合的混合所有制经济，是社会主义基本经济制度的重要实现形式，有利于解决国有经济产权所有者非人格化问题，有利于国有资本放大功能、保值增值、提高竞争力。要允许更多国有经济和其他所有制经济发展成为混合所有制经济。允许非国有资本参股国有资本投资项目。允许混合所有制经济实行企业员工持股，形成资本所有者和劳动者利益共同体。与此同时，要完善国有资产管理体制，以管资本为主加强国有资产监管，改革国有资本授权经营体制，组建若干国有资本运营公司，支持有条件的国有企业改组为国有资本投资公司。还要进一步调整国有经济布局，国有资本要更多投向关系国家安全、国民经济命脉的重要行业和关键领域，重点提供公共服务、发展重要前瞻性战略性产业、保护生态环境、支持科技进步、保障国家安全。

第三，支持非公有制经济健康发展。坚持权利平等、机会平等、规则平等，废除对非公有制经济各种形式的不合理规定，消除各种隐性壁垒，制定非公有制企业进入特许经营领域具体办法。鼓励非公有制企业参与国有企业改革，鼓励发展非公有资本控股的混合所有制企业，鼓励有条件的私营企业建立现代企业制度。

（二）加快完善市场体系

建设统一开放、竞争有序的市场体系，是使市场在资源配置中起决定性作用的基础。当前我国市场体系还不完善，影响资源配置效率和公平性。具体表现在：一是市场开放度不够。不同市场主体的市场准入条件不同等，特别是在一些自然垄断领域和政府特许经营领域，民营资本进入面临许多限制。二是市场竞争公平性不够。地方保护主义盛行，市场分割严重。三是市场运行透明度不够。尤其是在招标、采购、项目审批等方面，各种潜规则盛行。四是某些领域政府对价格的干预过多。在一些基础产业和服务业领域仍然采取政府定价方式，导致价格长期扭曲和资源错配。五是要素市场发育不充分。农村土地市场、劳动力市场、资本市场、技术市场发展相对滞后。建立完善的现代市场体系，主要有以下措施。

第一，建立公平开放透明的市场规则。 实行统一的市场准入制度，在制定负面清单基础上，各类市场主体可依法平等进入清单之外领域。探索对外商投资实行准入前国民待遇加负面清单的管理模式。推进工商注册制度便利化，削减资质认定项目，由先证后照改为先照后证，把注册资本实缴登记制逐步改为认缴登记制。推进国内贸易流通体制改革，建设法治化营商环境。改革市场监管体系，实行统一的市场监管，清理和废除妨碍全国统一市场和公平竞争的各种规定和做法，严禁和惩处各类违法实行优惠政策行为，反对地方保护，反对垄断和不正当竞争。建立健全社会征信体系，褒扬诚信，惩戒失信。健全优胜劣汰市场化退出机制，完善企业破产制度。

第二，完善主要由市场决定价格的机制。 凡是能由市场形成价格的都交给市场，政府不进行不当干预。推进水、石油、天然气、电力、交通、电信等领域价格改革。这些领域往往是自然垄断环节与竞争性环节并存，而后者的价格应当经由市场形成。但在实践中，这些领域基本上仍由政府定价。随着技术进步和管理方式的改进，有些原来属于不可竞争的变得可以竞争了，竞争性环节的范围相应扩大。必须加快推进这些领域的价格形成机制改革，放开竞争性环节价格，尽可能由市场定价。政府定价范围主要限定在重要公用事业、公益性服务、网络型自然垄断环节，提高透明度，接受社会监督。完善农产品价格形成机制，注重发挥市场形成价格作用。

第三，建立城乡统一的建设用地市场。在符合规划和用途管制前提下，允许农村集体经营性建设用地出让、租赁、入股，实行与国有土地同等入市、同权同价，使农村集体经营性建设用地可以在更多的市场主体间、在更宽的范围内和更广的用途上进行交易。缩小征地范围，规范征地程序，完善对被征地农民合理、规范、多元保障机制。扩大国有土地有偿使用范围，减少非公益性用地划拨。建立兼顾国家、集体、个人的土地增值收益分配机制，合理提高个人收益。完善土地租赁、转让、抵押二级市场。

第四，健全劳动力市场。加快户籍制度改革，消除劳动力自由流动的制度壁垒。全面放开建制镇和小城市落户限制，有序放开中等城市落户限制，合理确定大城市落户条件，严格控制特大城市人口规模。稳步推进城镇基本公共服务常住人口全覆盖，把进城落户农民完全纳入城镇住房和社会保障体系，在农村参加的养老保险和医疗保险规范接入城镇社保体系。建立财政转移支付同农业转移人口市民化挂钩机制，减轻户籍放开后因公共服务增加给地方财政造成的压力。

第五，完善金融市场。扩大金融业对内对外开放，在加强监管前提下，允许具备条件的民间资本依法发起设立中小型银行等金融机构。推进政策性金融机构改革。健全多层次资本市场体系，推进股票发行注册制改革，多渠道推动股权融资，发展并规范债券市场，提高直接融资比重。完善保险经济补偿机制，建立巨灾保险制度。发展普惠金融。完善人民币汇率市场化形成机制，加快推进利率市场化，健全反映市场供求关系的国债收益率曲线。推动资本市场双向开放，有序提高跨境资本和金融交易可兑换程度，建立健全宏观审慎管理框架下的外债和资本流动管理体系，加快实现人民币资本项目可兑换。落实金融监管改革措施和稳健标准，完善监管协调机制，界定中央和地方金融监管职责和风险处置责任。建立存款保险制度，完善金融机构市场化退出机制。加强金融基础设施建设，保障金融市场安全高效运行和整体稳定。

第六，发展技术市场。健全技术创新市场导向机制，发挥市场对技术研发方向、路线选择、要素价格、各类创新要素配置的导向作用。强化企业在技术创新中的主体地位，发挥大型企业创新骨干作用，激发中小企业创新活力，推进应用型技术研发机构市场化、企业化改革。加强知识产权运用和保护，健全技术创新激励机制，探索建立知识产权法院。打破行政主导和部门分割，建立主要由市场决定技术创新项目和经费分配、评价成果的机制。发展技术交易和转让市场，健全技术转移机制，改善科技型中小企业融资条件，完善风险投资机制，创新商业模式，促进科技成果资本化、产业化。

（三）构建开放型经济新体制

对外开放实际上是把国内市场与国际市场融合起来，在全球市场范围来配置资源，对于提高一个国家的资源配置效率具有十分重要的意义。尤其是像我国这样一个经济发展水平相对落后的国家，扩大对外开放，参与国际分工与合作，对于我国经济赶超世界先进水平，实现跨越式发展，具有举足轻重的作用。当前，我国对外开放面临新的形势：一是区域经济合作迅速发展。在多边贸易体制发展陷入停滞、贸易投资保护主义抬头的同时，各类区域性自由贸易协定大量涌现，成为经济全球化的重要动力。特别是正在进行的跨太平洋伙伴关系协定（TPP）和跨大西洋贸易与投资伙伴关系协定（TTIP）的谈判绕过我国，使我国面临很大压力。二是经济全球化出现新动向。受新兴经济体综合制造成本上涨的影响，劳动密集型产业特别是低端制造环节加速向低收入国家转移；在发达国家"再工业化"政策的牵引下，一些中高端制造业向发达国家回流；服务外包和服务投资成为国际经贸合作新热点，为新兴经济体提升在全球价值链中的地位带来机遇；新技术革命取得新突破，各国抢占新兴产业制高点的竞争日趋激烈。三是我国国际比较优势发生变化。随着我国迈入中等收入国家行

使市场在资源配置中起决定性作用

列,劳动力、土地等各类要素成本进入集中上升期,低成本制造的传统优势受到削弱,能源资源和生态环境约束强化。面对经济全球化的新形势和新挑战,必须积极构建开放型经济新体制,加快培育参与和引领国际经济合作竞争新优势。

第一,放宽投资准入。统一内外资法律法规,保持外资政策稳定、透明、可预期。现阶段利用外资不是简单的引进资金,更重要的是吸收国际投资中搭载的技术创新能力和先进管理经验,这对我国产业结构调整和经济转型升级至关重要。我国服务业开放程度低,竞争力弱,仍是经济发展的一块"短板"。发展服务业需要进一步深化改革、扩大开放。重点是推进金融、教育、文化、医疗等服务业领域有序开放,放开育幼养老、建筑设计、会计审计、商贸物流、电子商务等服务业领域外资准入限制。服务业不仅要对外开放,也要对内开放。进一步放开一般制造业。加快海关特殊监管区域整合优化。

第二,创新利用外资管理体制。世界越来越多的国家采取"准入前国民待遇"和"负面清单"的外资管理方式,将禁止或限制外资进入的领域列入清单,未列入的领域外资均可进入,内外资企业享受同等待遇。我国外商投资管理体制改革的方向就是要借鉴这种管理模式,最大限度减少和规范行政审批,纠正"重事前审批、轻事后监管"的倾向,赋予各类投资主体公平参与市场竞争的机会。建立中国上海自由贸易试验区是党中央在新形势下推进改革开放的重大举措,要切实建设好、管理好,为全面深化改革和扩大开放探索新途径、积累新经验。在推进现有试点基础上,选择若干具备条件的地方发展自由贸易园(港)区。

第三,改革对外投资管理体制。从贸易大国到投资大国、从商品输出到资本输出,是开放型经济转型升级的必由之路。要清除投资审批、外汇管理、金融服务、货物进出口、人员出入境等方面的诸多障碍,放宽对外投资的各种限制,落实"谁投资、谁决策、谁受益、谁承担风险"的原则,扩大企业及个人对外投资,确立企业及个人对外投资主体地位,允许发挥自身优势到境外开展投资合作,允许自担风险到各国各地区自由承揽工程和劳务合作项目,允许创新方式走出去开展绿地投资、并购投资、证券投资、联合投资等。加快同有关国家和地区商签投资协定,改革涉外投资审批体制,完善领事保护体制,提供权益保障、投资促进、风险预警等更多服务,扩大投资合作空间。

第四,**加快自由贸易区建设**。坚持世界贸易体制规则,坚持双边、多边、区域次区域开放合作,扩大同各国各地区利益汇合点,以周边为基础加快实施自由贸易区战略。抓紧打造中国—东盟自由贸易区升级版,进一步提升区内贸易投资自由化便利化水平;积极推进中韩、中日韩、中澳(大利亚)、区域全面经济伙伴关系等自由贸易协定谈判,推动亚太经济一体化进程;适时启动与其他经贸伙伴的自由贸易协定谈判。改革市场准入、海关监管、检验检疫等管理体制,加快环境保护、投资保护、政府采购、电子商务等新议题谈判,形成面向全球的高标准自由贸易区网络。扩大对中国香港特别行政区、澳门特别行政区和台湾地区开放合作。

第五,**扩大内陆沿边开放**。我国内陆地区由于既不靠海、也不沿边,开放型经济发展存在开放口岸少、物流费用高、区域转关难等诸多制约因素。要抓住全球产业重新布局机遇,推动内陆贸易、投资、技术创新协调发展。创新加工贸易模式,推进整机生产、零部件、原材料配套和研发结算在内陆地区一体化集群发展,使内陆地区成为沿海加工贸易链条的承接地。统筹推进内陆地区国际大通道建设,加快建设面向东南亚、中亚、欧洲等地区的国际物流大通道,支持内陆城市增开国际客货运航线,发展多式联运,形成横贯东中西、联结南北方对外经济走廊。推动内陆同沿海沿边通关协作,实现口岸管理相关部门信息互换、监管互认、执法互助。扩大"属地申报、口岸放行"等改革试点,使内陆地区货物进出口逐步实现"一次申报、一次查验、一次放行",提高口岸通行效率,降低通关成本。

第六,**加快沿边开放步伐**。沿边地区受历史、自然条件和周边环境等因素的影响,开放型经济规模总体偏小,与周边国家经贸合作层次不高,合作机制不健全。要坚持统筹规划、因地制宜、互惠互利、共同发展、东西互动、内引外联的原则，在"边"字上做文章，从合作机制和开放政策上寻求突破。创新沿边开放政策，允许沿边重点口岸、边境城市、经济合作区在人员往来、加工物流、旅游等方面实行特殊方式和政策，提高贸易和投资便利化水平，培育特色优势产业。建立开发性金融机构，加快同周边国家和区域基础设施互联互通建设，推进丝绸之路经济带、海上丝绸之路建设，形成全方位开放新格局。

（四）加快转变政府职能

全面正确履行政府职能是处理好政府和市场的关系，使市场在资源配置中起决定性作用和更好发挥政府作用的关键。我国目前的政府职能是由计划经济时期的"全能"政府转变而来，政府职能的转变虽然取得很大进展，但仍滞后于市场经济发展和资源配置的要求。主要表现在：一是政府越位、缺位、错位并存，对微观干预较多，有效宏观调节偏少；利用行政手段较多，利用经济手段、法律手段较少；事前审批过多，事中事后监管较少。二是审批事项过多，效率低下，审批过程不透明，缺乏约束监督。三是为企业创造竞争有序的市场秩序和政策环境不到位。四是有法不依、执法不严现象普遍，缺乏问责机制。必须切实转变政府职能，深化行政体制改革，创新行政管理方式，增强政府公信力和执行力，建设法治政府和服务型政府。

第一，进一步简政放权。推进政府向市场放权，充分发挥市场在资源配置中的决定性作用；推进政府向社会放权，更好发挥社会力量在管理社会事务中的作用；推进中央政府向地方和基层放权，切实发挥中央和地方两个积极性。深化行政审批制度改革，最大限度减少中央政府对微观事务的管理，市场机制能有效调节的经济活动，一律取消审批，对保留的行政审批事项要规范管理、提高效率；直接面向基层、量大面广、由地方管理更方便有效的经济社会事项，一律下放地方和基层管理。深化投资体制改革，确立企业投资主体地位。企业投资项目，除关系国家安全和生态安全、涉及全国重大生产力布局、战略性资源开发和重大公共利益等项目外，一律由企业依法依规自主决策，政府不再审批。

第二，完善政府治理职能。政府要加强发展战略、规划、政策、标准等制定和实施，切实发挥政府对经济活动的引导和规范作用。加强市场活动监管，加强各类公共服务提供，为市场经济健康发展创造良好环境。加强中央政府宏观调控职责和能力，加强地方政府公共服务、市场监管、社会管理、环境保护等职责。推广政府购买服务，凡属事务性管理服务，原则上都要引入竞争机制，通过合同、委托等方式向社会购买。

第三，健全宏观调控体系。宏观调控的主要任务是保持经济总量平衡，促进重大经济结构协调和生产力布局优化，减缓经济周期波动影响，防范区域性、系统性风险，稳定市场预期，实现经济持续健康发展。健全以国家发展战略和规划为导向、以财政政策和货币政策为主要手段的宏观调控体系，推进宏观调控目标制定和政策手段运用机制化，加强财政政策、货币政策与产业、价格等政策手段协调配合，提高相机抉择水平，增强宏观调控前瞻性、针对性、协同性。形成参与国际宏观经济政策协调的机制，推动国际经济治理结构完善。强化节能节地节水、环境、技术、安全等市场准入标准，建立健全防范和化解产能过剩长效机制。

第四，完善地方政府职能。地方政府要发挥贴近基层、就近管理的优势，加强公共服务，增加公共服务支出。加强地方政府对市场的监管，特别是要将涉及人民群众身体健康和生命安全的食品、药品等产品质量安全作为监管重点。社会管理的重点在基层，地方政府要针对人民群众利益诉求更加多样化和经常化的特点，加强社区建设和基层组织建设，发挥各类社会组织的作用，完善基层社会管理服务，形成源头治理、动态管理、应急处理相结合的社会管理机制。完善对地方政府的考核评价体系，纠正单纯以经济增长速度评定政绩的偏向，加大资源消耗、环境损害、生态效益、产能过剩、科技创新、安全生产、新增债务等指标的权重，更加重视劳动就业、居民收入、社会保障、人民健康状况。

（五）促进社会公平

发展社会事业，促进社会公平正义是政府的重要责任，市场对此失灵。当前我国社会事业发展存在一些突出问题，某些政府应该"到位"的领域却出现一定程度的"缺位"。例如，在教育方面，地区之间、城乡之间教育资源分布不均，教育发展不平衡；教育管理体制落后；应试教育问题未得到根本解决；重视理论教育轻视实践锻炼，重视知识传授轻视能力培养；职业教育发展滞后。在就业方面，结构性就业矛盾突出，大学生就业难问题一直未能缓解。在收入分配方面，城乡之间、不同地区之间、不同行业之间收入差距还比较大；居民收入在国民总收入中的比重、劳动报酬在初次分配中的比重偏低；非法牟利问题、腐败现象等还没有得到根本遏制。在社会保障方面，社会保险的统筹层次不高，管理体制分割；城乡间、不同群体间社会保障待遇差距仍然较大；社保基金长期平衡及保值增值压力大。在医疗卫生方面，医疗卫生事业总体水平较低；优质资源供需矛盾突出；城乡和区域卫生发展不平衡，公共卫生、基层和农村医疗卫生薄弱；医疗卫生体制改革滞后。要实现发展成果更多更公平惠及全体人民，政府必须加大社会事业的发展力度，解决好人民最关心最直接最现实的利益问题。

第一，积极推进教育事业的改革和发展。 全面贯彻党的教育方针，坚持立德树人，加强社会主义核心价值体系教育，增强学生社会责任感、创新精神、实践能力。大力促进教育公平，健全家庭经济困难学生资助体系，构建利用信息化手段扩大优质教育资源覆盖面的有效机制，逐步缩小区域、城乡、校际差距。统筹城乡义务教育资源均衡配置，实行公办学校标准化建设和校长教师交流轮岗，不设重点学校重点班，破解择校难题，标本兼治减轻学生课业负担。推进考试招生制度改革，探索招生和考试相对分离、学生考试多次选择、学校依法自主招生的运行机制，从根本上解决一考定终身的弊端。义务教育免试就近入学,试行学区制和九年一贯对口招生。推行初高中学业水平考试和综合素质评价。加快推进职业院校分类招考或注册入学。逐步推行普通高校基于统一高考和高中学业水平考试成绩的综合评价多元录取机制。探索全国统考减少科目、不分文理科、外语等科目社会化考试一年多考。深入推进管办评分离,扩大省级政府教育统筹权和学校办学自主权。健全政府补贴、政府购买服务、助学贷款、基金奖励、捐资激励等制度,鼓励社会力量兴办教育。

第二,促进就业创业。建立经济发展和扩大就业的联动机制,健全政府促进就业责任制度。规范招人用人制度,消除城乡、行业、身份、性别等一切影响平等就业的制度障碍和就业歧视。完善扶持创业的优惠政策,形成政府激励创业、社会支持创业、劳动者勇于创业新机制。完善城乡均等的公共就业创业服务体系,构建劳动者终身职业培训体系。促进以高校毕业生为重点的青年就业和农村转移劳动力、城镇困难人员、退役军人就业。结合产业升级开发更多适合高校毕业生的就业岗位。政府购买基层公共管理和社会服务岗位更多用于吸纳高校毕业生就业。健全鼓励高校毕业生到基层工作的服务保障机制,提高公务员定向招录和事业单位优先招聘比例。实行激励高校毕业生自主创业政策,整合发展国家和省级高校毕业生就业创业基金。实施离校未就业高校毕业生就业促进计划,把未就业的纳入就业见习、技能培训等就业准备活动之中,对有特殊困难的实行全程就业服务。

第三,形成合理有序的收入分配格局。着重保护劳动所得,努力实现劳动报酬增长和劳动生产率提高同步,提高劳动报酬在初次分配中的比重。健全工资正常增长机制,完善最低工资和工资支付保障制度,完善企业工资集体协商制度。改革机关事业单位工资和津贴补贴制度,完善艰苦边远地区津贴增长机制。健全资本、知识、技术、管理等由要素市场决定的报酬机制。多渠道增加居民财产性收入。完善以税收、社会保障、转移支付为主要手段的再分配调节机制。完善慈善捐助减免税制度,支持慈善事业发挥扶贫济困积极作用。规范收入分配秩序,建立个人收入和财产信息系统,保护合法收入,调节过高收入,清理规范隐性收入,取缔非法收入,增加低收入者收入,扩大中等收入者比重,努力缩小城乡、区域、行业收入分配差距,逐步形成橄榄型分配格局。

第四,建立更加公平可持续的社会保障制度。坚持社会统筹和个人账户相结合的基本养老保险制度,完善个人账户制度,健全多缴多得激励机制,确保参保人权益,实现基础养老金全国统筹,坚持精算平衡原则。推进机关事业单位养老保险制度改革。整合城乡居民基本养老保险制度、基本医疗保险制度。推进城乡最低生活保障制度统筹发展。完善社会保险关系转移接续政策,扩大参保缴费覆盖面。研究制定渐进式延迟退休年龄政策。健全符合国情的住房保障和供应体系。加强社会保险基金投资管理和监督,推进基金市场化、多元化投资运营。加快发展企业年金、职业年金、商业保险,构建多层次社会保障体系。积极应对人口老龄化,加快建立社会养老服务体系和发展老年服务产业。健全农村留守儿童、妇女、老年人关爱服务体系,健全残疾人权益保障、困境儿童分类保障制度。

第五,推进医药卫生事业的改革和发展。统筹推进医疗保障、医疗服务、公共卫生、药品供应、监管体制综合改革。深化基层医疗卫生机构综合改革,健全网络化城乡基层医疗卫生服务运行机制。加快公立医院改革,落实政府责任,建立科学的医疗绩效评价机制和适应行业特点的人才培养、人事薪酬制度。完善合理分级诊疗模式,建立社区医生和居民契约服务关系。加强区域公共卫生服务资源整合。取消以药补医,理顺医药价格,建立科学补偿机制。改革医保支付方式,健全全民医保体系。加快健全重特大疾病医疗保险和救助制度。鼓励社会办医。社会资金可直接投向资源稀缺及满足多元需求服务领域,多种形式参与公立医院改制重组。允许医师多点执业,允许民办医疗机构纳入医保定点范围。

(徐平华:中共中央党校经济学部教授)

3 深化财税体制改革与化解债务风险

党的十八届三中全会通过的《中共中央关于全面深化改革若干重大问题的决定》指出:"财政是国家治理的基础和重要支柱,科学的财税体制是优化资源配置、维护市场统一、促进社会公平、实现国家长治久安的制度保障。必须完善立法、明确事权、改革税制、稳定税负、透明预算、提高效率,建立现代财政制度,发挥中央和地方两个积极性。"《决定》在把握时代发展趋势、总结改革开放实践经验的基础上,对如何深化财税体制改革、建立现代财政制度作出了战略部署和具体要求,在理论和政策举措上有一系列创新和突破,明确了今后一段时期我国深化财税体制改革的主要任务和目标。

一、怎么认识深化财税体制改革的重大意义

党的十八届三中全会《决定》提出"财政是国家治理的基础和重要支柱",是"实现国家长治久安的制度保障",这是在党的重要文件里面第一次这样表述,凸显了深化财政体制改革和建立现代财政制度的重要意义。

首先,我国全面深化改革的总目标是完善和发展中国特色社会主义制度,推进国家治理体系和治理能力现代化。财政是政府执政的物质基础,是政府配置资源的主要方式,我国改革开放的总设计师邓小平同志曾经说过财政应该"有财有政,不能有财无政",财政是政府执政理念的物质体

深化财税体制改革与化解债务风险

现,因此国家治理体系和治理能力的现代化,必须首先实现财政体制的现代化,建立现代财政制度。《决定》提出"财政是国家治理的基础和重要支柱",是"实现国家长治久安的制度保障",反映了我们党对深化财税体制改革、建立现代财政制度的认识,有了进一步深化。

其次,历史是最好的教科书,同时也是我国深化财税体制改革的最好借鉴。无论是从中国的历史还是国外的历史,都可以看到财税体制改革不仅仅是经济体制改革的关键,也是关系国家长治久安的制度建设。历览古今中外,财税体制及其改革的成败得失,往往是关系到国家兴衰、社会治乱、人民祸福的重要因素,历史和现实中发生的许多重大事件,如中国历史上著名的秦末农民起义、贞观之治、明朝张居正的"一条鞭法"改革,同样,各国历史上发生的许多重大事件,如法国的大革命、美国的独立战争、"进步时代",以及力挽"大萧条"危机的罗斯福新政等,也都能看到财税体制及其改革的巨大影响力。历史的经验教训清楚地告诉我们,一个好的财税制度,是国家兴盛、社会稳定、人民安居乐业的强大支撑,反之,一个不好的财税制度,必然导致横征暴敛、税负不公,往往是国家衰亡、社会动荡、人民流离失所,甚至引发冲突和战争的导火线。因此,深化财税体制改革,建立现代财政制度对于政权的稳定、经济的发展、社会的长治久安有着深远而重大的影响。

第三,经济体制改革是全面深化改革的重点,核心问题是处理好政府和市场的关系,使市场在资源配置中起决定性作用和更好发挥政府作用。财政收支的规模和范围,实质上就是政府作用的具体体现,无论是市场在资源配置中起决定性作用,还是更好发挥政府作用,都需要对财税体制进行相应的改革和调整。深化财税体制改革是破解当前许多重大问题的切入点和突破点,是理顺政府与市场关系,协调各种利益关系的抓手,因此深化财税体制改革在全面深化改革战略中意义十分重大。

二、当前我国财税体制存在哪些主要问题

改革开放以来,财税体制改革实际上是一个不断推进的过程,特别是1994年的财税体制改革,基本上奠定了与市场经济发展相适应的财税体制基本框架,近年来财税体制也不断地进行改革和调整。总体上看,改革开放以来我国财税体制改革成效明显,保障了财政职能作用的发挥,较好地服务了经济社会改革发展和稳定的大局。但之所以提出要深化财税体制改革,肯定是我国现行的财税体制还存在与社会主义市场经济发展不相适应,与推进国家治理体系和治理能力现代化,建立现代财政制度的要求还有差距。那么,现行财税体制究竟还存在哪些主要问题和弊端呢?总体上看,突出表现在以下几个方面:

(一)政府财政支出的公共性不够,财政资金供给中存在"越位"与"缺位"并存的现象。财政支出是政府活动范围和方向在经济上的反映,但是长期以来,我国政府与市场的分工与作用范围没有界定清楚,政府财政存在"越位"与"缺位"并存的现象。同时,财政供养负担过重,行政性财政支出比重过大,财政支出管理职能弱化,管理方法落后,财政资金的使用效益低下。

(二)财政预算管理制度的完整性、科学性、有效性和透明度不够。政府财政预算没有涵盖政府的所有收支,预算管理偏重放在收入管理和当期管理,对支出管理、政策绩效以及长期的动态管理重视不够。

(三)税收制度不适应经济社会发展、改革、转型的新形势、新要求。特别是在解决产能过剩、调节收入分配、促进资源节约和生态保护方面功能较弱,税收优惠过多过滥,不利于公平竞争和统一市场环境建设。

(四)中央和地方事权与支出责任划分存在不清晰、不合理、不规范等问题,转移支付制度不完善,专项转移项目过多,资金分散,对地方常有配套要求,不利于建设财力与事权相匹配的财政体制和推进基本公共服

务均等化。

上述主要问题,既是现行财税体制中存在的主要问题和弊端,也是下一步深化财税体制改革的重点和难点,是深化财税体制改革必须要啃的硬骨头。

三、深化财税体制改革应遵循怎么样的原则

深化财税体制改革,必须按照中央的部署,坚持稳中求进、改革创新,以改进预算管理制度、完善税收制度、建立事权和支出责任相适应的制度为重点,以建立现代财政制度为改革目标。

深化财税体制改革,既要有明确的路线图、时间表,还要有敢于啃硬骨头、敢于涉险滩的精神,努力在解决重点、难点问题上取得突破性进展。由于财税体制改革涉及国家、企业和个人之间的利益的重大调整,每一项改革措施的出台,都涉及千家万户,关乎人民群众的切身利益,而且许多财税制度的调整,都需要社会各界广泛讨论和协商,以达成共识,并以法律法规的形式来颁布执行。因此财税体制改革应遵循以下基本原则:

(一)明确方向,服务大局。应自觉地把科学发展观切实贯穿于深化财税体制改革的全过程,进一步健全公共财政体系,加快经济结构调整和发展方式转变,促进区域协调和城乡统筹发展,为推动科学发展与社会和谐提供体制保障,努力为全面建设小康社会服务。

(二)整体设计,协调联动。财税体制改革事关国家、企业和个人之间的重大利益调整,涉及中央和地方、不同部门之间的责权利的划分,因此要妥善处理好政府与纳税人、中央与地方、政府与社会、财政与金融、财税部门与其他部门之间的关系,统一规划,全面设计,综合配套,协调推进,加强各项财税改革之间以及财税改革与其他改革之间的协调配合,形成改革合力。

(三)积极稳妥,循序渐进。财税体制改革涉及许多经济社会中的热

点和难点问题，改革面临的形势较为复杂，需反映和照顾到不同的利益诉求，因此财税体制改革既抓住机遇，突出重点，加大改革力度；又要妥善处理改革、发展、稳定的关系，调动各方面的积极性，精心谋划，远近结合，分步实施，成熟一项推出一项，确保改革平稳有序进行。

当前是财税体制改革的关键时期，要严肃财经纪律，牢固树立过紧日子的思想，增收节支，勤俭办一切事业，着力盘活资金存量，加强资金监管，把钱用到刀刃上。要坚持重在落实、重在效果，扎实做好基础性工作，提高科学化管理水平，确保财税体制改革顺利推进，经济社会持续健康发展。

四、怎样在深化财税体制改革中体现"市场在资源配置中起决定性作用和更好发挥政府作用"的要求

党的十八届三中全会强调指出，经济体制改革的核心问题是处理好政府和市场关系，必须更加尊重市场规律，更好发挥政府作用。因此，处理好政府和市场关系可以说是今后深化经济体制改革的主旋律，也是财税体制改革必须面对的首要问题。

财政作为政府活动的物质基础，财政收支范围实际上就是政府职能范围和资源配置作用在经济上的反映。由于我国过去长期实行计划经济体制，即使在改革开放之后，也是一种偏重于政府主导型的经济模式，无论是产业培育、促进投资、结构调整还是社会发展，都过于强调政府的作用，而对市场的力量重视不够、发挥不够。因此，长期来我国政府职能既存在"越位"问题，同时也存在"缺位"和"不到位"问题，突出表现在：各级政府在抓经济发展方面劲头很足，但在抓公共服务和公共产品方面则"有心无力"或"无心无力"。我国在社会主义初级阶段，以经济建设为中心没有错，但是如果各级政府都把主要精力和财力放在招商引资、抓大项目引进上，为此不惜通过财政补贴、税收优惠、土地优惠、电价优惠等政策动用大量的公共财政资源，虽然有的地方可能会出现一时的成

深化财税体制改革与化解债务风险

功,如经济增长速度短时期内出现飙升,但更可能的结果是很多地方政府不得不吞下自酿的苦酒,例如有的被所引企业"绑架",被迫不断用公共资源进行"输血";有的企业造成的环境和污染治理难题,使得政府不得不投入大量资源进行治污和减排;还有的因拆迁、用工等导致群体性事件,政府作为引进企业的大力推动者,难免存在"拉偏架"的嫌疑而导致在处置这类事件时受到社会和群众的质疑,导致公信力受损。

因此,进一步深化财税体制改革,应根据市场经济的一般规律和我国社会主义市场经济初级阶段的国情来处理好政府和市场的关系:凡是市场能够解决的一般性竞争领域,财政和公共资源的配置可以逐步退出,使市场对资源配置起决定性作用;凡是市场和企业能决定、能办好的事都要交给市场和企业。政府的职责和作用主要是保持宏观经济稳定,加强和优化公共服务,保障公平竞争,加强市场监管,维护市场秩序,推动可持续发展,促进共同富裕,弥补市场失灵。并以此为标准来界定财政支出的范围,凡是市场不能解决或解决得不好的领域,应逐步纳入公共财政的支出范围,通过有进有退的财政支出调整,增强财政的公共性,把财政公共资源更多地配置到经济和社会发展所急需的公共产品和公共服务方面,解决市场失灵问题,而不是把财政资源配置到市场可以解决、明显具有逐利性的竞争性领域。

在宏观调控上更多地通过经济手段以市场化的方式来进行,对限制和禁止进入的领域,通过"负面清单"的形式对各类市场主体统一施行,凡是市场能发挥作用的,政府要简政放权,不要去干预;凡是市场不能有效发挥作用的,政府应当主动补位,管到位,管出水平。财政应主动地根据这些要求,来进行资源配置相应的调整,宏观调控中的财政政策、税收政策也要按照这一基本要求来确定政策的边界和力度,并从财税体制上建立起防范政府之手越界操作,职能自我膨胀,人员机构扩张的有效制约机制。

五、怎样在深化财税体制改革中处理好中央与地方的财政关系

中央和地方在财力与事权的关系上,从来都是一对矛盾,中央集中太多,管得太多,不利于调动地方的积极性。集中太少,该管的没管好,又会使中央宏观调控能力受到影响,调节地区之间差异也缺乏必要的财力保障。

要处理好中央与地方的财政关系,第一,是在明确政府和市场作用边界的前提下,按照明确各级政府事权—支出责任—划分收入—匹配财力的思路,来统筹调整和规范中央与地方各级政府间的收支关系和财力配置,健全财力与事权相匹配的财税体制。第二,按照公共产品和服务的层次性,划分为全国性、跨区域性、地方性公共产品和服务,合理界定中央与各级地方政府的事权和支出责任,并逐步通过法律形式予以明确,其次按照事权和支出责任以及财政收入征收的效率性原则来进行收入的大体划分。第三,根据中央的宏观调控意图和对地区差异调节的考虑,通过转移支付制度进行再调整。

从各国提供公共产品和服务的经验看,越是贴近基层和民众,公共产品和服务的提供越是有效率,目前在基层政府普遍存在事权支出责任偏重,财力保障不足的情况下,可以适当考虑事权和支出责任的上移或者是财力财权的下放,科学设置、合理搭配一般性转移支付和专项转移支付,增加一般性转移支付的规模和比例,进一步提高转移支付资金使用效益,把加强基层政府提供基本公共服务财力保障放在更加突出的位置。

总之,无论怎么改革,目的就是要发挥中央和地方两个积极性,不能只顾其一而不顾其二。从我国的经验看,什么时候中央和地方两个积极性都发挥好,我国经济社会发展的步子就迈得特别好、特别快。

六、怎样在深化财税体制改革中处理好效率与公平的关系

效率与公平的关系，一般也存在一定的矛盾，往往强调了效率，就会影响到公平性，反过来强调了公平，又容易对效率造成伤害。但也要看到，效率与公平存在矛盾是就一般性而言，如果明确了政府与市场的分工，在市场经济条件下政府职能定位于提供公共产品和公共服务的话，那么从整个经济社会发展来看，政府应主要负责解决公平正义问题，而效率问题主要是通过市场机制来解决，除非是市场机制在追求效率最大化时可能伤害到社会效率和宏观效率，政府才应果断出手，采取措施进行干预。基于此，在深化财税体制改革中，对效率与公平关系的处理应注意以下几点：

（一）财税体制改革要把保障和改善民生、维护社会公平正义作为财政支出的优先方向。应通过深化财税体制改革，把财政资源更多地配置到经济和社会发展所急需的公共产品和公共服务上来，通过推进基本公共服务均等化，为市场经济主体提供公平的发展机会和条件。同时，坚决守住民生底线，防范收入差距进一步拉大，努力使发展成果更加公平地惠及全体人民。

（二）在获取财政收入时，应更好地体现公平性原则。目前我国收入差距拉大有各方面的原因，但也反映出财税体制再分配调节作用还没有充分发挥出来。因此，新一轮财税体制改革应充分发挥调节收入分配的作用，应实施个人所得税改革，逐步建立健全综合和分类相结合的个人所得税制度，加大对高收入者的调节力度。在对部分所得项目实行综合计税的同时，将纳税人家庭负担，如赡养人口、按揭贷款等情况计入抵扣因素，更体现税收公平。同时完善消费税制度，进一步发挥其调节收入分配的作用。按照强化税收、规范收费的原则，继续推进费改税，研究推进房地产税改革，完善财产税制度。按照适当提高社会保障统筹级次的要求，健全

社会保障筹资机制。

（三）政府对市场主体的微观效率问题不应干预过多，而是关注宏观效率和社会效率。政府应相信企业最知道什么项目是最赚钱、最有"钱途"的，怎么干才是效率最高、赚钱最快的办法。政府主要精力应放在为市场主体提供大致公平的公共产品和公共服务上，这是公共资源配置的优先方向，也最能体现财税体制公平性的特征。当然，政府为了宏观效率和社会效率，也可以通过财税体制和政策对市场微观主体进行引导，但这种引导也应是公平的，是面向全体企业一视同仁的，不因企业的身份不同而不同，例如通过政府提供"负面清单"，严格市场准入标准和环保标准，抑制产能过剩领域的固定资产投资，引导投资方向，优化投资结构等，尽量减少和规范具体针对某些企业的税收优惠。政府的投资应逐步退出竞争性领域，即使为了刺激经济增长，也不能盲目投资，而应发挥好投资对经济增长的关键作用，在打基础、利长远、惠民生、又不会造成重复建设的基础设施领域加大公共投资力度。

七、怎样在深化财税体制改革中处理好重点突破与系统改革的关系

不少学者主张新一轮经济体制改革应该选择一个突破口，并以此为重点，一举突破而带动其他各项改革，因而不少人主张把深化财税体制改革作为深化经济体制改革的突破口。虽然从我国经济体制改革的历史经验看，以财税体制为突破口的改革确实曾经取得过不俗的成绩，如 1994 年的财税体制改革，就成为引领当时经济体制改革的排头兵，但这种"单兵突破"式的改革也存在诸多问题，例如由于缺乏配套改革，突破之后难以巩固，或者与尚未改革的领域形成相互掣肘，反而影响了财税体制改革的效果。

当前，我国改革已经进入攻坚期和深水区，各相关领域好改、易改的都已经改的差不多了，剩下的大多是难啃的"硬骨头"。很多领域的改革

之所以那么难、那么硬，很大程度上就是因为牵涉到多个方面的利益，已经远不是通过某个部门、某个领域的改革就可以解决的。因此，笔者更倾向于在实施重点突破的同时，把同一个难题所涉及的不同领域都按照改革的要求进行梳理，然后进行综合的、全方位的系统改革。所以，今后一段时期的财税体制改革应该按照全面深化经济体制改革的顶层设计，更加注重改革的系统性、整体性、协同性，与相关领域的改革协同配合推进，避免因为缺少相关配套改革措施而导致财税体制改革孤军深入、孤掌难鸣，影响改革效果。

总之，在任何时代、任何社会制度下，财政都是个大问题，财税体制改革更是涉及各方利益重新调整的大问题，既然是大问题，就需要具备解决大问题的大思路和大策略，因此财税体制改革应从"大处着眼"来谋划，然后再从"小处入手"去稳步推进和完善，这对于正处于经济、社会转型过程中的中国来说，尤为重要。

八、深化财税体制改革的重点工作是什么

深化财税体制改革确定为全面深化改革的重点内容。这是中央立足全局、面向未来提出的重要战略思想，是科学把握现代国家发展规律所做出的重大决策部署，充分表明了新一届中央领导集体对当前财税领域形势的清醒认识和准确把握，对财税体制改革在整个改革中基础和支撑作用的准确定位，以及对财政改革发展的高度重视。深化财税体制改革，建立现代财政制度，必须做好以下重点工作：

（一）改革政府预算管理制度。现代政府预算制度是现代财政制度的基础和重要内容，预算编制科学完善、预算执行规范有效、预算监督公开透明及其三者的有机统一衔接、相互补充制衡是现代预算管理制度的核心内涵。改革预算管理制度的目标，就是要建立完整、规范、透明、高效的现代政府预算管理制度。

（二）完善税收制度。税收是政府收入的基本形式，也是国家实施宏观调控、调节收入分配的重要工具。现阶段，深化税制改革需要把握以下几点：一是有利于促进经济发展方式转变、调节社会财富分配、节约能源资源和保护环境，促进经济社会持续稳定发展。二是坚持税费联动、有增有减，保持宏观税负相对稳定。既要考虑保障国家事业发展和人民生活的正常需要、适当集中财力，也要考虑有关方面特别是企业和居民的承受能力。三是有利于培育地方主体税种，调动地方组织收入的积极性和自主性。四是尽可能不开征新税种，适当简并现有税种与税率，税制设计尽可能简单透明，减少自由裁量权，降低征管成本。五是加快税收立法步伐，推进依法治税。完善税收制度的目标是建设有利于科学发展、社会公平、市场统一的税收制度体系。

（三）建立事权和支出责任相适应的制度，逐步理顺中央和地方财政关系。事权与支出责任相适应，实际上是涉及一个国家治理体系和治理能力建设的问题。首先应明确事权划分，明确哪些是中央事权并由中央承担支出责任、哪些是地方事权并由地方承担支出责任，哪些是中央委托地方事权。其次，要按照建立事权与支出责任相适应的制度要求，在转变政府职能、合理界定政府与市场边界的基础上，充分考虑公共事务的受益范围、信息的复杂性和不对称性以及激励相容性，合理划分中央地方事权和支出责任，适度加强中央政府事权和支出责任，减少委托事务，中央和地方按规定分担支出责任。第三，保持现有中央和地方财力格局总体稳定，结合税制改革，考虑税种属性，进一步理顺中央和地方收入划分。

九、怎样改进我国预算管理制度

纵观现代各国的预算管理模式的演进，以"新绩效预算管理"为方向的预算改革，明显存在以下趋势：一是从投入导向预算转变为结果导向预算；二是具有使命感的预算；三是从年度预算转向年度预算与中长期预算相结合;四是注重公民参与的预算。

今后我国的预算改革要顺应发展的潮流,做好以下改革:一是改进年度预算控制方式。审核预算的重点由财政收支平衡状态、赤字规模向支出预算和政策拓展。二是建立跨年度预算平衡机制。年度预算审核重点由收支平衡转到支出政策上,收入预算从任务改为预期,预算确定的收支平衡状态在执行中有可能被打破。为确保财政的可持续,就要建立跨年度预算平衡机制,一方面是建立跨年度弥补超预算赤字的机制,另一方面是建立中长期重大事项科学论证的机制,对一些重大项目不能一年一定政策,要有长远考虑,通过实行中期财政规划管理,强化其对年度预算的约束性,增强财政政策的前瞻性和财政可持续性。三是实施全面规范的预算公开。现在的预算公开更多的是财政收支情况的报账,简单公开账目。以后预算将更多地推进政策公开,增强预算的透明度,让公众更好地了解预算。四是清理规范重点支出同财政收支增幅或 GDP 挂钩事项,切实增强财政投入的针对性、有效性、协调性和可持续性。同时,各级财政部门要继续把这些领域作为重点予以优先安排,确保这些领域事业发展的正常投入。

十、怎样完善转移支付制度

转移支付制度是涉及中央和地方财政关系的重要制度,也是预算管理的重要内容。完善转移支付制度。一是建立一般性转移支付的稳定增长机制。增加一般性转移支付规模和比例,重点增加对革命老区、民族地区、边疆地区、贫困地区的转移支付。中央出台减收增支政策形成的地方财力缺口,原则上通过一般性转移支付调节。二是清理、整合、规范专项转移支付项目。归并重复交叉的项目,逐步取消竞争性领域专项和地方资金配套,严格控制专项转移支付规模,对保留的专项进行甄别,属于地方事务且数额相对固定的项目,划入一般性转移支付,并根据经济社会发展及时清理专项转移支付项目。

十一、怎样完善我国的税收制度

根据《决定》要求,今后我国税制改革的方向是,根据"五位一体"总布局、总要求,改革税收制度,优化税制结构,推进依法治税,理顺国家与企业、个人之间的税收分配关系,在保持宏观税负总体稳定的基础上,充分发挥税收筹集财政收入、调节分配、促进结构优化和产业升级的职能作用。加快形成有利于科学发展、社会公平、市场统一的税收制度体系。《决定》对今后一个时期如何深化和完善税制改革作出了部署。

(一)保持"两个稳定"。一是稳定税负,二是保持现有中央和地方财力格局总体稳定。这是税制改革的基调。稳定税负,就是要在总体上保持现有税负水平,并根据完善国家治理、加强和改善宏观调控的要求,对税负进行有减有增的结构性调整。这既有利于保证必要的财政收入,满足政府有效履行职能、增加人民福祉的需要,又在总体上不增加纳税人的税收负担,稳定市场预期,不断激发创新和创造活力。保持现有中央和地方财力格局总体稳定,既可以进一步理顺中央和地方收入关系,又不会影响地方财力,有利于形成中央和地方财力与事权相匹配的财税体制,更好发挥中央和地方两个积极性。

(二)落实税收法定。这是税制改革的原则,也是建设法治中国的重要内容之一。具体说来:一是完善立法。税制改革要于法有据,使深化税制改革具备健全的法律保障。需要立法的要积极推动立法,需要制定条例的要制定条例,需要修法或修改条例的要抓紧推动修改。一些重要改革措施需要得到法律授权的,要按法律程序进行。要不断提升立法层次,推动将一些税收法规规章上升为法律,提高法律效力等级。二是规范优惠。税收优惠政策制定法治化是成熟市场经济的重要标志,将从根本上解决税收优惠特别是区域税收优惠过多过滥问题,有利于形成公平竞争的良好市场环境,维护市场统一,真正发挥市场在资源配置中的决定性作用。应加强对税收优惠特别是区域税收优惠政策的规范管理，清理规范税收优惠政策。三是正税清费。推动环境保护费改税，在房地产税、资源税改革中也涉及费改税问题。推进正税清费，将带有税收性质的收费改为税，不仅使其更规范，而且符合税收法定原则。正税要以清费为基础，费不清则税难立。在资源税、房地产税、环境保护税等税种改革过程中，都要大力推进费改税，取消不合理收费，规范政府收入行为。

（三）优化税制结构。这是税制改革的要点，主要包括：

1. 加大间接税改革力度，推动经济结构优化升级。税收具有的调控经济职能，决定了在促进产业结构调整、经济转型中发挥着重要作用。一是推进增值税改革，适当简化税率，特别是明年要继续扩大营业税改征增值税试点范围，在铁路运输和邮电通信等行业实施，进一步促进现代服务业发展；二是调整消费税征收范围、环节、税率，把高耗能、高污染产品及部分高档消费品纳入征收范围，更好地发挥其引导社会消费、促进节能减排的积极作用。

2. 要逐步提高直接税比重，促进社会公平。根据我国现行税制中间接税比重过高的状况，要逐步建立综合与分类相结合的个人所得税制，完善财产税制，伴随经济发展相应提高直接税比重，并完善税收的再分配调节机制，加大税收调节收入分配的力度。

3. 完善地方税体系，增强地方财力。完善地方税体系对于形成地方稳定的收入来源，健全中央和地方财力与事权相匹配的机制，发挥税收调控作用，具有重要意义。要加快房地产税立法并适时推进改革，调节财富分配，引导住房合理消费。加快资源税改革，逐步将资源税拓展到占用各种自然生态空间，促进资源节约利用。推动环境保护费改税，促进建设美丽中国。

（四）支持全面改革。税收制度是支持各领域改革的重要工具。要完善慈善捐助减免税制度，支持慈善事业发挥扶贫济困积极作用；制定实施免税、延期征税等优惠政策，加快发展企业年金、职业年金、商业保险，构建多层次社会保障体系等，体现了税制改革支持各方面改革的精神。要加强税制改革与其他改革的衔接和配合，在不断深化税制改革的同时积极支持各项重点改革。

十二、如何看待我国的债务风险

最近一段时期，国外一些经济媒体和学者纷纷关注我国债务及其风险问题，有的进行测算，有的发表评论。例如，英国《经济学家》认为中国包括或有债务在内的地方债是17.9万亿元，相当于GDP的33%；如果把或有债务按以前经验实际需要负担的部分折算，地方债为12万亿元；加上中央政府的债务，如果或有债务按面值计入，中国政府债务占GDP的比例是56%。《经济学家》还加以评论说，中国的地方债已经成为国家层面的"负担"和国际社会的"担忧"。近期国际社会上也弥漫着对我国能否处理好债务问题的怀疑，有的甚至以此为由提出中国债务危机论，进而唱衰中国经济。对此，我们要有清醒的认识，既要看到我国债务确实存在一定的风险，需要认真采取措施加以防范；但也要避免人云亦云，夸大风险，自乱阵脚，丧失发展机遇。

十三、为什么说中国的债务风险仍处于可控之中

日本、美国、欧洲相继被金融和主权债务危机"洗劫"一遍后，2011年耶鲁大学出版了一本书《谁是下一个?》，书中认为"下一个"应该是中国。此后，关于中国债务危机的论调此起彼伏，有的机构甚至预言：中国2014年要出事，2016年要出大事。国外一些舆论将中国存在一定的债务风险宣扬夸大成"中国债务危机"，对此，笔者认为我国的债务风险仍处于可控之中，还没有出现所谓的债务危机。主要理由如下：

（一）从所有涉及债务安全的指标看，目前我国政府债务安全均在国

际公认的安全线以内。国际上对政府债务安全性的界定,普遍认同的是《马斯特里赫特条约》中的两个临界值指标:即政府债务余额占GDP的60%,以及财政赤字占GDP的3%。这两个指标是国际公认的"预警线",政府债务低于这两个指标,通常就被认为是安全的,超出则意味着风险上升。而目前中国政府债务率和赤字率均处于较低水平。2013年年末中央财政国债余额86750.46亿元,约占当年国内生产总值568845亿元的15.25%,即使将地方政府担保的国有平台公司债务等隐性政府债务也计算在内,我国地方政府债务余额大致在18万—22万亿元左右。也就是说,即使按照比较宽的口径算,我国政府性债务余额占GDP比重也就是约54%,还是低于国际公认的预警线60%。2013年我国赤字12000亿元,赤字率2.1%,也低于国际公认的预警线3%。如果从外债这一角度看,2013年年末我国外债余额为52625亿元人民币(等值8631.67亿美元),我国外债负债率为9.40%;债务率为35.59%;偿债率为1.57%;短期外债与外汇储备的比例为17.71%,均在国际公认的安全线以内。因此,一些国际舆论判断我国已陷入债务危机是缺乏根据的。

(二)与大多数国家相比,我国债务安全状况较好,尤其是债务使用所形成的资产更加可靠。在国际金融危机的冲击下,2010年后世界主要发达国家政府债务占GDP的比重大多超过了100%;2012年欧盟有17个成员国赤字率超过欧盟规定的3%,14个成员国负债率超过欧盟规定的60%。2013年发达国家的负债率平均是107.1%,其中英国90.1%、美国104.5%、日本243%(国际货币基金组织,2014年4月)。这些国家无论是负债率还是赤字率都远高于我国,也高于国际公认的警戒线,但也还没有真正出现所谓的债务危机。

况且评价债务风险的高低,很重要的一条是看债务使用所形成的资产质量如何。与西方大多数国家的地方债用于政府行政性支出和社会保障等消费性支出不同,我国地方债务在使用中,超过60%用于基础设施,其中很大一部分形成的是优质资产,有的城市通过地方债务投资所形成的资产评估值，已经超过了累积债务总额。正如国外一些中肯的评论所说："相对于一些国家借债用于'消费'，用于发工资和其他开支而没有留下任何实物，中国地方政府借债用于投资。超过37%的直接债务用于城建，17%用于土地'整理和保护'，7%用于安居房建设。并不是所有的资产都能产生客观的收入，但它还是值点儿什么"（《经济学家》，2014年1月4日）。

（三）我国政府拥有足够的主权资产来覆盖其主权负债，在未来一个相当长时期内发生主权债务危机的可能性极低。截止到2011年年底，我国国有企业资产总额达到759081.8亿元，即使扣除约486090.8亿元的负债总额，净资产近272991亿元，利润总额24669.8亿元。

按宽口径匡算，2010年中国主权资产净值接近70万亿元人民币，即使按窄口径匡算，同年中国主权资产净值在20万亿元左右。从发展趋向看，2000年至2010年，中国各年主权资产净额均为正值且呈上升趋势。这表明中国政府拥有足够的主权资产来覆盖其主权负债。在未来一个相当长时期内，中国发生主权债务危机的可能性极低。加上我国一些特有的制度优势，我们认为我国虽然有的地方存在一定的风险隐患，但我国政府性债务风险不是太高，而且是可控的。

十四、怎样正确认识地方债和地方融资平台

我国地方债和地方融资平台确实存在一定的风险，但对地方债和地方融资平台不能"一棍子打死"，要在防范风险的同时把它的积极性一面发挥出来。主要理由如下：

（一）关于政府债务的作用，现代经济理论早就形成了适度负债有利于经济发展的观点。我国地方债有的存在一些问题，但不应否定其积极的一面。地方债是一个伴随工业化和城市化出现的经济现象，在发达国家的发展过程中可以清楚看到这一点。美国就是通过地方债筹集资金用来支持

城市化和公共教育体系，用于修建道路、桥梁等基础设施建设。可以说没有地方债，就没有美国当今世界第一经济大国地位。同样，地方债在我国经济发展过程中，尤其是地方基础设施建设方面发挥了不可或缺的作用。地方债在管理方面是出现了一些问题，但功大于过。城镇化要想取得长足进步，没有地方债的持续支持恐怕也很难成功。

（二）地方融资平台实质上是一种公私合作平台。公私合作平台在西方被广泛用于地方政府的基础设施建设。例如，从1990年到2009年，欧盟近1400个项目是通过公私合作模式（PPP）实现的，价值2600亿欧元。我国的地方融资平台，是以政府出资和公共资源为依托，采取市场化方式运作，承担特定基础设施和公共服务融资与建设任务的"特定目的公司"。地方融资平台是在特定背景下出现的"公私合作平台"，在我国经济社会发展、加快基础设施建设和改善民生等方面发挥了重要作用。现在和今后一个时期，地方财政资金能够用于基础设施的部分不会有太大的增加，借鉴和鼓励更多的公私合作平台项目，使民间资本、政府部门、社会组织在市场原则下互利合作，不仅可以解决建设资金问题，还可以改善国家治理体系，增强社会凝聚力，让更多的人分享改革发展的红利。因此，目前虽然有的地方融资平台不规范，但不应因此完全否定地方融资平台的作用。

（三）对地方融资平台应实行分类治理。现在地方融资平台的确存在良莠不齐的问题。好的健康的融资平台，要鼓励支持发展；差的脆弱的平台，要严加管理，防范风险。融资平台的风险更多地不在其自身，而是传导为金融风险，因此关键是要监控好地方债风险向金融风险传导的途径。在我国目前经济下行风险加大，城镇化进程加速的今天，一味否定地方融资平台和地方债是非理性的，甚至是危险的。

十五、怎样防范地方债务风险

虽然我国尚没有发生所谓的债务危机，但是我们对存在的债务风险特别是地方债风险也要有清醒的认识，俗话说：人无远虑，必有近忧。对地方债存在的风险，必须未雨绸缪，严加防范。

1. 应规范地方政府的举债行为和制度建设。研究赋予地方政府依法适度举债融资权限，建立以政府债券为主体的地方政府举债融资机制。通过开正门，堵住不规范的地方债"后门""旁门"。

2. 应对地方债的使用和期限进行规范。严格授权举借的短期债务外，地方政府举借债务只能用于城市建设等公益性资本支出或置换存量债务，不得用于经常性支出。研究制定地方政府债券自发自还改革方案，推动部分地方开展改革试点。

3. 对地方政府性债务实行分类管理和限额控制，对没有收益的公益性事业发展举借的一般债务，由地方政府发行一般债券融资，主要以公共财政收入和举借新债偿还；对有一定收益的公益性事业发展举借的专项债务，主要由地方政府通过发行市政债券等专项债券融资，以对应的政府性基金或专项收入偿还。同时，推广运用政府与社会资本合作模式，鼓励社会资本通过特许经营等方式参与城市基础设施等的投资和运营。

4. 在允许地方政府规范举债的同时，将进一步加强地方融资平台公司举债管理，规范融资平台公司融资行为。抓紧剥离融资平台公司承担的政府融资职能，剥离后地方政府新发生或有债务，要严格限定在依法担保形成的债务范围内。

5. 建立债务风险预警及化解机制，列入风险预警范围的高风险地区不得新增债务余额，强化金融机构等债权人约束，推进建立考核问责机制和地方政府信用评级制度，在财政总预算会计制度中，部分事项将采用权责发生制，为信用评级和财务报告编制提供基础信息。为确保改革措施平稳推进，既要规范管理新增债务，也要妥善处理存量债务，防止资金链断裂。

总之，财政是国家治理的基础和重要支柱，深化财税体制改革，对于完善社会主义市场经济体制、加快转变经济发展方式、推进国家治理体系和治理能力现代化，对于全面建成小康社会、实现中华民族伟大复兴的中国梦，都具有十分重要的现实意义和深远的历史意义。深化财税体制改革，必须坚持底线思维，注重战略思考，把握正确方向，厘定改革思路，搞好总体谋划，精心研究协调，积极稳妥推进。要完善立法、明确事权、改革税制、稳定税负、透明预算、提高效率，坚持处理好政府和市场的关系、充分发挥中央和地方两个积极性、兼顾效率和公平、统筹当前和长远、总体设计和分步实施相结合、协同推进财税和其他改革，努力建设法治财政、民生财政、稳固财政、阳光财政、效率财政。

（梁朋：中共中央党校经济学部教授）

4 推进区域协调发展

区域发展是一个重大的战略问题。新中国成立以来,我国区域发展战略经历了从区域均衡发展到区域非均衡发展,再到区域协调发展的历史演变。不同阶段的区域发展战略是历史选择的必然结果,而随着经济发展和社会进步又必然遭到淘汰。现阶段我国实施的是区域协调发展战略,根据十八大报告主要包含以下内容:优先推进西部大开发,全面振兴东北地区等老工业基地,大力促进中部地区崛起,积极支持东部地区率先发展,采取对口支援等多种形式,加大对革命老区、民族地区、边疆地区、贫困地区扶持力度。实施区域协调发展战略,充分发挥各地区比较优势,促进生产要素合理流动,有助于推进区域良性互动发展,提高区域基本公共服务均等化水平,缩小区域发展差距,实现共同富裕。

一、区域协调发展的内涵

区域协调发展是我国区域发展战略逻辑演进的必然结果。20世纪90年代初,针对当时区域经济差距持续扩大的问题,学术界和政府相关部门作出了广泛探讨和深入研究。1991年,国家成立国民经济和社会发展总体研究协调小组,协调小组将"中国区域协调发展战略"作为重要研究课题,并于1994年公开出版了研究成果《中国区域协调发展战略》,这被认为是我国较早正式提出区域协调发展战略的研究成果(张敦富、覃成林,2001)。1995年党的十四届五中全会通过了"九五"计划和建议,建议指出要将"坚持区域经济协调发展，逐步缩小地区差距"作为今后15年经济和社会发展必须贯彻的重要方针之一。15年过后，在"十二五"规划中，区域协调发展战略仍然被作为区域发展的重要方针，统筹着区域发展的总体布局。

区域协调发展战略提出之后，关于区域协调发展的内涵不少学者都尝试加以界定，比较有代表性的观点如下：

第一种观点认为，区域协调发展指各区域基于经济发展的非均衡，通过帮扶使落后地区的经济得以跨越式发展，最终实现各区域经济发展的协调和均衡。

第二种观点认为，区域协调发展是各地区基于自身资源要素的禀赋，采取适宜本地区的区域开发模式，在国家层面的统一调控下，保证各区域之间的发展差距处于一个相对合理和可控的范围之内的一种发展状态。

第三种观点认为，区域协调发展是在保证国民经济整体健康运行的前提下，促进各区域经济的共同发展，通过优势互补，将区域经济发展的差距控制在一个相对合理的范围之内，并尽可能地缩小区域之间的差异。

第一种观点基于区域之间经济发展的差距，从公平的视角强调通过纯粹经济意义上的赶超来缩小地区发展的经济差距，最终使各区域的经济水平达到一个相对均衡的状态。这一观点不仅违背了经济发展的客观规律，忽视了各区域经济发展条件的差异，而且片面追求理论意义上的某一时刻相对均衡、相对静止状态，而殊不知这一状态在现实中很难实现，也很难度量。第二种观点基于各地区资源要素的禀赋，强调各地区要通过采取不同的开发方式来逐步缩小区域发展的差距。该观点实质上是一种区域开发的模式，是对区域经济协调发展方法论层面上的论述，而不是对区域协调发展内涵的阐释。第三种观点从国家层面强调区域发展最终还是要为国民经济发展的总体服务，实质上是一种效率至上的观点，这种情况下区域经济协调发展的实现相当困难。

事实上，区域协调发展这一概念源自区域发展的实践，对区域协调发展内涵的界定也就必须结合区域发展的实践。根据国家"九五"计划、"十五"计划、"十一五"规划、"十二五"规划,以及相关政府文件的表述,可以将区域协调发展定义为:各区域依托本区域的区位优势和资源禀赋,彼此间相互开放,通过区域经济交流和分工合作,而达到的一种各区域经济整体实力不断提升,区域经济结构得以优化,各类生产要素充分流动,各区域发展差距日益缩小,并最终使差距控制到一个相对合理、适度范围内的状态和过程。

区域协调发展是一个复杂的系统,包含多个层面,可以从多个角度去分析。但总体而言,要去衡量和测度区域协调发展的状态就要注意把握以下几个方面的内容:

1. **区域经济发展水平的协调**

当前我国区域之间发展不均衡,区域差距过大,最根本的问题就是各区域的经济发展水平抑或是经济基础差距过大。正是由于经济发展差距过大,其他诸如社会公共服务的提供差距也就格外明显,只有使落后区域的经济发展水平有所提高,其他相应的配套服务才能跟进,否则就是无源之水、无本之木,但凭输血式的帮扶不能从根本上缩小区域之间发展的差距。因此,实现区域协调发展最重要的问题就是要实现区域经济发展水平的协调。具体而言就是中西部落后省份要适当加快经济增长的速度,提高地区人均实际 GNP 水平。

2. **区域产业结构的协调**

当前我国正处于调结构、转方式的重要时期,经济结构调整的一个重要内容就是产业结构调整。由于历史等多方面原因,我国当初各区域产业结构差距极为显著,部分内陆落后地区产业链还没形成,而沿海发达地区不少产业由于优化升级而遭到淘汰。产业的落后只是相对而言,区域经济发展过程中,发达地区的落后产业要实时向欠发达地区转移,要按照合理组织地域分工、发挥地区优势的原则进行产业的转移和升级,要摒弃区域自成体系的区域国民经济体系的观念,避免出现产业同构、产能浪费,最终形成一个既能发挥各区域资源优势，又在全国层面上分工相对合理的区域产业结构体系。

3. 区域要素流动的协调

要素自由流动、平等交换是现代市场体系的一个重要内容。当前由于种种原因，我国各个区域生产要素的流动还存在着严重的市场壁垒，资源配置的效率不高，资源配置也欠缺公平，国民经济的发展牺牲了部分经济欠发达而资源相对丰富地区的利益。要实现区域经济的协调发展就必须破除要素流动的障碍和资源配置的不公平，建立统一的要素流动市场，健全市场机制，让市场在资源配置过程中起决定性作用，实现区域间商品和生产要素的自由流动和平等交换。

4. 区域公共服务均等化

我国是社会主义国家，发展经济的根本目的在于通过发展生产力来提高人民的生活水平。落后地区经济发展水平滞后的一个最直接结果就是这些地区的人民生活水平不高，还有不少群众没有摆脱贫困的泥潭。这里的居民还不能喝上干净的水，还不能住上宽敞的房子，还没有便捷的交通，还不能接受现代的医疗卫生服务，还不能接受规范的基础教育，同是中国居民他们却没享受到国家经济增长所带来的财富和成果，社会公共服务的不均衡极大地制约了欠发达地区居民生活质量和水平的提高。要加大财政转移支付的力度，缩小区域公共服务水平差距，最终实现在区域经济协调发展的同时区域人民生活水平的提高。

5. 区域人与自然关系的和谐

区域协调发展所强调的发展是全面的发展，是科学的发展，是不以牺牲资源、环境为代价的发展。区域经济发展是区域协调发展的一项重要内容，但不是全部，在强调经济发展的同时，还要兼顾各个区域的资源、环境的承载能力，避免出现过度开发和盲目开发。在发展经济的同时要注意资源的节约和环境的保护，要用科学发展观的观念来统领全局，注意生态文明的保护，使发展不仅造福于当代还要造福于长远，真正做到可持续发展。

6. 区域协调发展是更有效率的发展

区域协调发展是各区域经济的共同发展,但不是同步发展,不是不同区域经济的低水平平衡发展。协调发展要协调不同区域经济的优势和效率,通过不同区域经济的协调提高国民经济的整体效益。区域协调发展要求不同区域根据自身的比较优势和发展条件,确定在全国区域分工格局中所承担的任务和产业发展方向,避免产业结构趋同,实现不同的区域都既能发挥优势、又能在区域经济联系中优势互补,进而建立合理的区域经济空间格局,优化生产力宏观布局,从而实现更有效率的发展。

二、区域经济协调发展的重要性

(一)区域经济协调发展是全面建成小康社会,实现共同富裕的客观需要

区域协调发展是社会主义本质的必然要求和根本体现,是走向共同富裕的需要。社会主义生产的目的是为了满足人民群众日益增长的物质文化需要,共同富裕是社会主义的本质特征。区域经济协调发展战略的精髓就是从先富到后富再到共同富裕。全面建设小康社会,实现区域协调发展,将惠及十几亿人口,所有现在没有达到小康水平的地区,都要努力争取尽快达到。

但由于地理环境的差异和历史发展条件的不同,我国区域之间的发展水平一直存在着较大的差距。根据经济发展的规律,以及从世界上许多国家经济发展情况看,地区之间存在经济发展的落差也是一种正常的现象,但我国的区域发展差距过大,区域间的发展不平衡已经成为制约我国发展的突出问题之一。

此外,我国当前仍有将近1亿的贫困人口,这些贫困人口主要分布在:六盘山区、秦巴山区、武陵山区、乌蒙山区、滇桂黔石漠化区、滇西

边境山区、大兴安岭南麓山区、燕山一太行山区、吕梁山区、大别山区、罗霄山区和西藏、四省（青海、四川、云南、甘肃）藏族聚居区、新疆南疆三地州这 14 个连片特困区。而这 14 个连片特困区又都属于中西部的落后区域，促进区域经济协调发展，有助于帮助中西部地区特别是贫困地区经济发展，有助于将传统"输血"式扶贫转变为"造血"式扶贫，真正帮助贫困地区居民脱贫致富，彰显社会的公平正义。从缓解和消灭贫困以及实现全体人民共同富裕的意义上来说，我国也必须促进区域经济间的协调发展。

(二) 区域经济协调发展有利于现代市场体系的完善

建设统一开放，竞争有序的市场体系，形成和完善全国统一市场是市场经济健康发展的要求，在各区域经济发展水平相差较大的情况下，会给全国统一市场的运行和现代市场体系的构建造成严重障碍。而区域经济协调发展有利于各类商品和生产要素的自由流动、平等交换，有利于各类市场主体的公平竞争，有利于市场壁垒的破除和资源配置效率的提高。

当前，我国区域经济发展的市场环境还有待进一步优化，市场分割、行业垄断、地区封锁和各种形式的行政壁垒等妨碍公平竞争的现象，在一些地方仍不同程度地存在。此外，全国生产要素市场还没有统一，以金融市场为例，目前中西部地区还不能与全国同步走上金融业超常规发展之路。东、中、西部地区在资金、技术、土地、劳动力等生产要素的流通和交换上还存在着诸多不一致的地方，而区域协调发展的实现势必会促进这些问题的解决，推动现代市场体系的构建。

(三) 区域经济协调发展有利于加强民族团结，促进社会和谐稳定

经济发展是社会稳定的基础，我国中西部地区特别是西部许多地区是少数民族聚居地，其中有 20 多个少数民族与境外同一民族跨国界而居，这些区域的经济发展长期滞后会引起一些复杂的矛盾，甚至造成局部地区的动乱和危机,因而保持东部、中部、西部区域经济的协调发展,促进各民族的共同繁荣,让各区域居民共享经济增长所带来的财富和成果,有利于加强各民族的团结,促进社会的和谐稳定。

区域发展是社会和谐的重要条件。从系统论的角度看,社会是由诸多区域按照一定的结构所组成的有机系统,而每一区域都是构成社会这一系统的要素。在考察系统发展的过程中,既不可能只强调其中某一要素的发展,也不可能不顾及要素与要素之间的相互关系。因此,对实现社会和谐而言,我们不可能只是强调东部地区的发展。区域发展不协调,区域发展中的区域问题不解决,区域之间存在矛盾与冲突就会影响经济的增长,会加剧经济秩序和社会秩序的混乱,甚至威胁到社会稳定、民族团结和国家安全。从这个角度看,实现社会和谐的一个必要条件就是要保证区域能够协调发展。

三、区域经济理论与区域经济协调发展

(一)区域相互依赖理论

马克思主义经济学和西方经济学在关于世界经济关系上都认为世界各国彼此之间是相互依赖的,尽管这种依赖由于社会制度的不同有其某些特殊的具体表现形式,但其在本质上都由生产力的发展、商品经济的扩张、国际技术转移和资本的国际化决定的。区域相互依赖理论主要包含以下四个方面内容:(1)区域之间的相互依赖是经济社会发展的客观规律,没有相互依赖经济和社会的发展就无法进行下去,国际之间、区域之间的依赖是绝对的,只是依赖的程度上存在差异;(2)区域之间的依赖如同作用力与反作用力一样是相互的,是双向传递的,不仅仅作用于一方;(3)区域之间相互依赖的内容和程度随着区域经济的发展是不断变化的;(4)区域相互依赖产生的影响包含积极和消极两个方面,积极的相互依赖有利于推动区域之间的经济交流、合作和一体化,相反,消极的相互依赖则会引发

区域之间的经济冲突和矛盾。因此，要有目的地采取措施、政策对相互依赖的内容和程度进行干预，促进相关区域的互惠互利，化解矛盾和冲突，推动区域经济协调发展。

(二) 梯度推移理论

梯度推移理论最早源于美国哈佛大学教授拉弗农等人创立的"工业生产生命周期阶段论"。区域经济学者将生命周期理论引入到区域经济发展研究中，创立了区域经济梯度推移理论。其主要观点如下：(1) 区域经济发展的盛衰主要取决于该地区产业结构的优劣及转移，而产业结构的优劣又取决于地区各经济部门，特别是专业化部门在工业生命周期中所处的阶段；(2) 由科技进步引致的创新活动，包括新产业部门、新产品、新技术、新的生产管理与组织方法等，大都发源于高梯度地区，然后随着时间的推移，生命周期阶段的变化，按顺序逐步由高梯度地区向低梯度地区转移，推进产业结构的更新；(3) 梯度推移过程是在动态上产生极化效应和扩散效应两种途径来进行的，既产生经济要素向高梯度地区集中与转移，对周围地区起支配和吸引作用，又带动周边地区的经济发展，创新活动由发源地按区域等级顺序，跳蛙式地向广大地区扩张，所以会产生有序的梯度转移。我国东、中、西三大区域经济带的划分很大程度上就是梯度推移理论的应用，当前我国东部沿海地区已获得了率先发展，国家又不失时机地提出了西部大开发、中部崛起和振兴东北老工业基地的战略部署，这正体现了梯度推移的战略思想。当前我国东、中、西部地区客观上存在着经济技术发展不平衡，存在着梯度，实行梯度转移，进行技术、产业的交流转移，有助于促进落后地区经济发展，缩小区域间发展的差距，实现经济分布的相对均衡和区域经济的协调发展。

(三) 劳动地域分工论

劳动地域分工论无论是以亚当·斯密、大卫·李嘉图为代表的古典经济学派还是以赫克歇尔－俄林、里昂涅夫为代表的新古典经济学派都有系统的研究。劳动地域分工论指人类经济活动是按地域进行分工，即各地区依据各自的条件与优势，着重发展有利的产业部门，以其产品与外区交换，又从其他地区进口本区域所需的产品，从而形成一种一个地区为另一地区生产产品并相互交换其产品的经济现象。劳动地域分工理论发展至今，其观点可以归纳为地域分工发展理论、地域分工竞争论、地域分工协调论、地域分工协作论、地域分工效益论和地域分工层次论6个方面。劳动地域分工论是区域经济学的认识论，也是方法论，深刻揭示了生产力发展及其地域不断扩展的客观规律性，为区域经济学的发展和区域经济实践提供了理论基础。按照劳动地域分工论，劳动地域分工产生的直接原因是区域之间的资源禀赋、发展基础、经济结构、生产效率等方面存在的差异和比较优势，而劳动地域分工的最终目的是要实现区域的优势互补，获得最佳的整体效益和区域效益，促进各区域的共同协调发展。

四、新中国成立以来区域发展战略的变化

(一) 1979年以前的均衡发展战略

改革开放之前，我国的生产力布局极不均衡，为了缩小地区差距，国家实施了均衡发展战略。发展战略下国家将一半以上的资金投入到内地，在落后地区进行大规模的基础设施建设。据资料显示"一五"期间，在国内自行设计建设、投资1000万元以上的694项重点工程中，内地就占472个，约为全部项目的68%。出于备战的考虑，"三五"、"四五"时期，国家将经济建设投资的重点放到包括云、贵、川、陕、甘、宁、青以及湘西、鄂西、豫西、晋西在内的三线地区。区域均衡发展战略下，对内地的大力投资一定程度上扭转了当时畸形的宏观区域生产力布局态势，拓展了我国生产力发展空间，加速了国家特别是中西部地区的城市化和工业化进程，促进了内地经济技术的起步和区域经济的均衡发展。但当时的区域均

衡发展战略抑制了东部沿海区域的发展,片面的对内陆地区加大投资,而忽视经济发展和区域生产力布局的效率,最终带来的只是低水平的均衡,导致了国民经济效率和社会公平的双重损失。

(二) 向沿海倾斜的非均衡发展战略

十一届三中全会之后,国家开始反思区域均衡发展所造成的国家经济运行的低效率,着手对区域经济发展战略进行调整。从片面强调区域经济均衡发展转向强调国民经济整体发展速度和宏观经济效益,开始实施区域经济非均衡发展战略,重视发挥东部沿海区域经济技术区位优势。

"六五"计划,国家明确提出要积极利用沿海地区的经济基础,并开始采取一系列措施向沿海地区倾斜。"七五"计划,明确把全国划分为东、中、西三大经济带,强调重点优先发展东部,以东部的发展带动中、西部的发展,使生产力及区域经济布局逐步由东向西作梯度推移。在区域非均衡发展战略指导下,国家在东部沿海地区先后成立了深圳、珠海、汕头、厦门4个经济特区,14个沿海港口城市,5个沿海经济开放区,同时国家在财政、税收、信贷等政策上对东部沿海地区进行倾斜,打破地区发展上的平均主义,促进东部沿海地区较快地发展起来。

区域非均衡发展战略下,之所以选择东部沿海地区为突破口,以东部沿海地区经济优先发展从而带动中、西部经济的发展,主要取决于东部地区良好的工业基础和便于对外开放、吸引外资的区位优势。区域非均衡发展战略取得了巨大的成功,一方面促进了整个国民经济的高速增长,增强了国家的经济实力,提高了宏观经济效益和人民生活水平,另一方面加快了东部地区经济的飞速发展,使东部地区成为我国经济发展的"火车头",通过带动、牵引着我国中西部地区的经济也有了一定程度发展,促进了内地区域经济的繁荣。同时由于政策上过于倾斜,使得东部地区与中、西部地区之间的经济发展差距进一步拉大,损害了社会公平。

(三) 1995 年以后的区域协调发展战略

区域非均衡发展战略下，国民经济虽然有了飞速发展，但东、中、西部地区发展的差距越来越大，地区间的不公平问题日益突显，社会矛盾逐渐激化，社会对区域非均衡发展的质疑越来越大，而对加快中西部地区发展，缩小地区差距，促进地区经济协调发展的呼声愈来愈高。在此背景下，进入 20 世纪 90 年代之后，国家就开始酝酿对宏观区域经济发展战略进行调整。

1995 年，党的十四届五中全会通过的《中共中央关于制定国民经济和社会发展"九五"计划和 2010 年远景目标的建议》指出，要把"坚持区域经济协调发展，逐步缩小地区发展差距"作为今后 15 年我国经济和社会发展必须贯彻的一条重要方针，并明确指出："从'九五'开始，要更加重视支持内地的发展，实施有利于缓解差距扩大趋势的政策，并逐步加大工作力度，积极朝着缩小差距的方向努力。"

2001 年 3 月九届全国人大四次会议通过的《中华人民共和国国民经济和社会发展第十个五年计划纲要》中明确提出：实施西部大开发战略，加快中西部地区经济协调发展的指导方针，并在"十五"期间调整了过去非均衡发展战略为注重区域经济均衡协调发展的区域均衡发展战略，力图改变过去区域经济增长不平衡的态势。在这一发展战略指导下，国家先后制定了西部大开发、振兴东北老工业基地和中部崛起发展战略。

2006 年 3 月十届全国人大四次会议通过的《中华人民共和国国民经济和社会发展第十一个五年规划纲要》强调，要坚持实施推进西部大开发、振兴东北地区等老工业基地，促进中部地区崛起，鼓励东部地区率先发展的区域发展总体战略，健全区域协调互动机制，根据资源环境承载能力、发展基础和潜力，按照发挥比较优势、加强薄弱环节、享受均等化基本公共服务的要求，逐步形成主体功能定位清晰，东中西良性互动，公共服务和人民生活水平差距趋向缩小的区域协调发展格局。

2011年3月十一届全国人大四次会议通过的《中华人民共和国国民经济和社会发展第十二个五年规划纲要》指出,要充分发挥不同地区比较优势,促进生产要素合理流动,深化区域合作,推进区域良性互动发展,逐步缩小区域发展差距。要推进新一轮西部大开发,全面振兴东北地区等老工业基地,大力促进中部地区崛起,积极支持东部地区率先发展,加大对革命老区、民族地区、边疆地区和贫困地区扶持力度。

1995年以来,区域协调发展已成为我国经济持续发展与社会稳定的客观需要,成为国家经济发展战略中亟须解决的关键问题。政府不断健全市场机制,力图打破行政区划的局限,促进生产要素在区域间自由流动,引导产业转移。不断健全扶持机制,按照公共服务均等化原则,加大国家对欠发达地区的支持力。不断健全合作机制,鼓励和支持各地区开展多种形式的区域经济协作和技术、人才合作,形成以东带西、东中西共同发展的格局。

五、我国区域协调发展的新态势

多年来我国一直强调区域协调发展,经过不懈努力,东部地区"一马当先"的增长格局被打破,区域之间经济发展差距逐渐缩小。自2007年西部地区经济增长速度首次超过东部地区,至今,中西部和东北地区经济增速已连续7年全面超过东部地区,我国新的区域发展战略版图开始形成。

(一)区域经济增长极不断涌现

长期以来东部沿海地区特别是长三角、珠三角、京津冀地区一直充当着我国经济发展的"火车头",而近年来随着促进区域协调发展战略的实施,辽宁沿海经济带、江苏沿海地区、海峡西岸经济区的辐射带动作用也不断增强。而中西部地区得益于中部崛起战略和新一轮西部大开发的实施,逐渐培育出了一批新的经济增长极,广西北部湾、成渝、关中-天水、中原经济区、皖江城市带等一批具有较强竞争力的地区加快发展,成为引领中西部地区持续快速增长的重要支撑力量。

(二)工业空间格局发生变化,部分产业开始转移

随着我国经济发展,我国工业发展空间格局呈现出"北上西进"的趋势。经过"十一五"期间的发展,我国东、中、西部地区及东北老工业基地工业发展的协调性显著增强,区域特色产业发展加快,空间布局合理改善。工业开始由东部地区向东北部和中西部转移,石化产业逐步向消费中心和原油接卸条件好的地区集中,形成了9个千万吨级炼油、6个百万吨级乙烯生产基地;在振兴装备制造业的政策拉动下,沈阳铁西老工业基地调整改造暨装备制造业发展示范区初具规模,长沙、西安、齐齐哈尔等地工程机械装备、输变电设备和重型机械聚集效应逐步显现。与此相伴的是中国整体经济活动也随着工业格局的调整,呈现出由东部地区向北部环渤海区域和东北地区以及中西部地区转移扩散的新趋势。产业的"北上西进"一方面得益于国家在政策上对东北和中西部地区投资的支持,另一方面源于东部沿海地区各类生产要素价格上升的倒逼,随着用工、土地以及其他生产资料价格的上涨和环境承载能力的持续下降,不少劳动密集型和资源密集型企业向中西部地区进行了战略转移,客观上促进了中西部地区产业的繁荣和经济的发展。

(三)区域经济增速呈"中西部快、东部慢"的态势

自2007年西部地区经济增长速度首次超过东部地区,至今,中西部和东北地区经济增速已连续7年全面超过东部地区。根据发改委最近发布的消息,2013年地区经济发展总体平稳,中西部地区主要经济指标增速仍快于东部地区。由于2013年具体数据还没公布,我们可以参考2012年的数据,统计显示,2012年GDP同比增长超过11%的省份中,只有天津

属于东部地区,而不足 10% 的省份无一例外地来自东部地区。此外,2012 年东、中、西部固定资产投资分别同比增长了 17.8%、25.8% 和 24.2%,中西部的投资增速也远快于东部。

(四)从需求结构看,投资变化快,而消费转移慢

近年来我国部分产业开始向中西部地区转移,伴随着产业转移,投资和消费也悄然从东部向中西部扩散,但投资转移的速度要高于消费转移速度。当前除了少数东部发达省区外,我国绝大多数省区经济增长主要依靠投资拉动,投资增长速度越快,经济增长速度越快。与"中西部快、东部慢"的经济增速相对应的是近年来国家在中西部地区投资的增多。产业的转移,在吸引投资增多的同时也势必引致中西部地区潜在消费需求的增加,但和投资增幅相比,消费需求的增幅较小,我国整体消费需求空间转移比较缓慢。

(五)新型城镇化成为区域协调发展的引擎

新型城镇化是全面建成小康社会的关键,以新型城镇化引领区域协调发展是我国现代化进程的必由之路。"十二五"规划也将促进区域协调发展和城镇化健康发展放到同一篇来布局。我国的区域城镇化水平和区域经济发展水平有着很大的正相关性。我国东、中、西地区城镇化发展很不均衡,呈现出明显的东高西低的特征,长三角、珠三角、环渤海三个相对成熟的城市群都分布在东部地区,而中、西部地区城市发育明显不足,这和我国的区域经济发展格局刚好一致。未来我国新型城镇化工作的重点就在中西部地区,通过产业转移和优化城市布局,促进不同区域大中小城市和小城镇协调发展,提高中西部地区的城镇化水平,同时不断完善社会公共服务体系,促进社会公共服务均等化,真正实现以人为核心的城镇化。城镇化水平的提高需要产业和人口的聚集,中西部地区提高城镇化水平可以切实吸引东部地区产业向内陆转移,吸引中西部地区外出务工人员回本地就业，从而促进中西部地区经济和社会各项事业的相继发展，新型城镇化已逐渐成为未来促进区域协调发展的重要引擎和有力抓手。

六、影响我国区域协调发展的主要因素

我国地域广袤，幅员辽阔，各地区自然、经济、社会条件差异显著，影响我国区域协调发展的因素众多。目前主要影响因素如下：

(一) 资源禀赋及利用差距

自然条件和自然资源是不同经济地域形成和社会发展的物质基础。我国资源总量有限，但由于人口众多，发展所需的各类资源总量很大，此外由于技术相对落后资源利用率不高，资源浪费也极为严重，同时资源空间分布也极不均衡，这使得资源成为制约我国各区域协调发展的硬伤。

资源不足方面以土地资源为例，虽然我国幅员辽阔，但不能利用的土地面积较大，如沙漠、戈壁、高寒荒漠和裸石山地总面积达23%，而耕地仅占13%。区域经济的发展需要消耗大量的土地资源，大量的传统农区、村庄被撂荒，城郊接合部的农田大量被高楼替代，有数据显示，经济每增长1%，会占用农地30万亩左右。而截至2010年年底，我国耕地总数不足18.26亿亩，已经接近全国耕地保有量18亿亩的红线。人均耕地不足0.1公顷，不到世界平均水平的1/2、发达国家的1/4，只有美国的1/6、阿根廷的1/9、加拿大的1/14。我国可用于区域经济发展土地资源已严重不足。

资源利用率不高方面，从单位GDP能耗就可以清晰看出。"十一五"的五年我国单位GDP能耗分别为1.241、1.179、1.118、1.077、1.051（单位：吨标准煤/万元），即我们每创造出1万元的GDP就需要消耗1吨以上的标准煤。而据《新京报》报道，2012年我国的单位GDP能耗是日本的7倍，美国的6倍，甚至还是印度的2.6倍。由于能源总量是有限

的，这种依靠对能源的消耗来促进区域经济的发展显然是难以为继的。

资源分布不均衡方面，我国资源分布总体来说是西多东少，而这和我国区域经济发展水平以及区域发展条件却刚好相反。我国的能源结构以煤炭为主，而煤炭资源的分布就极不均衡，我国煤炭资源主要集中于北方晋、陕、蒙、黑等省区，占全国保有储量的68%，而南方用煤大省煤炭资源却极为欠缺。

（二）传统认识观念的影响

促进区域经济发展，特别是加快中西部地区经济发展速度是促进区域协调发展的必然要求，但是不是每个地区都应搞大拆迁、大建设，这值得商榷。当前我国地方政府仍是唯GDP论，仍以GDP为中心工作，在传统认识观念影响之下，发展不协调成为"惯性"，搞开发时一哄而上，忽视当地的实际条件，盲目开发建设。对于生态环境脆弱、经济发展条件不利的区域，盲目开发建设，不仅不会取得良好的经济效益，还会破坏生态，付出昂贵的资源环境代价，不仅危害了当代、当地的人居环境，还破坏了相关区域发展的生态屏障和环境基础，这对区域协调发展是极为不利的。

发展是全面的发展，是科学的发展，是不以牺牲资源、环境为代价的发展，在促进区域协调发展过程中我们要做好"两个注重"。注重经济增长与环境友好，就是要在促进区域经济增长的同时强调资源使用节约和自然环境保护，处理好人和自然的关系。注重经济增长与社会发展，就是要在促进区域经济发展过程中关注区域社会公平和人的全面发展，让全区域的人民公平分享经济增长带来的财富和成果。

在促进区域协调发展的过程中，我们要改变传统上诸多认识观念上的偏差，不能再盲目地搞开发，搞建设，克服掉不协调发展的"惯性病"，认识好经济发展速度和发展质量的关系，理解好国土空间开发和区域发展的空间结构，让每项决策和项目在产生经济效益的同时也能产生生态和社会效益。

(三）信息、科技等新经济要素的影响

我国区域发展差距过大已是不争的事实，且这种差距从单纯的 GDP 总量和人均 GDP 水平的差异逐步转化为发展能力和潜力的差距，而这一差距对促进区域协调发展特别是促进中、西部地区区域经济发展是极其致命的。

传统上由于工业基础薄弱，地理位置封闭和政策的导向造成我国区域经济发展极不均衡，近年来国家虽然在政策上作出了重大调整，开始大力扶持欠发达地区的发展，力求缩小区域发展之间的差距，但由于先天不足，自然条件、区位因素、经济基础没有根本改变，区域之间的不平衡在短期内一直难以消除。当前我国强调的区域协调发展，对于东部地区的发展政策是积极支持东部地区率先发展，不再是牺牲东部地区的发展去追求低水平的均衡。东部地区经过多年的积累市场体系已相对完备，经济运行的效率也相对较高，从生产到销售各项微观经济活动基本都是从东部地区率先发起，东部地区事实上已成为我国区域经济发展的发动机。近年来，由于成本上涨和国外市场需求萎缩东部地区部分制造业企业倒闭，相关产业开始内迁，给中西部地区带来了一定的发展契机。东部地区部分产业内迁，但这并不是产业萎缩，而是优化升级，产业内迁之后在东部地区又会成长起一批以信息、技术为主导的信息产业。这类产业更符合产业发展的趋势，与国际市场也更为接轨，产业附加值也较高，能带来的经济效益也远远高于被内迁的制造业。新兴产业的出现是市场经济发展的必然规律，能带来更大的经济效益，我们不能不扶持，但这同时给我们的区域协调发展带来了尴尬，因为这有可能进一步拉大区域之间经济发展水平的差距。新老因素共同作用，按照过去的发展模式和轨迹运行，中西部地区的发展能力和潜力令人担忧，有可能真的造成"穷的越穷，富的越富"。

（四）政府与市场关系的影响

中国经济体制逐步向现代市场经济推进，各个地区的发展仍然体现着市场与政府这两只手，即"看不见的手"和"看得见的手"的共同作用，发挥市场配置资源的决定性作用在各地区仍然存有很大的差距。目前无论是中央政府的优惠政策，还是地方政府的响应，都落实在如何在本地区迅速形成市场资源吸纳机制，加速推进本地市场经济力量的发展。应该说，在中国区域发展过程中，政府在发动经济增长中已发挥出了很大的成效，特别是在构筑区域竞争优势的过程中，未来的政府替代还有很大的空间。但无论政府在区域经济发展中有多大的作为，经济增长的原动力始终是市场力量，政府的替代应当顺应市场的力量，不可以违背市场的趋势自搞一套，重蹈计划经济的覆辙。因此，如何处理好政府与市场的关系，发挥好两只手的作用在推动区域协调发展过程中显得越来越重要。

七、区域协调发展的国际经验

在全世界范围内，各国的区域间经济发展有着较大差距，区域经济发展不平衡的现象普遍存在，因此实现协调区域发展也成为各国政府宏观调控的重要目标之一。早在20世纪20年代末，美国、日本和德国作为发达的资本主义国家，在经济快速发展的时期，都曾遇到过区域经济发展不平衡的问题。经过长期的探索和实践，它们都摸索出了解决的途径，并形成了各具特色、行之有效的政策体系。它们都是世界上解决区域经济差距问题较为成功的国家，学习和借鉴它们的成功经验，对于我国有效地推进区域协调发展有着重要意义。

（一）美国

美国曾经也是一个区域经济发展水平差距较大的国家。过去美国南部是以贫困、落后、种族歧视、人口外流而著称。美国大开发初期，西部地域辽阔，人烟稀少，到处是荒野高山，交通十分不便，经济很不发达，产业结构非常单一，主要是农业和初加工业。此外，由于过度的垦荒和大量的砍伐森林，美国西部水土流失非常严重，各种自然灾害频繁发生。因此，西部在相当长时期里是美国经济最不发达的区域。为了协调区域均衡发展，美国在实施区域开发政策时首先十分明确地提出了包括促进落后地区自我发展能力的提高，缩小地区间收入差距和人民生活水平的差异，推动全国经济均衡增长的发展目标。接着通过了一系列严格的立法以及专门的执法、管理机构的建立，为促进美国落后地区的发展建立了政治和制度的保障。此外政府也从经济发达的东北部、中北部征集巨额税收，通过财政支出的各个渠道，将相当一部分资金用于南部和西部的经济发展，并重点投资于水电工程、全国公路网、全国信息网和基础教育等领域，在道路建设方面，美国政府尤其重视修建公路与铁路，打通东西交通运输要道。在很长时间内，美国的南部和西部地区工业基础薄弱，但其土地廉价、资源丰富、气候温和、劳动力成本低等一些优势，非常有利于高新技术工业的发展。进入后冷战时期，大量的军工企业转为民用，西部和南部地区抓住这个机会，迅速发展了宇航、原子能、计算机网络、生物工程等高新科技产业。新技术的研发和应用，大大提高了劳动生产率，加快了落后地区产业结构升级换代的步伐。美国著名的高新技术工业科研生产基地，如加州的"硅谷"、北卡罗来纳的"三角研究区"、佛罗里达的"硅滩"、亚特兰大的计算机工业等都位于西部和南部。高新技术科研基地的兴起使美国经济重心逐渐向西部和南部转移，从而在整体上实现了各大区域经济发展的均衡化。

(二) 日本

日本历史上也存在着严重的区域间发展不平衡问题，其中最为突出的是以东京为中心的三大城市经济圈和距离该经济圈较远的地区——"过疏地区"之间的两极分化。过度的膨胀导致三大城市圈交通堵塞、环境污染、人口急剧流失、地价高涨等一系列问题,从而影响了当地社会经济的正常运行,使得经济衰退。与三大城市圈的产业相比,日本过疏地区产业规模小,缺少有竞争力的产业支撑。与其他地区相比,过疏地区人均收入水平落后。在协调区域平衡过程中,计划与立法相结合是日本开发落后地区的成功经验之一。日本的地区开发政策主要有三种,即国土综合开发政策、一般落后地区的开发政策和特定落后地区的开发政策。1950年,日本制定了《国土综合开发法》,该法确定了综合利用、开发和保全国土,并使产业布局合理化和提高社会福利的国土综合开发目标。1962年以来,日本政府根据《国土综合开发法》共制订了四个全国综合开发计划,每个计划都把解决地区差距作为最主要的目标之一。

对落后地区的支持还明显体现在财政补贴上。比如,政府给予北海道的开发项目补贴均高于其他地区。另外,日本政府还采取减免税收、价格补贴等措施,促进"过疏地区"的经济发展。在金融手段方面,日本建立了地区开发金融制度,通过政府的金融机构以优惠贷款方式向落后地区提供援助,同时在政府金融体系的10个公库中,设立了两个直接服务于落后地区的开发公库,以此来振兴落后地区的产业。中央和地方的财政支出很大部分是用于交通、信息系统的建设,把加快和加强基础设施的建设工作作为区域开发的突破口。此外政府指定了宫崎、西播磨等26个地区进行高技术聚集城市的建设。这些举措不仅强化技术创新,促进了日本尖端产业的快速发展,而且高技术聚集城市所产生的创新扩散效应带动了欠发达地区经济的腾飞,实现了经济地域空间结构的合理化。

(三) 德国

德国在第二次世界大战以后,分裂为民主德国和联邦德国两个国家。经过40多年的发展,民主德国建立了内部缺乏效能的中央集权的计划经济,而联邦德国则创建了带来"经济奇迹"的民主法治国家,建立了社会市场经济。1990年德国统一，地区经济发展不均衡的问题凸现出来，西部地区经济繁荣，而东部地区由于长期实行计划经济体制，整个工业已经老化。为了平衡协调的区域发展，德国采取了一系列的政策措施，相继颁布了《联邦基本法》《联邦空间布局法》《联邦改善区域结构公共任务法》等一系列法律作为协调发展的基础。另外德国联邦政府实行财政收入横向与纵向平衡的方法，州与州之间的横向平衡主要是运用法人税的分配、税款转移和联邦特别拨款等手段，促使各州税收的均等化。为了扶持相对落后的原东德地区经济发展，德国政府将原西德地区的区域均衡政策直接延续用于原东德地区，并通过巨额的财政援助措施重点加强了原东德地区的基础设施建设并支持和促进东部地区中小企业开展科研和科技创新活动。德国经过短短几十年的努力，不仅实现了经济的腾飞，而且还较好地解决了区域同步发展的问题，成为了西欧经济发展水平最高、社会最稳定的国家之一。

美国、日本和德国实施的区域经济发展政策在缩小地区间经济差距，促进落后地区经济发展上取得了很好的效果。我国要走出一条具有中国特色的区域协调发展的道路，就有必要借鉴美、日、德的成功经验。一是完善区域发展的法律制度，建立区域发展管理机构；二是通过财政税收金融政策支持欠发达地区经济发展，构建纵向和横向转移支付制度；三是以基础设施建设为先导，加强落后地区的基础设施建设；四是以技术创新和产业结构调整带动落后地区经济发展。

八、构建我国区域协调发展的新型机制

构建行之有效、较为完备的运行机制是促进我国区域协调发展的关键。2005年，《中共中央关于制定国民经济和社会发展第十一个五年规划的建议》提出，实施区域协调发展总体战略，需要建立健全市场机制、合作机制、互助机制和扶持机制。即要健全市场机制，打破行政区划的局

限，促进生产要素在区域间自由流动，引导产业转移。健全合作机制，鼓励和支持各地区开展多种形式的区域经济协作和技术、人才合作，形成以东带西、东中西共同发展的格局。健全互助机制，发达地区要采取对口支援、社会捐助等方式帮扶欠发达地区。健全扶持机制，按照公共服务均等化原则，加大国家对欠发达地区的支持力度。国家继续在经济政策、资金投入和产业发展等方面，加大对中西部地区的支持。

可以看出国家提出的四个区域协调发展机制是一个相互联系、相互促进、相互补充的有机整体，是实现区域协调互动、优势互补、相互促进、共同发展的重要途径。但是，在国家有关文件中对于这四个机制仅做了原则性阐述，无论在机制的具体内容，还是其完整性、系统性等方面仍然有诸多问题没有解决。因此，如何在国家提出的这四个发展机制的基础上有所突破和创新，构建区域协调发展的新机制，是我们必须思考和探讨的问题。

笔者在区域协调发展的四种机制的基础上有所延伸和发展，提出了"一个核心，三个支点"的机制体系。即区域协调发展机制体系的核心在于"市场机制"；围绕市场机制这个核心，辐射出三个支点，分别为国家层面、区际层面和区内层面的运行机制。国家层面的机制主要是扶持机制，即中央政府要充分发挥职能，继续加大对落后地区政策和资金的扶持力度；区际层面包括合作机制、参与机制以及共享机制，即区域之间要继续加强合作，在此基础上建立起新型参与机制和共享机制；区内层面主要是自我发展机制，即各区域内部要抓住战略机遇，充分利用各种条件和资源，充分发掘自身发展优势，实现自我发展的稳步增长。支点围绕核心，互相传导、互相发生作用，从而建立起联系更加密切、整体性更强，运行更加畅通的区域协调发展机制的新体系。下面将阐述上文提出的几个机制。

（一）市场机制

建立与完善社会主义市场经济体制，就必须充分发挥市场在资源配置中的决定性作用，依靠市场竞争来实现资源的有效配置，这是实现区域协调发展的基础和前提。要打破行政区划界限，消除阻碍市场配置资源的各种垄断和地区封锁，促进生产要素自由流动，合理引导农村劳动力有序流动和东部产业向中西部地区转移。要加快转变政府职能，正确处理好政府与市场的关系，切实改变目前存在的政府职能"错位""越位""缺位"现象。对于竞争性领域和市场能够解决的问题，要充分发挥市场机制的作用，减少不必要的行政干预。政府重在加强宏观调控，提供公共产品和服务，加强市场监管，规范市场秩序，为企业创造一个公平、公正、公开的市场竞争环境。

（二）扶持机制

当前，重点是建立健全两类扶持机制：一是按分类指导原则建立完善援助机制。按照区域问题的性质和严重性，中国的关键问题区域大体可分为七种类型，包括经济发展落后的贫困地区、相对衰退的老工业基地、结构单一的资源型地区、财政包袱沉重的粮食主产区、各种矛盾交融的边境地区、过度膨胀地区和自然灾害突发区等。对这些不同类型的关键问题区域，中央应加大财税、金融、投资、土地等政策扶持力度，建立差别化的国家区域援助政策体系。对于革命老区和少数民族地区，则应按照"同等优先"的原则给予照顾。二是进一步完善对口支援的帮扶机制。自1979年国务院确定部分经济发达省市对口支援少数民族地区以来，对口帮扶机制不断完善，并逐步延伸到农村扶贫、医疗卫生、教育、三峡移民、汶川地震等领域。今后要着重搞好对口支援的规划建设，不断完善对口支援方式，加大技术、智力和人才援助的力度，加强对有关部门对口支援的指导、监测、评估和激励，提高援助资金的使用效率，逐步形成对口支援的长效机制。

(三) 合作机制

按照资源共享、优势互补、平等互利、共同发展的原则，大力推动地区间政府和企业合作，构建跨地区、多层次、多领域、多形式的区域合作新格局，形成制度化的区域合作长效机制。一是依托现有的各类区域合作组织，积极搞好区域合作发展规划，加强经济、社会、生态环境等领域的全面合作，推进基础设施、产业布局、要素市场、公共服务、社会保障和生态环境治理等一体化进程，通过一体化和区域合作实现共同发展。二是推动东西合作互动，促进区域协调发展。积极引导东部企业、产业园区和加工贸易西进，支持中西部地区做好产业转移承接工作，与东部地方政府联合共建产业园区，发展"飞地经济"，推进国家承接产业转移示范区建设。特别是，要鼓励东部与中西部在战略性新兴产业领域的合作，如在稀土、航空航天、新能源、新材料等领域进行联合攻关。三是积极搞好投资促进工作，搭建多层次的区域合作平台。同时，要建立地区间信息联络机构，确定信息共享的范围，构建信息共享交换平台，制定共享标准规范，推动形成企业，社会和政府共同参与的信息共享机制。此外，要研究制定促进区域合作的相关法规，明确区域合作的法律地位、利益分配和制度安排，使合作机制制度化和长效化。

(四) 参与机制

促进区域协调发展是一项复杂的系统工程，涉及多方面的利益，需要社会各界的广泛参与。为此，必须建立一个以企业为主导、政府为保障、社会广泛参与的互动型协调机制，以解决各地区间政府、居民和企业的利益冲突。当前，中国区域协调发展中面临的冲突日益增多，如生态环境保护、跨地区调水、流域治理、跨地区基础设施建设和自然资源开发中的利益冲突，这些问题的解决需要建立新型的互动机制以缓解地区间利益冲突。可以考虑，在现有区域合作组织的基础上，尽快完善地区间冲突的利益诉求机制和协商解决机制，鼓励建立以区域合作组织、企业、各类中介组织等多主体参与的区域治理模式，淡化各级政府的行政干预。同时，要缓解利益冲突，还需要社会各界的广泛参与，尤其是产业界、学术界、社会团体和民间组织在区域协调中要发挥各自的作用。此外，要探索建立区域合作发展基金，由区域合作组织成员联合出资，用于引导区域重大基础设施建设补助、生态治理、区域信息平台建设等公共服务领域。

（五）共享机制

促进区域协调发展就是要让各地区居民能够共享发展成果，走共同富裕的发展道路。因此，共享机制是区域协调发展新型机制的根本。从长远发展看，要形成各地区共享发展成果的协调发展格局，重在建立三个共享机制：一是资源共享机制。对各种公共资源，包括基础设施、公共服务设施、科教和信息资源等，应打破城乡和行政区划限制，逐步实现全国范围内的资源共享。特别是，要加快推进基本公共服务均等化和社会保障制度的一体化，推进全国科教资源、信息和大型仪器设备共享。二是机会共享机制。进一步降低创业者市场准入门槛，取消就业落户限制，彻底清理各种就业歧视政策，加快实行城乡区域平等的就业制度。三是利益共享机制。进一步扩大中央转移支付规模，优化中央转移支付结构，提高均等化转移支付比重，加大对低收入困难群体和后发地区的扶持力度，加快建立地区之间的利益协调机制。大力推进农民工市民化进程，在劳动就业、工资福利、子女就学、社会保障、保障性住房购买等方面，对进城农民工实行与城镇居民同等待遇，使他们在参与城镇现代化建设的同时，能够共享发展的成果。

（六）自我发展机制

各个区域内部，尤其是欠发达地区，要有强烈的自我意识，充分挖掘自身的资源优势和发展潜力。不等不靠，勇于探索，走出一条既符合国家区域协调发展战略,又紧密结合自身实际的发展路径。首先,要对自身经济、社会、人口、资源等状况有客观而充分的了解,总结发展过程中的经验教训,发现问题,为今后的发展规划打下基础。其次,要做好规划工作。在充分了解自身状况、学习其他地区先进经验以及充分利用国家和政府各项有利政策的基础上,制定科学完善的发展规划,是实现本地区协调发展的必由之路。再次,要有坚定的执行力和发展决心。只有把各种发展规划、政策措施付诸行动,才能收到成效。

总之,要紧紧围绕市场机制这个"核心",强化三个"支点"作用的发挥以及支点之间的相互联系,使得区域协调发展的运行机制成为一个联系紧密、互相配合、功能完善的有机整体。在这个机制体系之中每种机制既各自独立地产生促进区域协调发展的作用,同时,又通过相互联系和促进,产生出促进区域协调发展的合力。

九、目前我国区域协调发展的主要目标和重点

(一) 目前我国促进区域协调发展的主要目标

1. 地区差距保持在合理范围内。实现人口分布与经济布局协调一致,人均地区生产总值差距扩大的势头初步得到遏制。

2. 基本公共服务大体趋于均等。不同地区人民都能享受大体相当的义务教育、公共卫生和基本医疗、社会保障和公共文化等方面的服务,地区间基本公共服务差距逐步缩小。

3. 区域比较优势得到充分发挥。各地区产业结构特色明显,区域分工趋于合理,优势互补、错位发展的格局初步形成。

4. 区域一体化发展取得重要进展。区域内重大基础设施互联互通水平进一步提高,统一市场体系初步形成,东中西开放合作、良性互动机制基本建立,促进区域一体化发展的制度逐步完善。

5. 区域可持续发展能力全面增强。区域生态环境质量明显改善,生

态文明建设取得显著成效,人与自然和谐相处的良好局面初步形成。

(二)目前我国促进区域协调发展的重点

要确立区域协调发展总体战略目标取向和战略构想,必须明确以下几个问题:区域协调发展的目的是什么;区域协调发展的外在表现是什么;我国在区域协调发展过程中存在哪些问题,等等。明确这些问题,才能够为我国区域协调发展指明发展方向,理清发展思路,确立发展目标。

简单而言,区域协调发展的目的就是要解决区域之间发展差距过大的问题,主要通过对落后地区的扶持,缩小其与发达地区的发展差距。具体而言,实现区域协调发展,外在表现包括区域间经济发展水平的差距缩小,人均地区生产总值差距保持在合适的范围内;各地区人民群众享受大体均等的基本公共服务的权利得到保障;各地区比较优势得到充分发挥,各地区产业结构特色明显,区际分工合理、优势互补;各地区人与自然的关系处于协调和谐状态,区域协调发展具有可持续性等。

综合前文分析,笔者认为现阶段我国区域协调发展的总体目标取向如下:

1. 加大对落后地区的扶持力度,缩小区域之间的发展差距

这是区域协调发展的首要目标,也是国家推行区域协调发展战略的主要动因。缩小地区之间的发展差距,并不意味着要放缓发达地区的发展速度。条件好的地区优先快速发展起来,能够起到带动和辐射作用,有利于提升整体的经济水平。在此基础上,应该向落后地区有所倾斜,加大对欠发达地区的扶持力度,增强其自身发展能力。总之,推进发达地区快速发展,充分发挥发达地区经济发展的带动和辐射作用,加大对落后地区的扶持力度,不断提高落后地区的发展水平,是缩小地区之间差距的关键所在。

2. 加大对落后地区基本公共服务的投入力度,使各地区基本公共服务趋于均等化

改革开放三十几年来,我国取得了巨大的成就,综合国力和经济实力得到巨大提升，人民生活水平也不断提高。但是各区域之间，公民能够享受的教育、卫生、医疗、社会保障和公共文化等基本公共服务差距较为明显。因此，充分发挥政府主导作用，加大对落后地区财政和政策扶持力度，提高公共产品的供给能力，使不同区域的人民都能够分享改革发展的成果，在基础设施、义务教育、医疗卫生、社会保障等方面享受到质量和数量都大体相当的基本公共服务，从而保障落后地区居民最基本的生存权和发展权，全面提高当地人口素质，增强落后地区长期的自我发展能力。

3. 支持发达地区快速发展，充分发掘落后地区的优势产业，各区域比较优势得到充分发挥

各地区根据自身所处的区域环境、经济基础、资源禀赋、潜在优势等具体情况和特点，找准区域功能定位，在此基础上深化地区间专业化分工，并加强区域间经济技术和人才等多方面的合作和互助，形成各具特色、优势互补、共同发展的区域关系新格局。

4. 区域一体化发展要有所突破

目前，我国区域一体化工作有所进展，但是大部分地区发展仍是立足于行政区划板块，地区封锁和市场分割等现象继续存在，制约了区域一体化进一步发展。在完善市场一体化方面，要消除地区贸易保护和壁垒，加强区域间贸易联系，逐步形成全国统一市场，从而使市场在资源配置中的决定性作用得到有效发挥。从体制上消除限制区域之间要素自由流动的制度根源，取消阻碍要素合理流动的区域壁垒，加大区域的开放程度，促成区域之间要素市场的统一。在健全区域协调互动机制方面，要加强东中西部地区协作互动，形成以优势互补为基础、市场机制为纽带、项目和服务为载体的互利共赢的良性互动机制。要通过编制实施区域性规划和政策，进一步规范政府行为，发挥地区比较优势，促进区域合理分工，促进资源要素在更大范围内优化配置。

5. 资源有效利用，生态明显改善，全面提升区域可持续发展能力

在资源开发利用过程中，协调好区域间的利益关系，既保证当前资源

空间配置效率，又保证长期内资源可持续利用，实现当前和长远发展利益的统一；在生态环境方面，要切实贯彻科学发展观，发展环境友好型产业，区域间加强环境保护合作，促进人与自然和谐相处，实现可持续发展。

以上五个目标，是相互联系、相互促进的统一整体。缩小区域之间发展差距是区域协调发展的首要目标；地区基本公共服务均等化，是区域协调发展的必然要求；各区域比较优势得到充分发挥，是实现区域协调发展的重要途径；完善区域一体化，是提升资源配置效率、实现空间最优的重要驱动力；区域生态环境优化，可持续发展能力增强，是实现区域协调发展的归宿和最终目的。其中，前两个目标体现了区域公平原则；而后面三个目标则体现的是区域效率原则。总之，区域协调发展的目标是由五个方面构成的一个动态的有机的组合，其实现过程也需要根据区域发展的不同情况而进行相应调整。

十、实现我国区域协调发展的政策建议

根据"十二五规划纲要"的精神，现阶段国家区域协调发展的工作重点是：实施区域发展总体战略和主体功能区战略，构筑区域经济优势互补、主体功能定位清晰、国土空间高效利用、人与自然和谐相处的区域发展格局，逐步实现不同区域基本公共服务均等化。区域发展总体战略主要着眼于缩小地区差距，主体功能区规划主要着眼于解决国土优化开发问题。首先，在实施区域协调发展总体战略方面，要充分发挥不同地区比较优势，促进生产要素合理流动，深化区域合作，推进区域良性互动发展，逐步缩小区域发展差距。要推进新一轮西部大开放；全面振兴东北地区等老工业基地；大力促进中部地区崛起；积极支持东部地区率先发展；加大对革命老区、民族地区、边疆地区和贫困地区扶持力度。其次，在推进主体功能区建设方面，对比"十一五规划纲要"，国家将推进主体功能区工

作上升到战略高度。按照全国经济合理布局的要求，规范开发秩序，控制开发强度，形成高效、协调可持续的国土空间开发格局。要优化国土空间开发格局；实施分类管理区域协调措施；实施各有侧重的绩效评价；建立健全衔接协调机制。

在 2013 年 12 月举行的中央经济工作会议上，将促进区域协调发展列为 2014 年六大经济任务之一。再次反映出中央对促进区域协调发展的高度重视，也反映出区域政策与规划在国民经济战略全局中的重要地位和作用。指出要继续深入实施区域协调总体战略，完善并创新区域政策，重视跨区域、次区域规划。坚定不移地实施主体功能区制度，扎扎实实打好扶贫攻坚战。

以上可以看出中央层面在推进区域协调发展工作方面，实施区域协调发展总体战略和主体功能区战略相结合的政策，并且对主体功能区战略愈加重视。基于这个精神，结合我国区域协调打造工作现状，对今后我国制定推进区域协调发展战略的政策措施，提出以下几点建议。

（一）坚定不移地推行区域协调发展总体战略

自我国区域协调发展战略实施以来，各个地区的自主发展能力显著增强，地区增长格局发生重大转变，一个突出的标志是自 2008 年以来，中西部地区和东北地区的经济增长速度均超过东部地区，区域发展的协调性显著增强。在新时期，要继续坚定不移地实施以深入推进西部大开发、振兴东北地区等老工业基地、促进中部地区崛起和鼓励东部地区率先发展为基本内容的区域发展总体战略。加快区域发展步伐，缩小区域之间发展差距。特别是要加大对中西部地区义务教育、医疗卫生、社会保障等基本公共服务的投入，争取实现区域基本公共服务均等化，让发展的成果惠及最广大的人民。

(二) 突出主体功能区战略，带动区域协调发展

党的十八大将生态文明作为贯彻落实科学发展观"五位一体"重要任务之一，十八届三中全会进一步明确提出要坚定不移地实施主体功能区制度，将加快生态文明建设作为深化改革的一项重要任务和制度保障。可以看得出，中央对推进主体功能区建设具有坚定的决心。根据中央的精神和要求，今后的工作中，应该突出主体功能区战略对区域协调发展的引导和带动作用。应加快建立国土空间开发保护制度，科学划定生产、生活、生态空间开发管制的界限，统一行使所有国土空间开发的用途管制。不同区域要承担不同的主体功能，提高国土空间开发效率、规范国土空间开发秩序。除此之外，还应该进一步细化明确不同区域的主体功能，尽快制定实施与主体功能区制度相配套的政策体系，确保这一制度能够切实发挥作用。

(三) 建立全国性的区域协调发展领导小组，全面负责区域协调发展工作

当前我国负责区域协调发展工作的机构主要有西部地区开发领导小组办公室、振兴东北办公室、促进中部地区崛起工作办公室、扶贫开发领导小组办公室等隶属于国务院的办事机构。在我国全面深化改革的形势下，结合我国区域协调发展的工作实际，在条件允许的情况下，可以在这些机构的基础上成立专门行使区域协调发展职责的领导小组办公室。我国的区域协调发展战略是一个涉及领域广、工作难度大、跨越时间长的系统工程，在新形势之下成立一个负责区域发展协调工作的机构有其合理性。而其职责主要在于站在全局的角度编制区域性空间规划、主持制订区域政策、提出促进特定地区发展的目标和任务、负责跨省市行政区重大基础设施的规划和实施，负责跨省市行政区流域的治理与环境保护、区域合作机制的构建、促进国际次区域的合作等。

（四）创新区域协调发展机制，健全区域协调制度

在创新机制方面，前文已经提到建立以市场机制为"核心"、以国家层面、区际层面和区内层面的运行机制为"支点"的运行机制体系。这是对国家提出的四大协调发展机制的发展和延伸。

在健全制度方面，今后要在下面两个领域实现突破。第一，改革限制劳动力自用流动制度，使人口与经济空间结构趋于平衡。我国人口流动长期受到现有制度和政策的制约。国家应该秉承以人为本的宗旨，建立科学合理的人口自由流动制度，加快对现有户籍、医疗、教育等制度进行改革，打破地区壁垒，扭转现在人口分布的固化状态，使各地区人口与经济空间结构相匹配。第二，健全法制建设。在区域协调发展实际工作中，"上有政策，下有对策"的现象时有发生，使得区域协调发展政策效果有所减弱。因此，必须建立健全区域协调发展的法制基础，尤其是要把对落后地区的开发和扶持纳入法制轨道。通过法律途径，明确区域协调发展工作中中央政府和地方政府的权责范围，规范政府行为，限制地方政府之间的恶性竞争，要对有关区域发展的法律做出统一的规范和解释，以保证从中央政府到地方各级政府对欠发达地区开发的优惠政策落到实处和有效实施。

（孙小兰：中共中央党校经济学部教授）

5 推进城乡发展一体化

改革开放以来特别是新世纪以来，随着我国经济增长和经济发展道路的成功，在造就中国奇迹、国力大发展的同时，我国的城镇化步伐和城乡一体化进程也明显加快，取得了巨大成绩。据有关资料记载，我国城镇化率已从1978年的17.9%，跃升到了2012年的52.6%，并在2011年就实现了中国数千年历史上城镇人口超越农村人口的这一根本性跨越。因而2012年召开的党的十八大会议对此总结说，我国城镇化水平明显提高，城乡区域发展协调性增强。

然而，和我国2020年全面建成小康社会的目标相比，这些工作还是远远不够的。十八大报告中提出的目标是：必须以改善需求结构、优化产业结构、促进区域协调发展、推进城镇化为重点，着力解决制约经济持续健康发展的重大结构性问题。2012年年底召开的中央经济工作会议也强调，要积极稳妥推进城镇化并着力提高城镇化质量。2013年年底召开的中央城镇化工作会议则提醒，在促进城乡一体化发展中，要注意保留村庄原始风貌，慎砍树、不填湖、少拆房，尽可能在原有村庄形态上改善居民生活条件。这就表明，经济发展的结构、质量、生态状况，是我们促进城乡发展一体化过程中不容忽视的重要方面。

一、城乡一体化及其现状

（一）城乡一体化与城乡关系

所谓城乡一体化，是指相对发达的城市和相对落后的农村，打破相互分割的堡垒，逐步实现人口、资本、技术、资源等生产要素的合理流动和优化组合，促使城乡在经济、社会、文化、生态上协调发展，逐步缩小直至消灭城乡之间的基本差别，从而使城市和乡村成为一个有机整体，相互之间资源共享、优势互补的发展过程。

在这个过程中需注意的是，城乡一体化并不简单是在城市中消灭农村，不仅仅是用城市取代农村，而是用新农村取代旧农村。这种新城镇和新农村的建设和发展，必须要体现出我们党提出的科学发展观的要求，体现出和谐社会的要求，因而要求我们的建设者们必须研究农民的现实需要，充分尊重农民的意愿，着眼于农村的发展远景，不能急躁冒进、盲目蛮干。加快推进城乡一体化，其重要性在于它是解决我国现阶段"三农"问题的根本出路，也是全面建成小康社会的必然要求。

城市和乡村自古以来就是构成社会运转中两个密不可分的组成部分。从历史的角度看，工农城乡关系本身就是历史发展的产物，是社会生产力发展和社会大分工的产物，自城市产生后，工农城乡关系便随之产生。工农城乡关系是广泛存在于城市和乡村之间的相互作用、相互影响、相互制约的普遍联系与互动关系，是一定社会条件下政治关系、经济关系、阶级关系等诸多因素在城市和乡村两者关系的集中反映。一般而言，城乡关系在人类社会中的演进，要经历城乡依存、城乡分离、城乡融合这三个阶段。这样在人类发展中的城乡工农关系中，就包含着相当广泛的内容，如城乡发展关系（产业发展关系、经济发展关系）、城乡经济关系、城乡文化关系、城乡社会关系、城乡生存关系和城乡运行关系等。

对于当代发展中国家中的城乡关系，人们一般用二元结构理论来概括它的特征。中共十八届三中全会文件也把城乡二元结构看作是制约我国城乡发展一体化的主要障碍。从对经济思想史的考察看，最早将"二元结构"概念用来分析人类社会经济现象的，是荷兰经济学家和社会学家伯克。他在对荷兰政府于1860年企图在其属地东印度推行经济自由政策而遭失败的反思中发现，当时的印尼社会是一个典型的二元结构社会，即殖民主义输入的现代"飞地经济"与资本主义社会以前的传统社会并存。1954年，美国经济学家刘易斯在其论文《劳动力无限供给下的经济发展》中提出了"二元经济"模型，认为在发展中国家，工业的现代部门与农业的传统部门差距巨大，传统部门劳动力无限供给构成了二元经济的内在特征，二元经济发展的核心问题是传统部门的剩余劳动力向现代部门转移，即通过现代大工业的发展，取得资本的积累，使农村剩余劳动力得到充分的转移，诱发产业结构的演变，使城市化水平得以提高，最后经济由二元变成一元。继刘易斯之后，经济学家费景汉和拉尼斯在运用微观经济学基本理论和计量经济学方法的基础上，构建了"费景汉—拉尼斯"二元经济结构模型，揭示了二元经济发展中劳动力配置的全过程，并证明了伴随劳动力从农业部门向工业部门的转移，不仅可以获得经济发展，而且可以完全实现商品化。他们认为，工业化过程中必须保持农业生产率的同步提高，以此来增加农业剩余和释放农业劳动力。

需要说明的是，在现代经济学家之前，马克思恩格斯也深刻探讨过城乡关系问题。马克思主义的城乡关系理论认为，城市的发展加剧了城乡之间的对立，它贯穿着全部文明的历史并一直延续到现在；一切发达的以商品交换为媒介的分工的基础都是城乡的分离。马克思和恩格斯在他们早年的著作《德意志意识形态》中就分析说："城市已经表明了人口、生产工具、资本、享受和需求的集中这个事实，而在乡村则是完全相反的情况：隔绝和分散。"① 恩格斯在1847年的《共产主义原理》一文中提出的未来

---

① 《马克思恩格斯文集》第1卷，人民出版社2009年版，第556页。

社会的一个目标就是："通过消除旧的分工，通过产业教育、变换工种、所有人共同享受大家创造出来的福利，通过城乡的融合，使社会全体成员的才能得到全面发展。"[①] 这里他最先在思想史上提出了"城乡融合"的概念，并在1883年强调电的应用是"消除城乡对立的最强有力的杠杆"的论断。

（二）我国城乡一体化发展历程

我国是一个传统的农业大国。在几千年的历史长河中，农业始终在社会经济结构中占据主要地位，农村也是组成社会结构的最基本单元。到了19世纪中叶，鸦片战争后由于西方资本主义势力的入侵，我国社会开始出现明显的二元经济结构。从那以后至今，我国近现代城乡二元结构的变化，便形成了三个不同的阶段（也有学者分为四个阶段[②]，即以2003年10月划界，把改革开放阶段分为前改革时代和后改革时代）。

第一个阶段，是从鸦片战争到新中国成立之前。

在这期间，资本主义势力来到中国开设工厂、兴办企业，到1893年由西方人开办的近代企业就有580家之多。随后清政府开展的洋务运动，也建起了一批军火工厂，并带动了钢铁、机械、交通、煤炭工业的形成与发展，促进了当时轻工业的发展。但与此同时，农业发展与工业相比，其效率差距在不断拉大，过去长期存在的一元传统农业社会解体，城乡二元结构初步形成。由于这期间的农业经济仍然构成国家经济和社会发展的最重要部分，这就影响到了国家的整体经济发展实力。据有关资料显示，1949年新中国成立时，现代工业占社会总产值的比重不足10%，农业和手工业占90%以上。在全社会劳动者中，90%的人口生活在农村，80%以上的劳动力从事农业生产，从事工业的劳动力只占2%左右。这表明传

---

① 《马克思恩格斯文集》第1卷，人民出版社2009年版，第689页。
② 白永秀等：《国际视野下中国城乡发展一体化模式研究》，中国经济出版社2013年版，第3页。

统农业在我国当时社会经济结构中仍占据绝对地位,现代工业发展水平整体看仍处于起步阶段。

从世界范围看,许多国家包括我国,农村落后的原因可以说是传统生产方式的落后所致,即人们经济关系还没有使现有的生产要素组合达到最优化或较优化的状态,还较多地停留在与现代社会化大生产不相适应的小农、半小农经济的状态中,没有以现代工业的方式来带动和改造传统农业生产。因而这其中,发达地区与不发达地区、城市郊区与偏远地区,在生产方式及经济发展上所已达到的程度是极不相同的。

第二个阶段,是新中国成立之后到改革开放之前。

新中国成立时,留给新社会的是百业凋敝、百废待兴的局面。新中国成立后,经过三年恢复时期,我国很快进入到了"一五计划"时期的大规模工业化建设和城市建设时期,国家采取了"重点前进"的城市发展方针,城镇化得到了稳步推进。我国提出过渡时期的总路线,即"党在过渡时期的总路线和总任务,是要在十年到十五年或者更多一些时间内,基本上完成国家工业化和对农业、手工业、资本主义工商业的社会主义改造"。当时的党和国家领导人认为:"社会主义工业化是我国国家在过渡时期的中心任务,而社会主义工业化的中心环节,则是优先发展重工业","中国为建设社会主义,必须积极地实现社会主义工业化,同时实现对农业、手工业和资本主义工商业的社会主义改造"。

到了"大跃进"运动后,国家经济进入困难时期和调整阶段,城镇人口中两三千万人被动员回乡,史称知识青年上山下乡运动。虽然这里有着种种原因,但其中一个重要原因,就是城市人员扩张太快,难以提供相应的就业机会。这之前为了控制农业人口大规模涌入城市,1955年国务院发布了《关于建立经常户口登记制度的指示》,规定全国城市、集镇、乡村都要建立户口登记制度,开始统一全国城乡的户口登记工作。今天看来,这种公民"一个国家、两种身份"的户籍制度,虽使城市人口得到有效控制,避免了一些发展中国家出现的城市贫民窟和社会不稳定现象,但也带来了许多弊端。户籍制度表面上看只是一套制度框架，但随着时间推进，附着在这一制度背后的公共服务和社会福利，即拥有城镇户籍居民户口所带来的就业、教育、流动、社会保障等，才是它后来为人们所诟病的本质性因素。这样，当时由于户籍制度、人民公社和统购统销制度等，使城市不断从农村中取得剩余，就强化和固化了城乡之间的差距。

第三个阶段，是改革开放之后到现在。

改革开放以后，随着我国经济发展的大步前进，城乡发展一体化特别是城镇化建设取得了非凡成就。我国城乡工农关系的和谐和发展，需要靠推动城乡发展一体化的方式来实现。在1978年之后的30年时间中，一系列改革开放政策极大地推动了我国的城镇化发展，使得城市空间扩大了二三倍；并在2011年就使我国城镇人口超过农村人口，2012年城镇人口达到7.1亿，城镇化率基本达到世界平均水平，使我国城乡结构和城乡关系发生了历史性的变化。

从现实中看，现阶段我国的城乡发展及其城乡一体化发展的步伐在明显加快，二元结构特征显著减弱。在经济发展方面，城乡就业持续扩大，居民收入较快增长，家庭财产稳定增加，衣食住行用条件明显改善，城乡最低生活保障标准和农村扶贫标准大幅提升，企业退休人员基本养老金持续提高。在政治发展方面，实行了城乡按相同人口比例选举人大代表，基本公共服务水平和均等化程度明显提高，基层民主也不断发展。在社会发展方面，我国的教育事业迅速发展，城乡免费义务教育全面实现；社会保障体系建设成效显著，城乡基本养老保险制度全面建立，新型社会救助体系基本形成；全民医保基本实现，城乡基本医疗卫生制度初步建立。

然而，城镇化的发展并没有根本改变我国城乡发展的二元结构问题。十八大报告中就指出，我国"城乡区域发展差距和居民收入分配差距依然较大"。提出的目标是：城乡发展一体化是解决"三农"问题的根本途径，为此要使城镇化质量明显提高，农业现代化和社会主义新农村建设成效显著，区域协调发展机制基本形成。党的十八届三中全会进一步强调，要健全城乡发展一体化体制机制，要形成以工促农、以城带乡、工农互惠、城乡一体的新型工农城乡关系。

在学术梳理方面，白永秀《城乡二元结构的中国视角：形成、拓展、路径》(《学术月刊》2012年第5期)一文概括了改革开放时期我国城乡二元结构变化状况。改革开放之初，随着家庭联产承包责任制的推行和乡镇企业的兴起，城乡二元结构有所弱化，但此后随着改革重心从农村转移到城市，城乡二元结构再次得到了强化。2003年中共十六大以后，我国社会主义市场经济体制从建立走向完善时期，在党和政府倡导城乡发展一体化的背景下，城乡关系出现了既统筹又分离的趋势，要素流动对城乡二元结构产生了巨大冲击，民工荒则使这种消减趋于缓慢。

这期间，我国党和政府的以下一些关键性思路和政策，对促进我国城乡一体化发展起到了积极推动作用。2003年7月，胡锦涛总书记提出了"科学发展观"理论，把"统筹城乡发展"作为科学发展观的重要内容，并将其列为五个统筹（统筹城乡发展、统筹区域发展、统筹经济社会发展、统筹人与自然和谐发展、统筹国内发展和对外开放）之首。同年召开的中共十六届三中全会就强调要"建立有利于逐步改变城乡二元经济结构的体制"。在这之前，中共十六大在制定全面建设小康社会奋斗目标的同时，针对当时"城乡二元经济结构还没有改变"的现状，提出了"统筹城乡经济社会发展"的方针。2007年10月召开的中共第十七次全国代表大会指出，要"建立以工促农、以城带乡长效机制，形成城乡经济社会发展一体化新格局"[①]。同年国家发改委批准重庆市和四川成都市作为统筹城乡综合配套改革试验区。2008年10月召开的中共十七届三中全会指出，我国总体上已进入"着力破除城乡二元结构、形成城乡经济社会发展一体化新格局的重要时期"。2012年11月召开的中共十八大会议指出："解决

---

① 胡锦涛：《高举中国特色社会主义伟大旗帜　为夺取全面建设小康社会新胜利而奋斗》，2007年10月15日。

好农业农村农民问题是全党工作重中之重，城乡发展一体化是解决'三农'问题的根本途径。"同时强调，要"加快完善城乡发展一体化体制机制，着力在城乡规划、基础设施、公共服务等方面推进一体化，促进城乡要素平等交换和公共资源均衡配置，形成以工促农、以城带乡、工农互惠、城乡一体的新型工农、城乡关系"①。中共十八届三中全会也对"三农"问题进行了分析，要求健全城乡发展一体化体制机制，强调城乡二元结构是制约城乡发展一体化的主要障碍，必须健全体制机制，形成以工促农、以城带乡、工农互惠、城乡一体的新型工农城乡关系，让广大农民平等参与现代化进程、共同分享现代化成果。还值得一提的是，从2004年到2014年，我国党和政府连续推出了十来个关于"三农"问题的著名的"一号文件"。党和政府的一系列会议和重要文件表明，城乡发展一体化已成为我国城乡关系的演进方向。

（三）我国城乡一体化发展现状

从我国目前情况看，据国家统计局发布的《中国统计摘要2013》提供的数据，2012年年末我国总人口为13.5404亿人，其中城镇人口为7.1182亿人，占到全国总人口的52.6%；乡村人口为6.422亿人，占到全国总人口的47.4%。2012年城镇就业人数为76704万人，乡村就业人数为39602万人。2012年城镇居民人均可支配收入为24565元，农村居民人均纯收入为7917元。②可见，城镇和农村居民的收入水平保持有3倍左右的差距。

在党和政府关系城乡发展一体化政策的引导下，也受地域差异、驱动力量和路径依赖等因素影响，我国城乡发展一体化过程表现出多层次性和

---

① 胡锦涛：《坚定不移沿着中国特色社会主义道路前进 为全面建成小康社会而奋斗》，2012年11月8日。

② 分别参见国家统计局编《中国统计摘要2013》，中国统计出版社2013年版，第10、44、99页。

多路径性，许多地区积极探索了一些推进城乡发展一体化的不同模式，如最早有苏南"集体经济"模式，以后又形成了山东诸城"社区建设"模式、浙江嘉兴"两分两换"模式、四川成都"三个集中"模式、广东佛山"三化解三农"模式、北京"大城市带小郊区"模式、山东枣庄"承包权分解"模式等。中共十八大之后，各地区又加快了推进我国城乡发展一体化的进程，相关的发展模式也更加丰富和多彩。我们后面着重介绍的四川成都和河南驻马店市的做法，就是其中具有典型意义的模式。

为进一步推进我国城乡发展一体化进程，我国党和政府发布的"一号文件"连续十年聚焦三农问题，2014年发布的《关于全面深化农村改革 加快推进农业现代化的若干意见》中，也强调要"健全城乡发展一体化体制机制"。我国党和政府主要领导人还多次奔赴农村进行相关调研。习近平同志2012年12月底赴河北省阜平县扶贫考察，2013年2月深入慰问甘肃连片特困地区的定西、临夏等地，11月3日又落脚湘西农村贫困村民家里。李克强总理2014年2月7日主持召开国务院常务会议，决定合并新型农村社会养老保险和城镇居民社会养老保险，建立全国统一的城乡居民基本养老保险制度，并在制度模式、筹资方式、待遇支付等方面，与合并前的新型农村社会养老保险和城镇居民社会养老保险保持基本一致。笔者认为，新农保和城居保的合并，迈出了中国社会保险整合的重要一步，也将有效减少农民进城的障碍，更快更好地推进城镇化，但我们也要看到，它离社会养老保险真正城乡一体、整合统一，仍有很长的路要走。

二、建设以人为核心的城镇化

（一）对城乡发展一体化问题的调研

为掌握我国城镇化建设和城乡一体化发展的基本情况和问题，中央党校经济学部调研组在赵振华主任带领下，在2013年暑期集体奔赴了四川省成都市暨锦江区、双流县、郫县等，奔赴了河南驻马店市暨泌阳县、汝南县、平舆县等，就相关问题进行了深入调研。

成都市是我国国家历史文化名城，国务院确定的西南地区科技、商贸、金融中心和交通、通信枢纽，属于发达地区。从获批全国统筹城乡综合配套改革试验区以来，成都市坚持新型城镇化与新农村建设并举，以统筹城乡的理念和思路，破除城乡二元体制、解决"三农"问题，通过多年的探索实践，基本形成了统筹推进城乡发展的一整套办法和机制，初步探索了一条符合科学发展观要求、适合成都实际、具有成都特色的"城乡一体、协调发展"的新型城镇化道路，加快促进了当地的经济发展方式转变。

驻马店市位于河南省中南部，承东启西，贯南通北，素有"豫州之腹地、天下之最中"的美称，是河南省人口大市、农业大市和新兴的工业城市。该市以打造文化特色鲜明、产业布局合理、环境优雅宜居、发展活力旺盛的现代城镇体系为目标，以规划为引领，以推进招商引资和项目建设为抓手，以产业集聚区建设为支撑，以中心城区建设为龙头，以新型农村社区建设为战略基点，强力推进新型城镇化进程，努力打造中心城市、县城、重点镇和新型农村社区协调发展、互促共进的城乡一体化发展体系，取得了阶段性成果。

笔者认为，对这两个地区的调研，体现了我国经济发达地区和较不发达地区促进城乡发展一体化的两种典型。他们的做法和经验，是我国地方经济运行中探索构筑以工促农、以城带乡、工农互惠、城乡一体的新型工农城乡关系、促进城乡发展一体化体制机制建设的最好体现。

（二）理论界对城乡发展一体化的研究

随着我国城乡发展一体化政策和实践的推进，我国理论界也在这方面展开了较深入研究。许传新的《成都城乡一体化模式对西部大开发的借鉴意义》（《四川行政学院学报》2007年第3期）和曹萍的《城乡统筹下的城郊经济发展研究》（四川人民出版社2010年版）分别从区位和政府与市场贡献的角度，对城乡发展一体化模式进行了分类研究。马晓强、梁晓羽的《国内外城乡社会经济一体化模式的评价与借鉴》（《福建论坛》，人文社科版，2012年第2期）一文，对国内外代表性模式或特色模式进行了分析。白永秀教授牵头的《国际视野下中国城乡发展一体化模式研究》课题（中国经济出版社2013年版），则从国际视野角度，对中国城乡发展一体化的典型模式进行了系统研究。

（三）关键是建设以人为核心的城镇化

社会调研和文献梳理都使我们深刻感受到，我国工农城乡关系和谐、城乡一体化道路的各种资源配置中，人是最关键也是最核心、最困难的因素，而且推进城乡一体化的道路，需要靠推动城镇化的方式来实现。新中国成立以来的实践表明，这种城镇化并不仅仅是对人和物的简单位移。2012年年底召开的中央经济工作会议提出了"新型城镇化"的新概念，明确要求"要有序地推进农业转移人口市民化"。笔者通过社会调研认为，推进城镇化的本质，就在于实现人的城镇化。李克强总理在2013年9月就城镇化问计两院院士时也表示，推进新型城镇化，就是要以人为核心，以质量为关键，以改革为动力，使城镇真正成为人们的安居之处、乐业之地。这就表明了这种新型城镇化以及我国城乡发展一体化的重要内容之一或者说核心之一，就是实现人的城镇化，且需要放在与工业化、信息化、农业现代化同步推进的发展视野中来谋划。目前来看，这已经构成了我国政府制定相关政策的一个基点，例如2013年6月公布的《国务院关于城镇化建设工作情况的报告》中指出，在我国城镇化建设过程中，将全面放开小城镇和小城市落户限制，有序放开中等城市落户限制，逐步放宽大城市落户条件，合理设定特大城市落户条件，逐步把符合条件的农业转移人口转为城镇居民。2013年年底召开的中央城镇化工作会议上也明确指出，要以人为本，推进以人为核心的城镇化，提高城镇人口素质和居民生活质量，把促进有能力在城镇稳定就业和生活的常住人口有序实现市民化作为首要任务。

　　什么是以人为核心的城镇化呢？我们认为，这种城镇化就是要从科学发展观和以人为本的核心出发，在城镇化建设中把人特别是转移农民的利益维护好，打造出宜居的和可持续发展的城镇化。以人为核心的城镇化构成我国"新型城镇化"的本质和核心，这种"新型城镇化"区别于我们过去以"土地城镇化"为特点的传统城镇化。"土地城镇化"侧重于建宽马路、盖新楼房、修大广场，对"人"的关注甚少，这使进城务工人员工作在城市、生活在农村，赚钱在城市、消费在农村，常年游离于城乡之间的现象比较严重。而在城市内部，一边是高楼大厦，一边却是低矮棚户区，这样的"二元结构"现象也较为普遍地存在着。这些就是我们在建设城乡发展一体化、以人为核心的城镇化过程中需要加以解决的。

　　从城乡发展一体化的角度看，以人为核心的城镇化目前的最主要任务，是解决好"半市民化"问题。具体要求主要有：一是深化户籍制度改革，除部分大城市外全面放开大中小城市和小城镇户籍限制，按照"自愿、分类、有序"原则，引导已转移到城镇就业的农村转移人口落户。二是统筹解决好农村移民的住房、就业、养老、子女教育问题，使其"进得来，留得下"，能够更好地融入到城市生活中来。三是要做好教育培训工作，提高城镇人口素质和居民生活质量，使人的能力素质和生活品质与现代城市文明的发展相适应。

　　推进城乡发展一体化，推进以人为核心的城镇化建设，它的现实意义可以概括如下：

　　首先，建立在人口转移基础上的城镇化发展，是我国现阶段促进城乡发展一体化的重头戏。

　　这不仅因为我们和发达国家城镇化发展程度的现实差距，比如美国城镇化率达到90%、韩国达到80%等，也因为人口集中的城镇化建设，也能背负扩大内需、拉动增长、提升农业效率的重任。正如中央城镇化工作会议所说，它将有利于释放内需巨大潜力，有利于提高劳动生产率，有利于破解城乡二元结构,有利于促进社会公平和共同富裕,而且世界经济和生态环境也将从中受益。

我们党近些年始终坚持和强调这种认识。党的十八大在肯定我国"城镇化水平明显提高,城乡区域发展协调性增强"的同时,也要求我们"坚持走中国特色新型工业化、信息化、城镇化、农业现代化道路",在我国2020年实现全面建成小康社会时,"城镇化质量明显提高"。十八大之前,对于城镇化建设,我们党十六大提出了"走中国特色的城镇化道路",党的十七大进一步补充是,"按照统筹城乡、布局合理、节约土地、功能完善、以大带小的原则,促进大中小城市和小城镇协调发展"。

其次,以人为核心的城镇化建设,能够推动我国城乡一体化发展质量。

2012年年底召开的中央经济工作会议提出了"新型城镇化"的新概念,明确要求"要有序地推进农业转移人口市民化",积极稳妥推进城镇化并着力提高城镇化质量。这是因为,解决好人的问题是推进新型城镇化的关键,也是推进城乡发展一体化的关键。从目前我国城镇化发展要求来看,提升我国城镇化发展质量,主要任务是解决已经转移到城镇就业的农村移民落户问题,努力提高农民工融入城镇的素质和能力。对这一点,李克强总理在2013年9月就城镇化问计两院院士时表示,推进新型城镇化,就是要以人为核心,以质量为关键,以改革为动力,使城镇真正成为人们的安居之处、乐业之地。可见"新型城镇化",就是要求我们将工作重心真正转移到进城人口权益的市民化上来,提升我国城乡一体化和城镇化发展质量,使我国的城镇化成为以人为核心的城镇化。

再次,促进以人为核心的城镇化建设,对于驻马店市和成都市的城乡一体化发展也具有重要意义。

2012年年底,驻马店全市户籍人口为890万,常住人口为694万。按照常住人口计算的城镇化水平为34.4%,如果按照户籍人口计算,城镇化水平还不到30%。预计到2015年,全市城镇化率达到40%,年均提高 2 个百分点左右。成都市 2012 年的常住人口为 1417.78 万人，其中城镇人口 970.33 万人，户籍人口 1173.35 万人。城镇化率则由 2007 年的 62.6%，提高到了 2012 年的 68.4%，保持了全面协调可持续发展的良好势头。另外，工程院课题组大样本抽样调查显示，现在"80 后"和"90 后"新生代农民工普遍不愿再回乡务农，他们迫切希望成为真正的城里人，这表明城镇化在当今中国也包括成都市和驻马店市，已成为不可逆转的趋势了。在这种情况下，以人为核心来促进当地的城镇化建设和城乡一体化发展，对它们的经济和各方面社会事业的发展有着重大意义。

在推进城乡发展一体化过程中，如何实现好以人为核心的城镇化呢？或者说我们需要建设什么样的以人为核心的城镇化来推进城乡发展一体化呢？通过调研笔者认为，其基本内容要通过以下方面体现出来。

三、要推进城乡人口的自由流动

城乡发展一体化、以人为核心的城镇化，首先要反映在城乡人口要能够双方自由流动上。在我国当前国情下，主要体现在农村人口能够比较自由和方便地从农村向城市和城镇的自由流动上。这样一个过程应该是一个自然历史过程，是我国发展必然要遇到的经济社会发展过程。

（一）改革现有户籍管理制度

长期以来，我国在户籍管理上实行城乡居民泾渭分明的非农户口和农业户口，两者之间在国民待遇上差别明显，且农业户口在不通过考学、被国家机关录用等特殊情况下，是很难转变成非农人口的。应该说，这种在计划经济体制下产生的户籍管理制度，已经越来越不适应当今中国经济和社会发展的需要了，更不适应我国城乡一体化发展和城镇化建设的需要了。

例如，国家统计局公布的数据表明，2012 年我国非农人口达到了

52.6%，但中科院公布的一份报告表明，广东省的城镇化率达到了64%，珠三角的城镇化率超过了80%。在这种情况下，只是由于城镇不同居民的户籍状况不同，而实行在许多方面带有明显差别化和歧视性的公共服务政策，就会在城市中彰显社会的不公平和不合理，明显是与现代社会的发展趋势相悖的，因而它在现阶段正受到人们越来越多的诟病。

我国党和政府一直在致力于改变这种状态。2013年6月公布的《国务院关于城镇化建设工作情况的报告》称，我国将全面放开小城镇和小城市落户限制，有序放开中等城市落户限制，逐步放宽大城市落户条件，合理设定特大城市落户条件，逐步把符合条件的农业转移人口转为城镇居民。有专家说，这是我国第一次明确提出各类城市具体的城镇化路径。应该说这种农村人口的转移对我国生活面貌是会产生很大影响的。中国市长协会2013年7月5日发布的《中国城市发展报告》显示，2012年年底与第六次人口普查数相比，户籍非农人口与城镇人口相差20594万人。这些人转为非农人口后，必然会对城市的经济和社会发展产生不同于以往的作用。

（二）促进城乡建设中的人口转移

通过调研我们认为，城乡发展一体化和城镇化建设中的人口转移，应向着市场化、自愿和自由流动的方向推进。在这方面许多地区也在逐步推进。例如2009年广东省中山市率先试点流动人口"积分排名入户"政策，将城市流动人员的学历、职称、社会保险、社会服务、荣誉称号等折算成一定分值，累积的分值可换取当地的"城镇户口"或"子女入学指标"。通过积分管理办法，中山市2010年共给予了2139名流动人员入户中山待遇，迈出了流动人口服务管理体制改革以基本公共服务均等化为目标的关键一步。2010年6月广东省正式在全省推行外来工"积分入户制"。这样到2012年7月，广东省共有33.8万名外来人员通过这一政策，实现了相对意义上的"自由迁徙"。当然其中也有可改进之处。广州市在过去两年中每年 3000 个的入户指标,让很多受访者直言"门槛太高"。在东莞,2011 年成功申请到"积分入户"的人数仅为 7000 人,大大少于省里定的 1.8 万人的指标。

尽管如此,广东在全国还属于积极解决户籍难题的先进地区,是其他地区学习的榜样。积分落户制,给广东省的农民工打开了一个落户城镇的正规通道。因而有专家表示,这个制度同样适用于北京、上海这类人口密集的特大城市,在具体操作时,可根据不同区域的人口情况,设定不同的落户标准。以北京为例,对于朝阳区、通州区这类还存有接纳农民工空间的区县,就可以把积分的标准定得低一些,这样可以取代目前北京市将户籍指标分配到某些"特定单位"的做法,根据分数每年解决一定数量的非本市户籍人口"迁入"。

广东的农民工积分入户制实现了一定程度上的城乡自由流动,这不仅能够扩大消费,有利于市场的发展,还能促进资源的有效配置。国内经济学家曾经做过计算,在我国过去 20 年 9% 以上的年均经济增长率中,人口流动的贡献率为 16% 左右,也就是 1.5 个百分点。如果今后政策放宽,加快人口流动的进程,今后二三十年人口流动对经济增长贡献,会达到两个百分点左右。而在农村,由于人口增加、土地资源有限以及现代生产方式的日益应用,将剩余出越来越多的劳动力,因而若人口不能及时地向城市进行转移,农业的比较收益必然会越来越低。从这个意义上看,广东的农民工积分入户制政策是一个带有方向性的探索。

但是我们也要看到,和我国城乡发展一体化建设和新型城镇化建设的要求相比,显然这样的落户政策还是不够的、有局限性的。在这方面,我们在调研中发现,成都市和驻马店市也有其独到的做法,也走在了全国的前列。

驻马店市在户籍管理上,推动符合条件的农村人口落户城镇,把这看作是促进农业人口融入城市的根本性举措。该市户籍政策相对较宽,在全市范围内取消了农业户口和非农户口性质划分,统一登记为居民户口。推行按实际居住地进行登记的户籍管理制度,在城镇有合法固定住所、长期从事非农职业的人员,均可根据本人志愿登记为城镇户口。在城镇就业的大中专毕业生、中等以上技术职称人员,均可在城镇落户。这样,驻马店市就在政策上进一步放宽了该市辖区落户条件,基本放开了各县落户限制,全面放开了建制镇落户条件。需要完善的是,目前还没有在社会福利等方面实现居民的平等和统一。

成都市建立和不断完善了城乡统一的户籍管理制度。出台了全域成都城乡统一户籍、实现居民自由迁徙的意见,消除附着在户籍上的城乡居民就业、社保、住房保障、社会救助、计划生育、义务教育、职业教育、政治民主权利、义务兵家庭优待等9个主要方面权利、待遇的不平等,充分保障城乡居民平等享受各项基本公共服务和参与社会管理的权利,实现城乡居民在全域成都范围内依法自由迁徙。建立户籍、居住一元化管理的体制机制,公民信息管理系统2012年年底实现了试运行。

从驻马店市、成都市和其他地方的实践可以看出,要实现以人为核心的城镇化,促进城乡发展一体化,在人口流动方面需要逐步建立起自由流动的机制,这是我们在顶层设计中必须要考虑和努力的方向。应该说,只要新来人口能够就业从而有稳定的收入,能够适应当地的基本生活水平,能够与邻为善,就没有理由把他们当作城镇化建设中的边缘群体看待。

当然,另一方面我们也要注意,城乡一体化建设、新型城镇化建设、以人为核心的城镇化建设,决不意味着农村、农业、农民的衰落。习近平同志在2013年7月22日视察湖北工作时提醒说,实现城乡一体化,建设美丽乡村,是要给乡亲们造福,不要把钱花在不必要的事情上;不能大拆大建,特别是古村落要保护好;即使将来城镇化达到70%以上,还有四五亿人在农村,农村绝不能成为荒芜的农村、留守的农村、记忆中的故园。习近平同志的这一提醒,是需要我们特别关注的。

（三）做好城乡建设的合理规划

我国目前正在广泛征求意见并修改完善"国家中长期新型城镇化规划"，对城市规模划定标准进行了重新设定。据悉未来将打破行政等级限制，根据城市承载力、人口集聚能力等方面认定。认定标准改变后，1.9万多个小城镇中大部分有望改变成"市"。党的十八届三中全会之后，国家发改委正进一步修改完善国家新型城镇化规划及相关政策建议。而在农村，建设社会主义新农村的任务仍然任重而道远。

从调研情况看，成都市和驻马店市都通过合理规划对农村人口向城乡的流动做了大量促进工作，具有自己的独到做法，取得了明显成效。

成都市强调要"引导农民有序向城镇转移"，并在这一理念下十分重视做好完整的城镇体系规划及与之相适应的相关配套规划。成都市按照"全域成都"的规划理念，将城乡作为一个整体进行科学设计和统筹规划。遵循城镇发展的客观规律，考虑不同规模和类型城镇的综合承载能力，合理引导人口流向和产业转移，来促进大中小城市和小城镇科学布局、合理分工、功能互补、集约发展。这样，他们便充分发挥规划在新型城镇化进程中的引领作用，着力构建双核中心城（中心城区和天府新区直管区）、卫星城、区域中心城、区域中心镇构成的梯次分明、结构合理、功能互补的城镇体系。遵循"宜聚则聚、宜散则散"的思路，突出"小规模、组团式、生态化"特色，科学编制新村建设规划。

驻马店市的新区规划建设也初见成效，形成了"一中心五组团"向心发展的格局，以建设豫南地区区域性中心城市、推进全市城镇化进程为目标，按照"四位一体"、整体推进的工作思路，加快实施中心城市带动战略，壮大县城、中心镇，建设新型农村社区，构建出了布局合理、集约发展、功能完善、产城融合、协调推进的现代城镇体系。除此之外，他们还提出了层级发展思路，即进一步增强中心城市集聚人口和经济的能力，提升中心城市在全市的首位度，打造全市经济社会发展核心增长极，使之成为推进全市城镇化的主力方阵;提高县城规划建设标准,提高综合承载能力,吸纳农村人口就近转移;把小城镇作为城乡统筹发展的重要节点,按照合理布局、适度发展的原则,因地制宜发展中心镇,支持已经形成一定产业和人口规模、基础条件好的中心镇发展成为小城市,其他乡镇逐步发展成为服务周边农村生产生活的社区中心。

除做好城镇化建设工作外,成都市和驻马店市还都十分重视新农村建设问题。成都市锦江区按照不征地、不拆迁,农民就地变市民、农村就地变新城的思路和办法,打造了面积约5平方公里"五朵金花",分别为:花乡农居、幸福梅林、江家菜地、东篱菊园、荷塘月色,目前,"五朵金花"已成为国家级4A级风景旅游区,辖区内农村基础设施完善,农村公共服务体系健全。驻马店市将新型农村社区建设作为改善农村人居环境的重要抓手,按照科学规划、分类指导、群众自愿、就业为本、量力而行、尽力而为原则,以城市新区、产业集聚区、乡镇和旅游景区周边区域为建设重点,采用农业开发型、市场运作型、就业用工型、帮建设施型、民族社区型、争取外援型等运作模式,积极稳妥地开展新型农村社区建设。

(四)抓好基础设施和宜居环境建设

从我们调研情况看,成都和驻马店两市在抓好城镇化建设规划的同时,还特别重视抓好城乡发展一体化过程中的基础设施和宜居环境建设。实践证明,完善的城乡基础设施是城乡一体化发展质量的重要衡量指标。

驻马店市要求重点乡镇建设加速推进,公共服务设施建设向农村延伸,全市建制镇建成区面积达到100平方公里以上;新型农村社区建设加快推进,聚集人口100万以上,战略基点地位更加突出,新型城镇化引领带动作用取得明显成效。在这个过程中,要加快农民集中居住区交通路网、集中供水、能源电力、广播电视等基础设施建设,加快散居农户改厨、改厕、改圈、改水、改路,切实改善农民生活条件和人居环境。目前全市已累计建成城乡新型社区1500余个,150余万农民生活居住条件得到改善。

成都市在加强城镇基础设施建设同时,积极推进城镇基础设施向农村延伸,让城乡居民共享改革发展成果。采用城镇形象性改造(小改)、城镇功能性改造(中改)以及城镇开发性改造(大改)三类方式,计划用5到8年时间完成全市174个一般场镇改造。截至2012年年底,已累计启动实施140个一般场镇改造。他们强调坚持"交通先行"的理念,全力推进市域内轨道交通、高速公路、市域快速路和农村公路建设,大力实施乡镇、村客运站建设和客运公交化,在2004年年底率先在西部中心城市实现了"县县通高速"、"村村通水泥(沥青)路"。

四、要不断提升城乡人力资本

在城乡发展一体化、新型城镇化建设中,人们最先关注的可能就是跑马圈地,大幅扩大城镇建设用地规划。但是我们必须要清醒,城镇化建设并不仅仅是盖楼修路,拉动经济的增长,也不仅仅是把农村的人口简单地进行一次位移,而是要关注和促进我国城乡"人"的发展,真正成为以人为核心的城镇化,促进城乡的一体化发展。否则,这样的城镇化就会变成为一种"伪城镇化"。2012年年底我国"新型城镇化中长期发展规划征求意见稿"下发各地征求意见。据有关方面透露,在国家确定推进城镇化后,地方官员拜访络绎不绝,甚至有的直接表示要建数万人的农民城。这就是一些地方政府和官员对城镇化建设在根本意义上的误读。他们对"初稿"的反应仍是项目至上、开发圈地。这和新型城镇化建设要强调以人为核心的城镇化的初衷是相去甚远的。

(一)提升城乡人力资本的意义

以人为核心的城镇化,城乡发展的一体化,并不仅仅是把农村人口向城镇中进行简单的位移,而是要在这个过程中,使得城市和农村的人力资本得到共同的提高。人力资本是美国经济学家西奥多·舒尔茨在20世纪50年代提出的一个概念,笔者认为相当于马克思主义经济学中的劳动力价值[①]。按照现代经济学理论,人力资本状况,决定着一个国家或地区的经济发展质量。我国农村人口向城镇的集中和流动,应该使社会整体的经济效益和社会效益得到更大的提升,因而这种流动就应该伴随着人力资本的增进,伴随着相应的教育培训文化工作的推进。不但如此,要使不断减少的农村人口不导致农业的萎缩和衰落,农村人口的人力资本状况也应该得到与农业现代化发展相适应的提升。

(二) 两市在提升居民人力资本方面的基本做法

在提升当地居民的人力资本素质方面,成都市和驻马店市也有自己的特别做法。成都市仅在2012年,城镇就新增就业人口21.9万人,农村富余劳动力新增转移就业12万人,归功于他们大力实施新型农民和新兴城镇居民素质提升工程。针对进城农民和集中居住区居民,办好市民学校和社区道德讲堂,组织形式多样的群众性文化活动,增强农民的融入感和适应能力,广泛开展面向农民的职业技能培训,培育现代市民意识和文明生活习惯,让农民群众在心理上进城、技能上进城、文明习惯上进城。此外成都市还形成了以最低生活保障为核心,以帮困助学、帮困助医、帮困建房三大救助为配套,其他专项救助、临时性救助和社会帮扶为补充的综合型社会救助体系,城乡一体的社会救助水平不断提高。

驻马店市根据自己的实际情况,从2011年开始,以撤点并校为重点,以创办寄宿制中小学为突破口,走"初中向乡(镇)集中,成建制小学向中心村集中,新增教育资源向社区和城镇集中"的办学路子。采取"撤、并、建、迁"等措施,初步实现了教育资源优化配置。同时他们强调,必须将进转移人口子女入学纳入教育事业计划,统筹安排,统一管理。根据

---

① 贾华强:《边际可持续劳动价值论》,人民出版社2008年版,第147页。

"以流入地政府管理为主,以公办学校为主"的管理原则,各城区都将转移人口子女的入学纳入了城市教育事业计划,结合学校布局设点,统筹安排,指定部分城区公办学校或社会力量举办的学校接纳进转移人口子女入学。

(三) 需要全社会共同推进

调研中我们发现,对于像驻马店市这样的不太发达的地区来说,依靠自身力量来提升当地的人力资本素质是有一定困难的。例如当地就存在着城镇基本教育资源总量依然不足、结构不合理的问题。随着新型城镇化进程的快速推进,城镇人口急剧增长,城镇学龄人口大量增加,使得城镇教、学失衡,城镇中小学幼儿园教育资源严重短缺,规划建设滞后于城镇化发展要求。当地相关部门建议省发改委对该市的教育建设项目,特别是城镇中小学、幼儿园建设项目,在项目布局、资金安排上进一步给予政策倾斜,帮助该市加快教育事业发展步伐。

需要强调的是,我们必须从基层开始采取切实措施,以不断提升国民素质。笔者这里强调的国民素质,除了包括由农民变为市民者的素质外,也包括现有市民的素质,如消除歧视、助人为乐、机会均等理念的普及。城镇化的过程就是一个新市民不断加入老市民群体的过程,只有新老市民和农村居民的素质不断提升,城镇化进程才会从"以物为主"向"以人为本"转变,成为一个增强正能量和社会凝聚力的过程。这样,各级地方政府和各级领导部门,就需要在城镇和农村的人力资本建设上做出更多的工作。

五、要提升城乡公共服务均等化水平

现有户籍制度的最大弊端之一,就是使不同户籍的人口所享受的公共服务内容和质量有着重大差距。这种情况即使在城市内部,也体现得非常明显。我国目前城镇常住人口中有2亿多人没有非农人口户籍,与户籍非农人口在教育、医疗、社会保障等社会均等化方面，都存在有很大差距。这一问题，正是城乡发展一体化和新型城镇化建设过程中亟待解决的问题。

（一）发展公共服务业的意义

随着城乡一体化和城镇化的发展，中国未来预计每年平均有1400万人口大规模涌向城市，这就需要把成千上万已经进城和即将进城的农民变成真正的城市居民，使他们在社会保障、住房、医疗教育等方面享受到平等待遇，应该说这并不是一蹴而就的事情。如何解决那么大规模的人口进入城市安家落户的问题呢？除了最基本的户籍制度、税收制度需要改革以外，最重要的是公共服务业的发展，以及它对城镇化进程所具有的支撑作用。

在城镇化建设中，公共服务业的发展会促使以人为核心的城镇化落到实处。这是因为，发展公共服务业，可以有效解决农民和农民工的市民待遇问题，可以把数字上的城镇化转化为实质上的城镇化，也可以从市场的角度解决政府财政所不能解决的问题。这种公共服务体系首先必须提供给大量进入城镇的农村人口，同时这本身就是一个非常重大的产业。与生活相关的公共服务业必须落地融入城镇化进程：基本医疗服务必须覆盖所有区域，义务教育制度必须覆盖所有常住人口，保障性住房满足基本的生活住房需求，就业指导服务可以采取相对集中的方式进行构建。这样可以使得医疗、教育、社保、就业等服务逐渐公平化，刚进城的人员也可以享受到基本的社会服务资源，得到基本的社会保障。此外，在公共服务满足基本需求的同时，应分层次发展为产业，通过商业服务业的发展使以人为核心的城镇化落地并找到根基，从而促进我们社会中的人的全面发展。

（二）两市促进城乡公共服务业发展的基本做法

从调研情况看，成都市要求坚持以人为本，以公众意愿作为提供公共服务的基础，强化政府责任，重视社会协同，以公共财政制度安排为支撑，建立城乡一体的公共服务体制。他们的具体做法，一是建立城乡一体的基本养老保险制度，由城镇职工基本养老保险制度和城乡居民基本养老保险制度构成两种制度全面衔接、自由转移接续。二是建立城乡一体的基本医疗保险制度，城乡居民基本医疗保险筹资标准城乡一致、参保补助城乡统一、待遇水平城乡均等，同时在全国率先统一城乡分割的医疗保险经办机构。三是建立城乡一体的住房保障制度，城乡居民无论职业、身份，只要符合准入条件，均可以平等享受公共租赁住房，购买经济适用住房和限价商品住房。四是构建城乡一体的社会救助体系，形成以最低生活保障为核心，以帮困助学、帮困助医、帮困建房三大救助为配套，其他专项救助、临时性救助和社会帮扶为补充的综合型社会救助体系。五是推进村级公共服务和社会管理改革，村级公共服务和社会管理经费纳入财政预算，使村级公共服务能"有钱办事"，也实行村民"民主议事"，民主决议村级公共事务项目和专项资金使用。

驻马店市围绕基本公共服务覆盖城乡、区域均衡、全民共享的目标，大力推进城乡基本公共服务全覆盖，教育、就业、社保、医疗卫生、文化等公共服务取得明显成效，城乡居民实实在在的实惠。他们鼓励小城镇和规模较大村庄建设集中式污水处理设施，城市周边村镇的污水纳入城市污水收集管网统一处理，居住分散、经济条件较差村庄的生活污水采取低成本、分散式处理方式。大力实施农村安全饮水工程，因地制宜地采用集中供水、分散供水、城乡水管网的农村延伸等方式，加快解决农村饮水不安全问题，积极实施村村通自来水工程。加强农村医疗卫生、文化娱乐、体育健身、休闲度假、最低生活保障、失业救助和社会治安等社会服务体系建设，提高社会服务和保障能力。

除我们调研的这两个城市外，我们了解到，我国许多地方也在通过推动农村的公共服务建设，来推动当地的城乡发展一体化建设，例如甘肃嘉峪关的社会管理创新，青海海西的城乡医疗体制改革，新疆玛纳斯的民生工程建设，重庆的综合户籍改革，山东诸城和陕西吴起的社区建设等，都有力地推动了当地的城乡公共服务均等化。在党的十八届三中全会审议通过的《中共中央关于全面深化改革若干重大问题的决定》中，也明确政府将赋有宏观调控、市场监管、公共服务、社会管理、保护环境5项职能。在我国正在抓紧修改完善国家新型城镇化规划的过程中，也将推动出台与此相关的户籍、土地、资金、住房、基本公共服务等方面的配套政策。

（三）做好公共服务业发展的基础工作

在促进城乡发展一体化、促进以人为核心的城镇化建设进程中，政府要致力于城镇发展规划的制定和城镇公共服务体系的建立，为加快城镇化建设和提高城镇化的质量创造条件。然而我们也要看到，公共服务业的发展对于拉动内需、促进当地经济的长远发展至关重要，但它需要有大量的资金投入，可以说当前没有多少地方政府有能力依靠自身财政来解决这一问题。依靠不可持续的土地财政只能支撑一时，依靠农业工业可以支撑一部分，在这种状况下，引入外部投融资机制就成为必然。

我们在调研中注意到，成都市强调要把自己打造成西部的金融中心，并在建设中取得了重大进展，金融总部商务区粗具规模，金融外包及后台服务中心等金融机构加速集聚，成为中西部金融机构种类最全、数量最多、市场规模最大城市，2012年全市金融机构存贷款余额在副省级城市中分别排名第3位、第4位。商贸物流实现较快发展，电子大通关信息系统、中西部规模最大铁路集装箱中心站建成投用，国际客货直飞航线增至27条，成都至欧洲国际铁路货运直达班列开通运行，成都中药材价格指数成为中西部第一个全国大宗商品交易价格指数，成功获批全国首批旅游综合改革试点城市等，都为当地的城乡一体化发展提供了良好的基础条件。由此可见，我国的城乡一体化发展必须是开放的，而不能是封闭的，要有大视野、大思维、大战略。

六、要促进城乡和谐社会建设

城乡一体化、新型城镇化、以人为核心的城镇化的发展过程，是一个原有的经济社会结构被打破、新的经济社会结构重新塑造和建立的过程，也是破除我国作为一个发展中国家所具有的城乡二元体制的过程，因而从哲学的角度讲，是打破旧的平衡、从不平衡状态走向新的平衡状态的过程。这样一个过程，必然是充满着矛盾、变数和风险，这就需要我们十分强调和关注社会的合作与和谐。

（一）中国发展需要和谐社会建设

应该说，不断促进社会发展的和谐，是马克思恩格斯在他们那个时代就对未来社会提出的一种要求。马克思恩格斯在他们早期的经济学文献中，就曾强调未来社会中要实现两个和解[①]，一是人与人的和解，也就是我们今天讲的和谐社会，二是人与自然的和解，也就是我们今天讲的可持续发展。现在来看，马克思恩格斯所讲的这样一个思想仍然没有过时，仍对我们做好经济社会发展工作有着重要的指导意义。马克思恩格斯启示我们，在以人为核心的城镇化建设和城乡一体化发展中，新来的城镇人口和原来的城镇人口，转移出来的农村人口和留守原地的农村人口，应该在相互关系中尽快达到一种信任和和谐；与此同时，不管是新的城镇建设，还是广阔的农村地区，避免对生态环境和资源利用的破坏，走向新的可持续发展，也同样是我国城镇化建设中不容忽视的重大课题。

从国外的实践经验看，做到这一点并不是很容易的。法国在早期的工业化过程中，农村移民与城市原居民间就有着很强的社会分割。农村移民

[①] 恩格斯：《政治经济学批判大纲》，参见《马克思恩格斯文集》第 1 卷，人民出版社 2009 年版，第 63 页。

往往以地缘或业缘为基础，形成不同的聚居和社会网络，而且不同地区的移民在城市中会形成不同的聚居区，同乡之间与外界也处于封闭状况，保存着他们自己的方言、宗教与风俗习惯。这就使农村移民与城市原居民之间形成了很深的文化和心理隔膜。而在城市内部，也依据贫富和社会地位的不同，形成了不同的社区及其文化。这就使城市的人与人之间充满了排斥和对立。

　　这样的排斥和对立是我们在城乡发展一体化过程中需要避免的。但是我们也要看到，由于我国长期以来城乡经济二元结构状况，导致我国城乡居民之间存在着严重隔膜的现象，因而农民的真正市民化包括农民工、失地农民的真正市民化，实现农村移民和城市原居民之间的融合与和谐，仍是我们在促进城乡发展一体化过程中需要抓好的一个重要问题。这里需要农村移民完成生活空间从乡村到城市、社会身份从农民到市民的转变，在生活方式、思想观念和心理转变等方面作出适应，也需要城市原居民有一颗包容和关爱之心，帮助新市民尽快适应城市新生活，还需要当地政府为农村移民提供与城市原居民平等的公共服务，给予新市民参与公共事务管理的权利。同时，新老居民都要注意保护好当地环境，提升城市居民的生活品质。

（二）两市促进和谐社会建设的基本做法

　　从促进人与人之间和谐的角度说，成都市重视建设适度集中的农民集中居住区，推动传统村落向"小规模、组团式、生态化"的新农村综合体转变，构建民富村美、文明和谐的新型农村形态，并对进城农民和集中居住区居民，组织形式多样的群众性文化活动，增强了农民的融入感和适应能力。驻马店市重视完善群众性文化娱乐设施，积极争取市艺术中心、市体育馆、市科技馆、市规划展览馆和市人民大剧院等公共文化重点项目开工建设；实施文化惠民工程，积极开辟市民休闲和社区活动相结合的大型综合文化场所，推进公益文化设施免费开放，开展丰富多彩的群众文化活动，组织开展广场文化、社区文化、村镇文化、企业文化、校园文化等群众乐于参与、便于参与的文化活动。

从促进人与自然之间的和谐关系角度说，成都市按照建设"世界生态田园城市"的要求，制定了《"世界生态田园城市"规划建设导则》，结合成都的资源禀赋、生态容量、历史文化和现实条件，规划提升型发展区和生态旅游发展区，形成城市与产业有机融合、城市与生态和谐共生的总体功能布局。驻马店市于2012年做出了开展生态市建设的决定，正在编制《驻马店生态市建设规划》，力争通过13年左右的努力，在全市建立绿色高效的生态经济体系、持续利用的资源支撑体系、良性循环的环境安全体系、山川秀美的自然生态体系、优美和谐的生态人居体系、健康文明的生态文化体系、稳定可靠的能力保障体系，形成节约资源和保护环境的空间格局、产业结构、生产方式、生活方式，努力把驻马店建设成为民富市强、生态文明、环境友好、社会和谐的国家级生态市。在具体工作中，驻马店市推广可循环利用的绿色建材、构配件和装饰材料，做好新型墙材的普及应用工作，规划到2020年新型墙材应用比例在城市规划区达到100%，在农村地区达到80%；积极发展节能省地型住宅，加强园林绿化景观建设和屋顶绿化，发展生态型人居建筑；在社区建设生态型的居住配套设施，推进中水回用、垃圾分类收集，加强太阳能、地热等可再生能源利用。他们强调要树立以人为本理念，加强社区服务中心、健身、环保等基础设施建设，做好社区绿化、美化、净化、静化工作。

（三）发挥党和政府的推动作用

中共十八届三中全会通过的《中共中央关于全面深化改革若干重大问题的决定》中，提出了"使市场在资源配置中起决定性作用"的突破性观点，但与此同时，《决定》也强调，也要"更好发挥政府作用"。为更好地发挥政府作用，《决定》还提出"必须切实转变政府职能""加快转变政府职能""全面正确履行政府职能"等一系列要求，表明了这场全面深化改革的过程，也是转变政府职能、发挥政府作用的过程。

发挥党和政府作用，转变政府职能，从经济方面的要求看，就是要健全国家的宏观调控体系。宏观调控的主要任务，是保持经济总量平衡，促进重大经济结构协调和生产力布局优化，减缓经济周期波动影响，防范区域性、系统性风险，稳定市场预期，实现经济持续健康发展。宏观调控体系是现代市场经济体制中的一项基本职能，这在现代任何市场经济国家中，包括像美国、日本这样发达的资本主义国家中，都是如此。

美国是西方发达国家中最推崇自由竞争信条的国家，但也实施了像罗斯福新政、曼哈顿计划、星球大战计划等这样的规划。日本则有自己的经济规划，并且是世界上产业政策这种规划方式的发源地，其经济规划在广度上和深度上都超过了我国现在的水平。笔者在日本访问时了解到，日本明治维新时，提出了赶超欧美、富国强兵的口号，建了很多工厂，开始出现城市和农村之间发展差距的拉大。1950年后半期，日本进入了高速增长时期，工厂大多建在东京大阪名古屋地区。为振兴地方经济，政府在20世纪50年代后半期至60年代，制定了振兴法律，规定工厂若建在地方上和农村就有补贴，地方也配合中央建了很多工业园区，使得地区差距不断缩小，实现了城乡一体化共同发展。日本的国土主要是山地，为了制订好国土计划，他们把全国的国土分成10个地域。有五次全国的综合开发规划，最早是在1962年，带动日本经济进入高速增长期，要求十年人均国民收入翻番（国民收入倍增计划）。经过努力，日本人收入翻番的目标在第七年就实现了。最近的一次规划是在1998年制定的21世纪国土全面规划。这时认为不需要大规模国土开发，而是如何利用国土的问题，提出的口号是参与和合作，不鼓励大规模的新建项目。

我国党和政府十分重视发挥宏观调控在我们经济生活的作用的。习近平总书记在2013年为筹备十八届三中全会所做的调研中，从六个方面提出了全面深化改革需要深入调查研究的重大问题，其中就强调，要进一步提高宏观调控水平，提高政府效率和效能；进一步提高党的领导水平和执政能力，充分发挥党总揽全局、协调各方的作用等。

李克强总理在2013年经济形势座谈会上提出了区间管理的新思路，认为目前我国经济运行平稳并处在合理区间，区间"上限"是防通胀，"下限"是稳增长、保就业。区间管理要求把握好宏观调控的方向、力度、节奏，使经济运行处于合理区间。要求我们既不能因经济指标的一时变化而改变政策取向，影响来之不易的结构调整机遇和成效；也不能对经济运行可能滑出合理区间、出现大的起伏缺乏警惕和应对准备。

从实践中看，在国内外特别是我国统筹城乡发展的各种做法中，要想快速和有效地发展，政府都在城乡发展一体化进程中发挥着重要作用。这主要体现在：在党和政府相关政策推动下，地方政府是城乡统筹规划的发起者和制定者，是影响城乡关系体制机制的制定者，是城乡发展一体化的实施者和推动者；中央和地方政府也是评估各地城乡发展一体化水平和矫正城乡发展一体化方向的决定者等。之所以会如此，是因为我国的工业与服务业相比较，农业的规模经济并不突出，市场信息也难以准确掌握，因为比较收益相对较低，这使得农村和农业发展过程中容易出现市场失灵，经常出现产品过剩的卖难和产品不足的无奈，导致收益的不稳定，也导致城乡之间、工农之间差距的不断扩大，形成富人愈富、穷人愈穷的马太效应。这样的话，我国要破除城乡二元经济结构，实现城乡发展一体化，就必须重视发挥各级党和政府的积极作用。正因为如此，在我国当前及今后时期，在推动城乡发展一体化分明，除了市场的力量外，政府仍是主要推动力量，其路线方针政策和积极性，仍是推进城乡发展一体化进程的最主要推力。

（四）把城乡发展一体化潜力和改革红利结合起来

城乡一体化的发展并不单纯是城乡之间关系调整的问题，同时也是农业现代化与工业化、城市化相互促进、相互发展的过程。这一点，在发达国家的城乡一体化实践中就已经很清楚地表明了。从它们相互间的逻辑关系看，工业化是城市化的前提条件，工业化使工业生产的各个环节、各个生产部门及众多门类的相关服务，都集中到了城市，向社会提供出了大量就业机会，从而进一步推动了城市的发展和完善。但另一方面，城市化的发展，也为推动一个国家的工业化深入发展，提供了必要条件，因为城市所形成的规模效应和聚集作用，有助于企业规模的扩大和集约化生产，从而推动和促进着城市的工业化进程。而农业的现代化发展，既可以为城市发展提供充足的农业劳动力剩余和丰富的农副产品及原材料供给，也可以为城市和工业发展提供相应的市场需求，如对工业产品的需求、对农产品的深加工、对先进机械设备、化肥、技术支持的需求，等等。

从我国过去的实践经验看，在工业化、城市化快速推进的过程中，由于长期忽视对传统农业的现代化改造，农业劳动效率长期低下，就不仅产生了日趋严重的三农问题，也对我国工业化、城市化的发展形成了掣肘，成了木桶中的最短的那块木板。有鉴于此，我们就必须高度重视工业化、城市化和农业现代化的相互促进、相互发展问题，特别是要加快实现由传统农业向现代化大农业的根本性转变。只有这样，城乡一体化发展才会具有坚实的基础。

需要强调的是，我国城乡一体化建设过程是一个系统工程，也是一个需要不断进行深入改革的过程。对此李克强同志2012年12月19日在北京主持召开经济社会发展和改革调研工作座谈会时强调，把城镇化最大潜力和改革最大红利结合起来，形成叠加效应，中国经济就有长久持续的动力。这应该说，是点到了问题的根本，是我们在城乡一体化发展、以人为核心的城镇化建设中需要抓住的根本。

（贾华强：中共中央党校经济学部教授）

6 确保粮食安全

随着全球人口总量增长、城市化率的提高，粮食问题越来越成为影响世界经济格局变化的重要因素。我国是世界上人口最多的国家，又处在工业化、城镇化的加速期，粮食问题也受到国际社会的关注。1994年美国世界观察所所长莱斯特·布朗就发表了《谁来养活中国》的文章，对中国2030年粮食问题提出了自己的观点。我国一贯高度重视粮食问题，把粮食的基本自给作为重要的战略目标，常抓不懈，近十年粮食持续增产，2013年粮食产量突破6亿多吨，达到历史最高水平。但是，随着我国人口增加和消费水平提高，粮食供需缺口不断增大，"中国自己养活自己"日趋艰难，2012年粮食自给率跌破90%，成为世界粮食进口大国。在当今粮食能源化、高价化和武器化的背景下，粮食安全直接关乎中华民族的生存和国家主权的维护。党中央明确提出了要"抓紧构建新形势下的国家粮食安全战略"，并强调"中国人的饭碗任何时候都要牢牢端在自己手上。我们的饭碗应该主要装中国粮，一个国家只有立足粮食基本自给，才能掌握粮食安全主动权，进而才能掌握经济社会发展这个大局。"2014年的中央"一号文件"明确指出：要"实施以我为主、立足国内、确保产能、适度进口、科技支撑"的国家粮食安全战略，把确保粮食安全始终作为头等大事来抓。

一、我国粮食安全的基本含义

粮食安全是与能源安全、金融安全并驾齐驱的，影响世界经济走势和各国经济稳定发展的"三大安全"问题之一，是一个世界性的问题。

（一）粮食安全概念的由来

"世界粮食安全"概念由联合国粮农组织于1974年首次提出，而后，经过不断地丰富和延伸，形成目前普遍认同的粮食安全概念，即保证所有的人，在任何时间，都能够买得到和买得起足够、安全和营养的食物，以满足活跃、健康的生活需要。粮食安全概念经过多次的修订和丰富，目前具有四个基本含义：一是数量安全，能够提供充足的粮食和食物供应，满足人们生活的需要。二是质量安全，能够提供安全的粮食和食物，满足人们健康的需要。三是营养安全，满足人们的多种膳食结构、多种年龄结构人群对营养平衡的需要，"在人们日常生活中，要有足够、平衡的，并且含有人体发育必需的营养元素供给，以达到完善的粮食安全"。四是可持续供给安全，在保护资源的前提下，有效发挥土地和水资源的生产潜力，科学、有序地发展粮食生产。

世界粮食安全概念，还会随着世界粮食问题的变化，不断丰富其内在含义，各国面对的粮食安全问题也会因环境的不同而有所侧重，必然带有鲜明的国别特色。

（二）中国特色的粮食安全理念

我国是一个农耕文明发达的国家，也是一个人口大国，对粮食安全的认识是极为深刻的，"手中有粮、心中不慌"、"粮安天下"，就是粮食安全理念的具体写照。中国人世代传承了这种粮食安全理念，历代政府都十分重视粮食安全问题。新中国成立以来，党和政府一直把粮食生产作为头等大事来抓，明确界定了农业的基础地位。改革开放以来，我国粮食供给能力有了很大的提高，20世纪90年代后期，我国粮食产量突破5亿吨大关，做到了粮食供求基本平衡。在入世之后的新环境下，党中央和政府更加重视"农业、农村、农民"问题，加大了对农业的扶植力度，改善了农业生产条件，取得了粮食产量和农民收入"十连增"的佳绩，粮食产量创历史新高，上了6亿吨的台阶，基本满足了人们日益增长的食品消费需求，但是，"丰年缺粮"的问题也日趋严重，粮食安全再次引起党中央和政府的高度重视，于是党中央和政府提出了新时期的我国粮食安全理念。

我国对粮食的统计口径分为五个部分，包括小麦、大米、玉米、豆类和薯类，而国际上通常用谷物的概念来统计，谷物包括小麦、大米和玉米。大豆在国际上算作油脂作物，薯类也是单列的。我国口粮主要是指大米和小麦。从我国的实际出发，粮食安全概念也包含四个方面的内涵：一是保证粮食数量安全，"确保谷物基本自给、口粮绝对安全"，这是确保我国粮食安全的基本要求。确保谷物自给就是要求生产的谷物自给率要达到95％以上，而口粮绝对安全则是指口粮要达到97％—98％的自给率甚至更高的水平。二是要保证粮食质量安全，防止土壤的重金属污染和化肥农药残留对农产品质量的影响，同时，也要严格食品安全的监管，确保为人民提供优质安全的食物。三是农业科技安全，保证粮食有效供给根本的出路在科技，一定要守住核心技术品种必须依靠国内的研究和开发的底线，加大新型品种的研发，力争在提高粮食单产上有新的突破。四是农业生态安全，生态安全是保障未来我国粮食安全的前提，注重农业生态环境的修复，保护好水资源、土壤，强化农业系统的循环能力，确保农业发展的可持续性。

（三）粮食安全的数据含义

粮食安全不仅体现在理念上，更体现在具体数据上。粮食安全有四条"底线"：

一是谷物自给率达到95%以上,口粮(大米和小麦)自给率98%—100%。

二是粮食年人均占有量不得低于400公斤。从我国的实际来看,人均占有粮食高于400公斤,粮食安全有保障。人均占有量在350—400公斤之间时,是紧平衡;低于350公斤,就容易发生粮食危机。

三是基本农田面积不低于18亿亩。考虑我国粮食单产增长状况、人口增加趋势以及消费水平提高等因素的影响,要保证当前及未来我国的粮食安全,就必须要保持18亿亩耕地。18亿亩耕地是我国粮食安全的警戒线,也是中华民族的生存线。

四是粮食储备率不得低于18%。联合国粮农组织长期观察,年末粮食储备和商业库存占年度总消费量(库存消费比)17%—18%定为粮食最低安全水平。

二、确保粮食安全的战略意义

"民以食为天",对于我国这样一个世界人口最多的国家来说,保证吃饭问题是头等大事。同时,粮食也是战略资源,对于提高一个国家的国际竞争力具有重要的作用。美国前国务卿亨利·基辛格清醒地意识到这一点。1974年他在200号国家安全研究备忘录中向总统建言:如果你控制了石油,就控制了所有国家;如果你控制了粮食,就控制了所有人;如果你控制了货币,就控制了整个世界。在当今粮食能源化、高价化和武器化的背景下,确保我国粮食安全,直接关乎中华民族生存、社会稳定、经济发展以及国家主权的维护。

(一)粮食安全是社会稳定发展的安全带

粮食是人们赖以生存的口粮,是社会稳定的基础,粮食安全就意味着国家发展系上了保险带。历史经验告诉我们,粮食出现问题,社会必然动荡。从我国历史来看,朝代更迭多与农民起义相关,而农民起义又都与饥荒发生和蔓延相关,所谓饥民的出现,就是社会不稳定的征兆。因此,历代政府都把粮食稳产和增产放在首要位置,创立了辉煌的农耕文明。从世界来看,粮食危机同样会导致不同地区和国家的社会动荡以及发展缓慢。由于世界人口突破70亿人,2030年将达到90亿人,加上发展中国家城市化率的加快,消费水平提高以及各种农业生产环境的变化,世界粮食危机的阴影正在全球蔓延,粮食价格持续上涨直接危及各国经济增长和政治安全。再加上国际粮食垄断巨头控制粮食供应,进行粮食投机,推动了粮食价格的持续上涨。联合国粮农组织认为粮食已经告别了低价的时代,走上了高价通道。非洲一些国家因粮食价格上涨而引起了各种不同的社会动荡,还有很多的儿童因为饥饿,导致营养不良,健康状态堪忧。因此,粮食安全问题与国家稳定和社会和谐息息相关。

粮食安全的社会"稳定器"作用,不仅在于保障人民用粮,还体现在缓解经济危机上。温铁军教授在《八次危机——中国的真实经验》一书中,深入研究了农业在化解经济危机中的重要作用。自新中国成立以来我国所经历的8次危机,每次都是通过向农业转嫁危机,得以实现经济的软着陆。我国农业、农村一直起着"蓄水池"和"稳定器"的作用,当经济繁荣的时候,农村剩余劳动力出去打工,满足产业扩张所需劳动力;当经济萧条的时候,失业的打工农民,回到农村、农业从事劳动,土地成为最后的保障,解决了温饱问题,保证了社会和谐稳定。最近的一次,就是2008年世界金融危机的爆发,沿海外向型经济大幅度下滑,企业停工破产,导致2500万个农民工失业,回到家乡、回到土地上,依靠农业度过了危机,中国社会没有出现不稳定,中国经济仍然保持较高的速度,形成了特有的"中国现象"。

(二)粮食安全是国家经济发展的基础

农业是现代工业的基础。据统计,2012年我国农产品加工业占工业产值的26%,占GDP的10%,随着农业的发展和生产能力的加强,以农产品为原料的现代加工业将会持续发展，特别是随着我国人民生活水平的提高和消费结构的改善，对农产品深度加工的需求还将大幅度增长，农产品加工产业还有成长的空间。同时，农业分工的深化、农民需求的增长、城市消费农产品的增加，涉农服务业获得了发展的机遇，支撑了现代服务业的发展，创造了大量的就业岗位，解决了很多农村劳动力和大学生就业问题。生物技术与新材料技术、信息技术并列为新的三大科技革命，带动了现代种业、生物质能源、生物制药、环境保护等新技术产业的发展，这些产业都离不开农业的发展。比如，现代技术已经能够从玉米中提取乙醇作为替代能源。没有粮食的安全、没有农业的发展，任何现代工业与先进科技都将是无源之水、无本之木。美国经济学家舒尔茨认为农业和工业部门一样都是经济发展的重要部门，农业通过现代化改造，也可以成为经济增长的重要源泉。

（三）粮食安全能提升我国的竞争实力

英国经济学家拉吉·帕特尔在《粮食战争：世界食物体系中的权力、市场和隐形战争》一书中描绘了"粮食战争"的残酷性，并指出在世界食物体系中，居于优势地位的是美国、国际金融大鳄、世界粮食巨头、食品工业巨头、超市巨头，他们控制着整个世界从田野到餐桌、从商品到金融、从种子、农业生产资料到销售等整个世界食物体系，广大的农民和消费者处于劣势地位和末端，是被控制和剥削的对象。世界粮食价格上涨，实际上是一场富国和世界粮食巨头通过不合理的"规则"向穷国转嫁经济危机和财富掠夺的战争。目前，世界上一些发达国家在粮食中提取生物燃料供机器使用，导致世界粮食价格飞速上涨。根据世界银行估计，全球粮价上涨65%的原因可以归咎于盲目发展生物燃料。美国想利用自己的农业优势控制世界的粮食生产，来维护自己的世界霸权地位。美国在加大对自己农产品出口补贴的同时，却极力不择手段去削减和取消别国的农产品补贴，再加上自己的科技和资源优势，使自己的粮食在国际上具有很强的竞争力。该书提醒我们,都应该有粮食危机的意识,有粮食战争的概念,各国都应该从维护国家核心利益和主权的高度,注重国家粮食安全,防止掉进"粮食陷阱"。

中国是一个人口大国,正处在城镇化和工业化加速的阶段,粮食问题会日渐严重,2012年我国粮食自给率跌破90%,大豆自给率仅有18%,"中国自己养活自己"日渐艰难,从粮食净出口国变为粮食进口大国。这一趋势也早被国际社会所预见。美国前国家安全助理布热津斯基在《大棋局》一书中明确地指出:"粮食和能源,将是中国经济增长的软肋。粮食依赖进口将给中国经济资源造成紧张,也使中国更容易受到外部压力的打击。"美国世界观察所所长莱斯特·布朗早在1994年就发表了《谁来养活中国》的文章,他认为到2030年中国将不能养活自己。在新的形势下,提出国家粮食安全新理念,制定粮食安全的新战略,确保"中国人的饭碗任何时候都要牢牢端在自己手上。"确保了粮食安全,就可以防范"粮食战争"的发生,才能掌握粮食安全主动权,提高我国在大国博弈中的竞争能力。确保粮食安全,才能有效地争取和处理好与缺粮的发展中国家的关系,维护和平发展的外部环境。

三、我国粮食安全面临的主要挑战

我国是一个人多地少水缺、自然灾害频发的国家,从公元前108—1911年间,有记载的饥荒就有1828次,620—1619年的1000年间,在一个省或几个省有旱、水灾记录的年份就有610年,发生特别严重的旱、水灾有203年。新中国成立以来,我国粮食产量曾经有过几次大的起伏,其中1958—1961年和1998—2003年是减产幅度最大的两个时期。在这样的农业生态环境下,我国人民用占世界9%的耕地,解决占世界22%的人口吃饭问题,已经创造了世界的奇迹。从2004年以来,我国粮食产量屡屡打破纪录,实现了粮食产量"十连增",但与此同时,我国也由粮食净出口国成为粮食净进口国,继大豆之后,2011年玉米全面进口,2013年小麦也成为进口大国。随着我国工业化、城镇化的加速,2020年城镇化率要达到60%,2030年达到70%,城市用地还将增加,耕地,尤其是优质耕地还会减少,这将对我国粮食安全产生极大的挑战。

(一)工业化、城镇化发展对我国粮食安全的负面影响

目前,我国已经处于工业化发展的中后期阶段,工业化、城镇化的推进为我国创造了巨额的经济财富,使我国成为了GDP总量第二大国,也使我国赢得了"制造业大国"的殊荣。但与此同时,优质耕地减少、生态环境毁坏,都对我国的粮食可持续生产能力产生了重大影响。

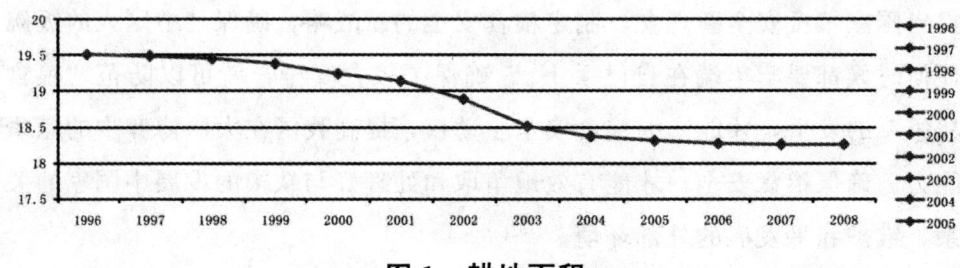

图1 耕地面积

资料来源:根据国土资源部公告整理,摘自国土资源部网站。

一是工业化、城镇化的加速导致耕地面积大幅度减少。从总量来看,1997年,我国耕地有19.49亿亩,而到2011年耕地面积仅仅为18.26亿亩,减少1.23亿亩,正在逼近18亿亩红线。(见图1)根据我国《国家新型城镇化规划2014—2020》中的数据显示,我国土地城镇化快于人口城镇化,大量占用耕地。1996—2012年,全国建设用地年均增加724万亩,其中城镇建设用地年均增加357万亩;2000—2011年,城镇建成区面积增长76.4%,远远高于城镇人口50.5%的增长速度;农村人口减少1.33亿人,农村居民点用地却增加了3045万亩。更为严重的是大量优质耕地

减少的速度更快。据调查，我国18.26亿亩耕地中，高产田面积约占28%，中产田约占39%，低产田约占33%。而高产田一般都在城镇的周边，这些地方又往往成为建设用地、工业用地首征之地，导致大量优质耕地资源的流失。而每年通过占补平衡增加的两三百万亩耕地，农田地力只相当被占良田的三分之二，导致地力下降。这种"占优补劣"的情况，会对我国粮食的单产水平产生不利影响，而耕地一旦变成建筑用地，就很难复垦为耕地，耕地的减少、农田地力的下降，后备耕地资源不足，直接影响了粮食持续生产能力。

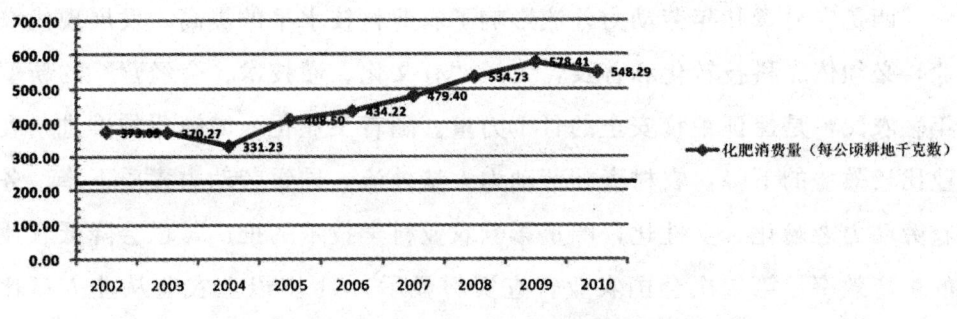

图2　每公顷耕地化肥消费量千克数

资料来源：世界银行网站。

二是工业化过程中土地污染严重。一项调查表明，我国受重金属污染的耕地面积已达2000万公顷，约占全国耕地面积的六分之一。目前，我国土地污染最为严重的地区主要集中在大城市、工矿区周边，尤以云南、四川、湖南、安徽、贵州等省最为严重。此外，华南地区部分城市有50%耕地受到镉、砷、汞等有毒重金属和石油类有机物的污染；长三角地区有的城市连片的农田受多种重金属的污染，致使10%的土壤基本丧失了生产能力。

三是化肥农药过度使用造成食品不安全。我国粮食的增产，很大程度上依靠肥料和农药的大量投入。化肥和农药的大量使用不仅影响了生产出来的农产品质量,也对周围生态环境造成很大影响。据报道,化肥施用的国际安全警戒线为每公顷225千克,而我国2010年每公顷施用548千克,是国际安全警戒线2.44倍(见图2),不仅浪费了大量化肥,并导致食物的化肥残留大大超标。据估计,我国在传统化肥施用方法下,全国化肥当季利用率平均只有35%,每年因不合理施肥损失高达1300亿元,肥料占农民投入生产成本的50%。我国有机肥资源养分含量高达7000万吨,远高于目前每年化肥使用总量,但有效利用率很低。同时,对农作物大量施用农药,也导致食品农药残留严重超标。化肥农药施用过量,不仅导致农业生产成本上升,也导致食品安全问题十分严重。

四是农村青壮年劳动力外流影响了农业科技水平的提高。发展现代农业,必须依靠科技转化和普及,大量"有文化、懂技术、会经营"的新型年轻农民,是保证粮食安全的骨干力量。随着工业化、城镇化的推进,农业比较效益的下降,农村青壮劳动力大量外流,导致劳动力素质下降、务农劳动力老龄化、女性化,严重影响农业科学技术的推广,也会降低农业的生产效率。第二次全国农业普查资料显示,51岁以上农业从业人口比重是21.3%,第一次农业普查是18.11%,增加了3.2%。按国际劳工组织的划分,一个国家或地区45岁以上劳动力占总劳动比重在15%以上为老年型,目前我国51岁以上的农业就业人员占到32.5%,已远远超过15%的标准。(见表1)从文化结构看,在外出就业劳动力中,有高中以上文化程度的占13%左右,而在非外出劳动力中,这一比重只有8%,其中以从事农业为主的劳动力,有高中以上文化程度的只占5%。农村劳动力存量年龄结构偏大、文化程度偏低的状况,不利于新知识、新技术的普及和推广,对农业和农村的发展将产生负面影响。

表1 全国住户农业从业人员分区域年龄构成

年龄段	全国	东部地区	中部地区	西部地区	东北部地区
20岁及以下	5.3	4.2	4.9	6.4	6.4
21—30岁	14.9	13.5	13.8	16.5	17.2
31—40岁	24.2	22.0	24.5	25.3	25.4
41—50岁	23.1	25.0	23.5	20.6	25.3
51—60岁	21.3	23.4	21.8	18.0	19.4
60岁以上	11.2	11.8	11.4	11.7	6.2

数据来源：《中国第二次全国农业普查资料综合提要》，中国统计出版社2008年版。

（二）水资源短缺、气候变化和农田基础设施薄弱

水土资源和生物资源，是农业和粮食安全的基础。农业是一个自然再生产和经济再生产相互交织的过程，也要受到自然资源的制约，面临很大的自然风险。这是一个世界上普遍面临的问题，在我国情况更加严重。

一是我国水资源短缺，影响我国农业的发展。中国以占世界6%的淡水资源、9%的耕地，保障了约占全球1/5人口的吃饭问题。但是，我国人多地少水缺，人均占有淡水资源约为2200立方米，不到世界平均水平的28%，并且水资源分布不均衡，南方水多地少，北方水少地多，尤其是西北地区处在干旱和半干旱地区，降雨量少且蒸发量大，很多的土地因为缺水无法开发或者低产。东北和华北地区粮食产量占全国的53%，商品粮占全国的66%，黑龙江三江平原超采地下水灌溉，致使地下水位下降2—3米，华北平原已形成9万多平方公里的地下水开采漏斗区。我国总用水量约有70%用于农业，而灌溉用水却占整个农业用水的90%，但有效利用系数仅为0.5，与世界先进水平0.7—0.8相比差距巨大，发展节水型农业，提高水资源的利用率，是实现粮食安全的关键。随着气候环境的变化，我国西南丰水区也频发旱情。2012年年初，在我国西南地区，包括贵州、云南、四川等省区发生了严重旱情。自然灾害，尤其是干旱，对中国粮食生产造成较大影响。有学者指出：中国每年农业生产缺水300亿立方米，因干旱缺水每年粮食损失约400亿斤。

二是气候变化使得我国农业生产的不稳定性增加。气候变化主要包括二氧化碳浓度升高、全球气温升高、降水分布及降水量变化、紫外线强度增大、大气中的臭氧浓度升高等。例如,气候变暖会导致农作物生长发育速度加快,生育期缩短,也使得农作物的呼吸作用增强,温度过高还会导致光合速率和作物产量下降。据国家统计局统计,2013年农作物受灾面积3135万公顷,其中绝收384万公顷。全年因洪涝地质灾害造成直接经济损失1884亿元,因旱灾造成直接经济损失905亿元,因低温冷冻和雪灾造成直接经济损失260亿元,因海洋灾害造成直接经济损失165亿元。

三是农田水利设施薄弱,影响农业生产的可持续发展。据国土资源部公布的《关于第二次全国土地调查主要数据成果的公报》,全国有灌溉设施的耕地6107万公顷,占耕地比重的45.1%,无灌溉设施的耕地7430万公顷,占耕地比重的54.9%。其中,东部地区和中部地区有灌溉设施的耕地比重大,西部地区和东北地区无灌溉设施的耕地比重大。占一半以上的耕地由于缺乏灌溉设施,不能做到旱涝保收,基本上是中低产田。另外,实行家庭承包制、取消农业税费以及农村集体经济组织"空壳化",导致了农田水利基础设施维护和管理者"缺位",过去修建的农田水利基本设施,由于年久失修,不能发挥应有的作用。虽然近年来,我国政府在农田水利设施建设上投入了大量资金,修建了大量大中型的基础设施,但对于配套的中小水库、水渠的建设,对于牵涉到每个农户生产的、农田水利设施,还力所不及,还需要进一步加强配套水利设施的建设,改善农业生产条件,保证农业高产稳产。

(三)农业比较效益低影响农民种粮的积极性

党中央高度重视农业生产、农民增收,自2004年起出台了11个指导农村工作的"一号文件",制定了"多予少取放活"的方针,出台了一系列富农惠农政策,保障农民种粮务农的合理利润,调动农民种粮的积极性。但是,由于我国农户规模经营小,达不到规模经营的水平,农业比较效益呈现下降的趋势,农民种粮积极性不高。据《中国第二次全国农业普查资料汇编》数据,我国农作物种植业户1.82亿户,户均播种面积为0.81公顷,约为12亩左右。如果按照粮食亩均净利润平均200元,一年的种粮纯收入也就2400元左右,仅相当于外出打工一个月工资(2013年农民工月平均工资2609元)。加上政府给予的农业补贴,按每亩平均100元计算,农民务农年总收入不到4000元,远远不能满足农民生活的基本需要。根据统计数据显示,农业收益与务工收益基本相当,就必须适度规模经营。南方一年两熟地区户均耕地50—60亩,北方一年一熟地区户均耕地100—120亩,就有规模效益,与打工收入所差无几。目前,耕地流转缓慢,规模经营短期难以实现,农户兼业化、农业副业化成为农民的理性选择。2013年农民人均纯收入8896元,其中工资性收入占45.8%,家庭经营收入占42.6%,工资性收入首次超过家庭经营收入。种粮不赚钱必然导致大量农村青壮年劳动力外流,通过打工维持家庭生活。这几年,农产品价格虽然呈现上涨趋势,但是,粮食生产成本上涨更快,种粮的收益增长不大(见图3)。除了受种粮成本上升影响之外,农户还要面临自然灾害的不确定性,也会影响种粮农民的积极性。

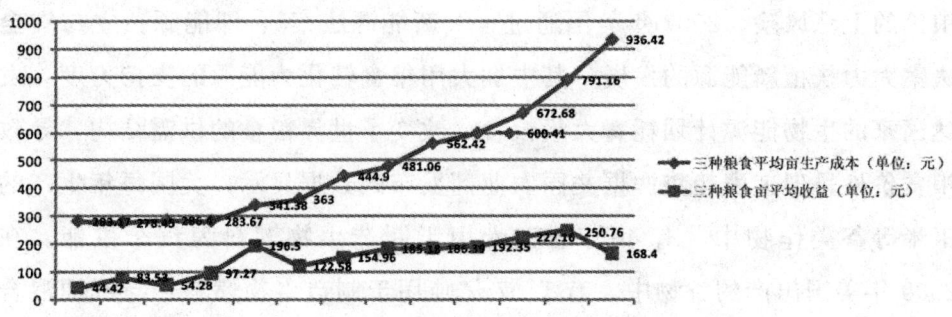

图3 三种粮食平均亩生产成本和收益

资料来源:中国农村统计年鉴,中国知网中国经济和社会发展统计数据库。

（四）我国粮食安全面临严峻的国际形势

我国加入WTO后，全面开放本国市场，融入全球经济一体化体系，如何在既利用好国际市场满足我国粮食需求的增长，同时，也能防范日益增多的威胁粮食安全的诸多风险，使饭碗牢牢地端在自己的手上，是极为重要的事情。

一是世界粮食市场的风险。我国2012年粮食自给率下降的89%，通过进口一定数量的粮食填补国内粮食缺口成为常态。2013年前三个季度，我国小麦、玉米、大米保持净进口状态。世界粮食市场的规模有限，每年的粮食国际贸易量仅有2.5亿吨，不足我国消费量的一半，大米国际贸易量2500万吨，不足我国消费量的五分之一。在这个市场上，美国是最大的粮食供应国，也是世界市场的控制者，四大国际粮商——美国的阿丹米、邦吉、嘉吉和法国的路易达孚控制着国际谷物交易市场80%的份额，其中三家是美国企业。美国掌握着世界粮食市场的话语权，出于维护其核心利益的目的，将粮食资源作为战略武器，试图为美元找到新的锚，继"石油美元"之后，打造"粮食美元"。而中国作为粮食进口大国，必然是美国粮食战略的博弈对象，粮食风险会不期而至。首先，我国将面对世界粮价的上涨风险。2007年美国通过了《新能源法案》，即能源独立与安全法案大力扶植新能源的发展，其中加大用粮食转化为能源的支持力度。发达国家的生物能源计划耗费大量粮食，改变了世界粮食的供需结构，导致粮食价格呈现上涨趋势。据美国农业部发布的数据显示，美国每年生产的玉米等谷类作物中，有40%的玉米用于制造生物燃料为汽车供能。在2009年美国出产的谷物中，有1.07亿吨用于制造生物燃料，与汽油混合为机动车提供动力来源，这个数字占美国粮食生产量的四分之一，而这些粮食足以养活3.3亿人口。其次，我国将面临市场开放风险。我国国内粮食收购价格不断上涨，远远高于国际粮食价格，很多的优势农产品面临国际同类农产品的冲击，2013年年末，配额内的小麦、大米、玉米进口完税价格每吨比国内低 300 元至 500 元。目前,我国为了保护口粮安全,对三大主粮实施关税配额制度。2013 年,我国大米、小麦、玉米的进口配额分配为 532 万吨、963 万吨和 720 万吨,低于国内消费量的 5%。但是,我国对粮食进口实施配额制面临发达国家的挑战,将要面临 WTO 新一轮的农业谈判,美国等国要求我国取消进口配额制度。

二是粮食产业受到全方位的挑战。首先,国内种业发展面临严峻的国际形势。我国是农业大国,也是世界第二大种子需求国。自从 2001 年实施《种子法》以来,跨国种业公司在我国开展业务并抢占市场。据统计,我国目前约 95% 的甜菜、50% 的食葵、部分高端蔬菜,都被外国品种占据;而外国玉米种子在我国市场的份额,也从 2001 年的 0.13%,迅速扩大到 2011 年的 11%;全球前十强的外国种业公司陆续在我国市场上争抢份额。我国种子企业虽然数量众多,但研发能力和投入与跨国公司相比还有很大差距。国以农业为本,农以种为先。种子产业不同于其他产业,是源头性、基础性、战略性产业,如果我国种子业失守,我国粮食安全将无从谈起。其次,国内粮食产业面临跨国公司的抢占。国际粮商已经在国内市场悄然布局,首先控制了我国食用油加工和销售 60% 以上的市场份额;目前,正在进入粮食收购领域,四大粮商在我国的粮食主产区设立独资公司或合资公司,从事三大主粮的收购业务,与我国粮食储备企业展开竞争。不仅如此,这些企业还在向粮食后续加工领域,比如碾米、面粉等进军,类似大豆产业失手的危险正在临近。

三是我国化肥农药产业同样面临风险。化肥原料以及农药技术都掌握在跨国公司的手中,正在逐渐控制我国的市场,比如钾资源缺乏,钾肥的产能远远不能满足国内市场的需求,使得我国钾肥的自给率低,对进口钾肥的依赖程度很大。国外垄断企业抢占钾肥市场,控制世界钾肥的定价机制,对我国钾肥的进口也极为不利。我国钾肥的进口一旦受到制约,也会威胁到我国农业生产的安全。

四、我国确保粮食安全的主要对策

党中央在2014年"一号文件"中明确提出了"实施以我为主、立足国内、确保产能、适度进口、科技支撑"的国家粮食安全新战略,粮食安全上升为国家战略,强调全党要把粮食安全作为首要工作来抓、全方位、多方面地调动农民种粮积极性、改善农业生产环境、推动农业科技进步,以确保粮食生产稳定发展。

(一)创新农业经营主体、推动适度规模经营

我国是传统小农经济国家,农户经营规模狭小,经营效益低下,影响了农民种粮的积极性。利用好工业化、城镇化加速创造的良好经济社会环境,适时创新农业经营主体,推动适度规模经营,提高农业效益,发展现代农业,培养职业农民,提升粮食生产的可持续能力,确保国家粮食安全战略的实现。

一是城镇化、工业化加速为改造小农经济、发展现代农业创造了机遇。改革开放以来,我国农村有2.5亿农民进城务工,加上随迁家属约达4亿人,离开了农村、农业,城镇化率由1978年的17%提高到53%,农村已经出现了大量"空心村"和"空心户",过去紧张的人地矛盾,得到了缓解,未来城镇化的加速,还将有更多的农民离土进城,这为土地规模化经营提供了宽松的环境和实施的可能。

二是推动农村土地制度改革、加快农村土地确权登记颁证进程。党的十八届三中全会决定再次重申:稳定农村土地承包关系并保持长久不变,推动农村土地所有权、承包权、经营权的三权分离,创新经营主体,发展多种形式的规模经营的方针。2013年中央"一号文件"提出,要用5年时间基本完成农村土地承包经营权确权登记颁证工作,妥善解决农户承包地块面积不准、四至不清等问题,为农村土地顺利流转提供保障。同时,应加快法律"赋权"的工作,尽快颁布新的《土地管理法》,在条件成熟时要修改完善《农村土地承包法》,赋予农民更长久的承包期限,明确承包经营权的法律效力;研究制定《农村土地承包经营权登记办法》,规范农村土地承包经营权的取得、变更、注销等法律程序;明确承包经营权证书在土地流转、土地征收等环节的法律效力,为土地流转奠定法律基础。

三是创新经营主体、推动多种形式的适度规模经营。支持种粮大户、家庭农场、农民合作社等多种经营主体的发展,鼓励实现多种形式的规模经营,提高农业经济效益。推进规模经营一定要坚持三大基本原则:首先,自愿原则。尊重农民的意愿,任何"顶层设计"都要符合农民的需要,要因地制宜地探索,农民可以接受的经营组织形式,防止"长官意志""一刀切"。其次,适度原则。规模经营不是越大越好,根据我国国情,适度规模经营目标应有双重目标:第一是土地产出率和劳动生产率的双增长,不能单独追求劳动生产率的提高;第二是要与城乡一体化进程同步,不能造成大量"失地农民"和"城市贫民"。第三,多样性原则,要因地制宜地探索多种形式的规模经营,既可以是土地集中的形式,也可以是区域化种植、集约化养殖以及产业化服务的形式。

四是建立土地流转机制、加快土地流转。要尽快建立土地流转机制,为专业大户、家庭农场、农民合作社租赁土地提供便利。专业大户、家庭农场的规模较大,要集中几十户甚至上百户农民的承包地,这就需要顺畅的土地流转途径。应该以乡镇为单位普遍建立土地流转服务中心,为专业大户、家庭农场的土地租赁,提供供求信息、认证登记、流转备案及法律咨询等中介服务,帮助和方便专业大户、家庭农场以及愿意流转土地的农民,顺利地实现土地的流转。通过几年的实践,我国各地已经形成了多种较为成熟的土地流转模式。尤其是鼓励和支持农民土地合作社和土地托管组织的发展,支持他们发挥农民土地流转的中介作用。

(二）加大科技投入，提高粮食单产水平

粮食安全问题解决的根本出路，在于农业科技创新水平和推广水平的提高。目前，我国农业已经到了依靠科学技术突破资源环境约束，实现粮食高产稳产，由传统农业向现代农业转变的关键阶段。据统计，2013年，我国农业科技进步贡献率到55.2%，主要农作物良种覆盖率达96%以上，农作物种收综合机械化率达到57%。这些是我国粮食连续十年稳产增产的重要支撑。但是，我国与发达国家相比，还存在较大的差距，亟须加快农业科技创新的步伐、提高科技推广的水平，掌握好粮食安全的"科技命脉"。

一是依靠科技提升我国育种水平。虽然我国在农业科技投入和农业科技基础研究上都取得了很大的进步，但是与发达国家相比，我国还有很大差距。我国农业科技贡献率仅为55%左右，与发达国家70%—80%的农业科技贡献率相比，大约还有20年的差距。这说明，我国农业科学技术发展还有很大潜力，粮食增产还有很大的空间。

从世界农业发展趋势来看，粮食稳产增产的关键在于新品种的推广和种植。而粮食品种更新则依赖育种技术的创新和支撑。新中国建立以来，我国主要粮食品种已经更新了6—7次，对粮食增产的贡献率高达40%以上。目前我国在某些育种领域（如杂交水稻）已经处于世界领先水平，比如，袁隆平主持的水稻杂交技术已经突破每亩单产900公斤水平。但从总体上来看，我国育种技术与发达国家相比还有很大差距。近年来，种业技术创新是世界科学技术革命最为活跃的领域之一。因此，我国要积极参与粮食种业的科技创新，加大对农业育种技术研究的投入力度，搭上世界农业科学技术革命的快车，加快缩短与发达国家的差距，把握好粮食安全的"科技命脉"。除此而外，还应该重视种业行业的发展，培育种业产业的核心竞争力。种业产业是一个进入门槛高、科技含量高、资金投入高的产业，为了打破外国跨国公司对种业的技术垄断和市场垄断，国家应该制定

相关优惠扶持政策，着力培育一批具有技术创新基础、市场营销能力、品牌影响力的种业企业，参与国内外市场的竞争，保证我国种业安全。种业安全与粮食安全、经济安全息息相关，如果要确保中国人碗里装的是中国粮，就必须首先确保中国人种的粮用的是中国人育的种。可以这样说，种子是粮食的"命脉"。

二是支持转基因技术研究和推广。在转基因技术研究上，我国奉行的积极研发、慎重谨慎的路线。在国家一系列重大专项的支持下，我国转基因操作关键技术研究取得了快速发展，缩小了与发达国家的差距，转基因技术体系逐步形成。但在推广应用方面，我国积极慎重，允许讨论、争取社会共识。关于转基因问题的讨论，应该有两点基本认识：首先，我国粮食安全要依靠转基因技术的突破，也就是在育种技术上的突破。其次，有科学依据证明转基因作物总体上是安全的。

（三）推广新型技术提升农业效率

科学技术对粮食安全的贡献，除了新品种推广可以增加粮食产量和提升农产品的品质外，新技术在农业灌溉、耕作、收割、储存等方面也都起到了至关重要的作用。节水型农业技术的应用和推广，大大提高了水资源的利用效率，降低了农户的生产成本，一定程度上解决了水资源浪费问题。比如，国家农业信息化工程技术中心开展的"节水灌溉控制与远程监测关键技术研究与示范"项目，成功突破了传统农业灌溉的盲目性，实现了节水灌溉由人为设定到以农作物需水规律为依据的重要转变，达到高效用水的目的。杂交水稻种植技术的推广，改变了农民传统的种植方式，保证了良种的增产效果。土壤配方施肥技术的应用和推广，达到了"减肥"增产的目标。短短十年间，我国测土配方施肥面积已达到13亿亩，覆盖率达到70%以上。农业部调查数据显示，2005—2010年，我国粮食增产了0.8亿吨，蔬菜供应增加了1亿吨，水果增加了6060万吨，若按单位产量养分吸收量计算，这些农产品需要投入氮磷钾养分580万吨。按照目前肥料利用率计算，需要施化肥1940万吨。由于测土配方施肥的推广，化肥施用量仅增加795.46万吨，减肥1144.54万吨，达到了"减肥增产"的目的。再就是，农业机械化水平的提高，改变了农业的耕作方式。农业的根本出路在于机械化，近年来，我国农机装备总量快速增长，农机作业水平不断提高，农机科技水平进一步提升，大大提高了我国粮食耕种、管理、收割的效率，改变了千百年来"牛拉马犁"耕作方式，使农民从"脸朝黄土背朝天"的劳作方式中解放出来。但从目前来看，我国农作物耕种机械化水平还有提升的潜力，到2020年我国农机总动力达到12亿千瓦，主要农作物耕种综合机械化水平达到65%以上。我国正在探索一条在小规模农业基础上、人地关系紧张条件下，实施农业机械化的新路子。

（四）加强农田水利设施的管护，改善农业生产环境

水利是农业的命脉，农田水利设施是确保粮食安全的重要基础。我国处在干旱和半干旱地区，修建水利设施保证农业生产和粮食产量，是历代中国政府的重要使命。从重视水利设施建设的角度看中国社会，可称为"治水的社会"，先人们为我们留下了很多的水利设施，至今还发挥着重要作用，比如，巧夺天工的"都江堰"就是先人治水的标志性设施，一直灌溉着天府之国的千里沃土。

一是加强对农田水利设施的维护。在农村基础设施建设中，水利基础设施管护是最薄弱的环节。2014年"中央一号"文件中明确对完善农田水利建设管护机制做了周密的部署。我国很多农田水利设施疏于管理、年久失修、很难发挥"蓄水调水"的作用，对农业生产造成了不利影响。解决农田水利设施建设和管护问题的主要路径是：首先，要深化水利工程管理体制改革，加快落实灌排工程运行维护经费财政补助政策，明确小型水利工程的管护主体、维护经费及主要责任，解决好小型险库危库日常管护问题，发挥小型水利的重要作用。其次，发挥农民合作社在农田水利建设和高标准农田建设中的组织作用，可以将财政投资和补助性的涉农项目，如扩大农村土地整理、农业综合开发、农田水利建设等，逐步交由合作社承担。农民合作社作为国家项目的执行者，可以保证项目落到实处，可以发挥政策辐射效应，可以改善农民合作社的生产环境，从而提高农民合作社的抗风险能力，增强农产品的供应能力。三是改革水价，建立水资源的价格机制。水资源是一种稀缺资源，水的价格应能反映市场的供求状况，同时，考虑农业用水的特殊性，把市场形成与政府调节相结合，探索一种反映资源稀缺、鼓励节约用水、农民又可承受的水价形成机制。

二是建立农田水利建设的新机制。除了中央政府加大对水利工程投入力度外，各级政府也应该加大对水利建设的投入。地方政府在土地征收过程中，应该从中抽取一部分资金用于农村水利设施的建设，要加快落实和完善土地出让收益计提农田水利资金政策。各级政府应该分工明确，担负农田水利设施建设和维护的责任，形成各级政府投入水利建设的机制。另外，要鼓励和支持金融机构支持水利设施建设，可以由各地水利投融资公司、建设单位等贷款，用于大中型及小型水利工程建设，也可以鼓励和引导民间投资建设农田水利、跨流域调水、水资源综合利用、水土保持等项目。

（五）完善政府调控市场的机制，切实保障种粮农民的利益

农产品价格与农民收入息息相关，政府应在坚持市场定价原则的基础上，根据农产品价格的波动规律，建立政府调控市场的机制，解决好农产品价格"谷贱伤农、米贵伤民"的问题，保证农民种粮的合理利润、

一是建立农产品目标价格制度。应对农产品价格异常波动，是各国共同面对的难题。借鉴发达国家的经验，并结合我国的国情，建立目标价格制度。在市场价格低于目标价格时，按照差价补贴农产品生产者，保护农民的收益。在市场价格高于目标价格时，补贴低收入的消费者，从而解决"谷贱伤农、米贵伤民"的难题。

二是健全农产品调控制度。运用储备吞吐，调节市场的供求平衡，确

保农产品市场供应的基本稳定。建立完善的农产品储备体系，是政府调控制度建设的基础。首先，建立农产品市场预警机制，科学界定储备的规模和功能，做好农产品的储备。其次，建立多元储备制度，除中央和地方政府的分级储备外、还要鼓励符合条件的市场主体也可以参与政策性收储"藏粮于企"。再次，科学确定储备分布的区位，尤其是确立主销区粮食储备责任。

三是利用国际市场稳定粮食供应。近年来，国内农产品供需情况与世界粮食市场联系越来越紧密。合理利用国际市场，满足国内粮食的多样化需求。但对于国际市场，我们可以坚持合理利用、适度进口的原则，不能过于依赖国际市场。首先，要提高在国际市场上的影响力。在全球粮食市场中，我国粮食企业应该根据国际市场行情变化，利用农业大国的地位，找准时机通过买卖行为，影响市场行情的短期变化和长期预期，提高影响力。同时，又通过进出口行为，平衡国内粮食市场，保证我国粮食安全提供支持。其次，加快健全和完善农产品进口企业的行业协会"领导力"，提高行业行动的协同性，提高我国企业的市场话语权。也鼓励和支持商业化经营的粮油企业参股国际大粮商，学习市场运作能力，参与市场的竞争。再次，鼓励和支持粮食企业"走出去"，通过投资土地资源丰富的友好国家，建设农业基础设施，构建稳定的粮食贸易关系和开拓海外粮食供应基地，拓展粮食供应的另外一条渠道。总之，通过积极参与国际粮食生产供应新秩序的构建，争取国际粮食市场上的话语权，培育中国的具有世界影响的"粮商"。

(六) 发展可持续农业，推进生态文明建设

我国是一个具有生态文明传统的国家，人们崇尚"天人合一"的理念，从事"人与自然和谐"的生产和生活方式，创造了"地肥、水美、粮多、人善"的和谐社会，用占世界9%的耕地，养活了占世界22%的人口。美国土壤专家富兰克林·金在《四千年农夫》一书中描述了他在

1909年到中国、日本、朝鲜进行考察时惊奇发现,即东亚农业从来就是"资源节约、环境友好、可持续发展"的生态农业、循环农业、有机农业。随着我国人口增加、世界工业化扩展,我国也走上了石油农业的道路,过度依赖化肥农药的投入,对生态环境,如水、土壤等造成了很大的损害,不仅影响农业的可持续生产能力,而且还产生了食品安全问题。发展可持续农业、推进生态文明建设、重建人与自然的和谐关系,是粮食安全战略的长期目标。

一是开展农业资源休养生息试点。中国是一个农业资源短缺、粮食压力巨大的国家,不能像人少地多的国家,实施农地轮作制度,只能在坚持粮食安全的前提下,探索符合中国国情的农业资源休养生息制度。要在全国主功能区规划、扶贫规划、全国林业发展规划的基础上,编制农业可持续发展规划,把农业生产环境的治理、农业资源休养生息与主功能区建设、生态环境建设、贫困县脱贫致富结合起来,制订综合治理方案、构建相应支持和补偿机制,形成农业资源休养生息的制度。比如,我国14个集中连片特困区的绝大部分是全国主功能区规划中限制和禁止开发区,全国592个国家级重点扶贫县,357个县地处限制开发区和禁止开发区地带,绝大部分县处在中西部,农民耕地很大部分是25度坡地,需要退耕还林,这样必然影响到农民的经济收益,必须统筹协调,综合治理,构建新的发展机制,确保农业资源能休养生息。

二是编制农业环境突出问题治理总体规划。对亟须集中治理突出农业环境的问题,比如,重金属污染耕地的修复问题,2010年2月公布的《第一次全国污染源普查公报》显示,农业源污染超过了工业和生活污染而成为全国最大的污染源;又如,陡坡地、沙化地、重要水源地的退耕还林还草问题,第二次土地调查数据显示,全国25度坡耕地549.6万公顷,约占全部耕地的9%,西部地区439.4万公顷,约占全部坡耕地的80%,耕地的退耕还草还林的实施,直接关系西部地区广大农牧民的生计问题,影响重大。需要统筹安排,制订综合治理方案和扶持政策,不仅要修复农业生态环境的功能，保障农业的可持续供给能力，还要让地方和农民从中获得收益。

三是建立农业可持续发展机制。要处理好生态建设、农业资源休养生息与地区经济发展、农民增收的关系，它直接涉及千百万农民生计问题。构建农业可持续发展机制，必须遵从让市场在配置中起决定性作用的原则，建立和完善自然资源市场，理顺资源产品价格，全面反映市场供求、资源稀缺程度、生态环境损害成本和修复效应；与此同时，建立生态效益补偿机制、重点环境治理扶持机制，绿色GDP考核机制和生态环境损害责任终身追究机制，探索编制自然资源负债表，将生态效益纳入考核体系，对承担生态环境建设的地区和承担农业资源休养生息项目的农民，解决好地方政府财政收入和农民增收问题，更好地发挥政府的调节作用。

四是建立清洁粮食生产和监管机制。食品安全问题本质上是农产品的生产问题，保障"舌尖上的安全"，就必须从源头抓起、全过程监控，防止不安全问题的产生。首先，推广清洁生产技术，发展有机农业、循环农业、生态农业，减少化肥农药的使用量，减少食物中农药和化肥的残留。政府要严格禁止剧毒农药生产，加大处罚力度，杜绝一些剧毒农药流向农业。同时政府还应该加大对清洁生产的宣传力度，鼓励和支持农业技术人员下乡推广清洁生产技术，让污染远离农业生产。其次，加强粮食质量安全监管，除了在生产源头上杜绝污染源外，政府还应该加强粮食质量安全的检测、监管力度，对粮食及食品市场进行严格监管，严格禁止有问题的粮食及食品入市，实行严格的食品质量安全追溯制度、召回制度、市场准入和退出制度，严厉打击各种危害食品安全的生产经营活动。其三，制定和完善农产品质量安全法以及配套制度，建立和健全相关部门合作监管机制，进一步探索更有效的食品安全监管体制。近日有信息显示，国家将专设食品药品违法侦查局，加强打击食品药品犯罪的力量，以保障国民"舌尖上的安全"。

2014年中央"一号文件"对如何实施我国粮食安全战略，增加农业可持续发展能力,做了全面、长期的安排,这是支撑中华民族伟大复兴的基础工程,也是我国推动构建国际经济新秩序、提升大国地位的保障工程,具有划时代的战略意义。

(石霞:中共中央党校经济学部教授)

7 推进以人为本的城镇化

中共十八届三中全会《决定》指出，坚持走中国特色新型城镇化道路，推进以人为核心的城镇化，推动大中小城市和小城镇协调发展、产业和城镇融合发展，促进城镇化和新农村建设协调推进。优化城市空间结构和管理格局，增强城市综合承载能力。要努力推进城市建设管理创新，努力推进农业转移人口市民化，逐步把符合条件的农业转移人口转为城镇居民。城镇化是一个自然历史过程，城镇化是实现中国现代化的必由之路，是我国必然要经历的发展阶段。

2013年12月召开的中央城镇化工作会议要求：要以人为本，推进以人为核心的城镇化，提高城镇人口素质和居民生活质量，把促进有能力在城镇稳定就业和生活的常住人口有序实现市民化作为首要任务；要优化布局，根据资源环境承载能力构建科学合理的城镇化宏观布局，把城市群作为主体形态，促进大中小城市和小城镇合理分工、功能互补、协同发展；要坚持生态文明，着力推进绿色发展、循环发展、低碳发展，尽可能减少对自然的干扰和损害，节约集约利用土地、水、能源等资源；要传承文化，发展有历史记忆、地域特色、民族特点的美丽城镇。

2014年政府工作报告中指出，城镇化是现代化的必由之路，是破除城乡二元结构的重要依托。要健全城乡发展一体化体制机制，坚持走以人为本、四化同步、优化布局、生态文明、传承文化的新型城镇化道路，遵循发展规律，积极稳妥推进，着力提升质量。今后一个时期，着重解决好现有"三个1亿人"问题，促进大约1亿农业转移人口落户城镇，改造大约 1 亿人居住的城镇棚户区和城中村，引导大约 1 亿人在中西部地区就近城镇化。

一、推进农业转移人口市民化

这一目标的主要任务是解决已经转移到城镇就业的农业转移人口落户问题，努力提高农民工融入城镇的素质和能力。要发展各具特色的城市产业体系，强化城市间专业化分工协作，增强中小城市产业承接能力。全面放开建制镇和小城市落户限制，有序放开中等城市落户限制，合理确定大城市落户条件，严格控制特大城市人口规模。推进农业转移人口市民化，要坚持自愿、分类、有序。

（一）加快户籍制度变革和解决转移人口落户问题

推动户籍制度改革，实行不同规模城市差别化落户政策。把有能力、有意愿并长期在城镇务工经商的农民工及其家属逐步转为城镇居民。对未落户的农业转移人口，建立居住证制度。使更多进城务工人员随迁子女纳入城镇教育、实现异地升学，实施农民工职业技能提升计划。稳步推进城镇基本公共服务常住人口全覆盖，使农业转移人口和城镇居民共建共享城市现代文明。

1. 我国户籍制度的演变历史。1958 年，新中国颁布了《中华人民共和国户口登记条例》，这一计划经济体制下建立起来的户籍制度具有"城乡二元分割"的明显特征，已不能适应当前我国新型城镇化发展的需要。对此，2009 年中央经济工作会议提出，要把解决符合条件的农业转移人口逐步在城镇就业和落户作为推进城镇化的重要任务，放宽中小城市和城镇户籍限制。2010 年 5 月 27 日，国务院批转国家发改委《关于 2010 年深化经济体制改革重点工作的意见》，提出"加快落实放宽中小城市、小城镇特别是县城和中心镇落户条件的政策。进一步完善暂住人口登记制度，逐步在全国范围内实行居住证制度"。

2010年6月6日,《国家中长期人才发展规划纲要（2010—2020年）》也提出"逐步建立城乡统一的户口登记制度"。2011年2月26日,《国务院办公厅关于积极稳妥推进户籍管理制度改革的通知》要求,"继续探索建立城乡统一的户口登记制度,逐步实行暂住人口居住证制度。" 2013年2月5日,国务院批转了发展改革委、财政部、人力资源和社会保障部制定的《关于深化收入分配制度改革的若干意见》,指出要建立"农业转移人口市民化机制"、实行"全国统一的居住证制度"。2013年6月26日,《国务院关于城镇化建设工作情况的报告》称,"全面放开小城镇和小城市落户限制,有序放开中等城市落户限制,逐步放宽大城市落户条件,合理设定特大城市落户条件,逐步把符合条件的农业转移人口转为城镇居民"。2013年12月17日,公安部会同国家发改委等部门初步形成了《关于加快推进户籍制度改革的意见》稿,提出"到2020年,基本形成以合法稳定住所和合法稳定职业为户口迁移基本条件、以经常居住地登记户口为基本形式,城乡统一、以人为本、科学高效、规范有序的新型户籍制度"。①

2013年12月召开的中央农村工作会议指出,要积极稳妥扎实推进城镇化,到2020年,要解决约1亿进城常住的农业转移人口落户城镇、约1亿人口的城镇棚户区和城中村改造、约1亿人口在中西部地区的城镇化,推动新型城镇化,要与农业现代化相辅相成,突出特色推进新农村建设,努力让广大农民群众过上更好的日子。我国现有的户籍制度保证了人口的流动比较有序,但负面效果就是公共服务不均等,如城乡二元结构里的不均等、城市里面的居民和农民工的不均等。目前,中国城镇化的比例为51%,但是按照城市户籍人口计算只有35%（远低于世界52%的平均水

---

① 沈雪潋、郭跃:《新型城镇化背景的"镇级市"政策创新》,《公共管理》2014年第1期。

平），进城务工人员有近2亿人不能平等享受城镇的公共服务。并且，双轨制下的城镇化，既抑制了消费，又影响未来发展的潜力，这是因为如果农民工子女不能享有好的教育资源，人力资本形成就会相对较少，就无法适应未来经济社会发展的需要。

2. 户籍改革需要配套改革措施。以城镇化来推动农村居民享受市民待遇；推进城镇化需要改革制约城乡发展一体化的户籍制度，消除农民和市民享受基本公共服务的差距。要把进入城市的农业转移人口应该市民化，就应该解决他们在城镇入学、就医、居住和社会保障等方面的问题。但仅仅解决这部分人口的市民化问题是不够的，还需逐步实现农民在城镇就能享受到城市居民的福利和保障。否则，农民只有进入城市才能享受同市民大体相当的福利和保障，这样发展下去，必然诱使大量农民涌入城市，导致城市不堪重负、各种福利水平严重下降，农业发展要素也会加快流失。这就需要将提供给市民的机会和设施安排到农村城镇去，把高质量的教育、文化医疗设施办到农村城镇，增加城镇的公共产品和公共设施供给，实现城镇基本公共服务常住人口全覆盖。

（二）推进基本公共服务城乡均等化

1. 我国城乡公共服务均等化发展简史。我们国家自从改革开放以来，一直在努力强化政府的公共服务能力，着力实现基本公共服务均等化。2004年9月，党的十六届四中全会提出，坚持以人为本、全面协调可持续发展的科学发展观，推动经济社会统筹发展；强调重视扩大就业再就业和健全社会保障体系；重视发展教育、科技、文化、卫生、体育等各项社会事业。2005年10月11日，中共十六届五中全会在通过的《中共中央关于制定国民经济和社会发展第十一个五年规划的建议》中，首次提出"按照公共服务均等化原则，加大对欠发达地区的支持力度，加快革命老区、民族地区、边疆地区和贫困地区经济社会发展"。

2006年10月，中共十六届六中全会审议通过了《中共中央关于构建社会主义和谐社会若干重大问题的决定》，确定了2020年构建和谐社会的目标和主要任务，其中包括"基本公共服务体系更加完备，政府管理和服务水平有较大提高"提出逐步形成惠及全民的基本公共服务体系，把"建设服务型政府"作为重要内容。党的十七大报告把"围绕推进基本公共服务均等化和主体功能区建设，完善公共财政体系"，确定为当前深化财政体制改革的一个基本方针。此外，党的十七大报告所提出的"重大项目布局要充分考虑支持中西部发展"，也是全面落实中国特色区域协调发展战略体系的重要政策保障措施。

2007年10月召开党的十七大，进一步把社会建设列为全面建设小康社会的重要目标和任务；并确立了社会建设中改善民生、加快公共服务体系建设的基本方针和中心内容；十七大报告中指出，"缩小区域发展差距，必须注重实现基本公共服务均等化，引导生产要素跨区域合理流动"；要"围绕推进基本公共服务均等化和主体功能区建设，完善公共财政体系"。2008年2月，胡锦涛同志在政治局第四次集体学习时的讲话，对基本公共服务体系的建设构想包含三个层次：第一，公共服务体系建设建立在经济发展的基础上，应依据经济发展程度和水平，逐步建设。公共服务体系建设的指导思想是惠及全民和公平公正，但建设步骤要把握水平适度、可持续发展的原则；第二，基本公共服务均等化，是公共服务体系建设的长远目标，也是服务型政府建设的重要价值追求，但也需要逐步实现。应围绕逐步实现基本公共服务均等化的目标，协调处理好公共服务的覆盖面、保障和供给水平、政府财政能力三者间关系；第三，公共服务体系建设的关键是创新公共服务体制，改进公共服务方式，形成公共服务供给的社会和市场参与机制。通过公共财政、社会组织、企业与家庭的合作，发挥和体现财政资金的公益性价值，提高公共服务质量和效益。2009年全国财政会议更加明确强调，加快以改善民生为重点的社会建设，重点加大教育、就业、住房、医疗卫生、社会保障等民生领域投入，并向中西部地区倾斜，以稳定和改善居民消费预期，拉动消费需求。

2. 推进公共服务均等化的主体是政府。主要涉及三大问题：第一，由于历史和经济的原因，优质的公共设施和公共服务资源特别是优质的教育和医疗资源基本上集中在城市，这就造成城乡享用优质公共服务资源的巨大差距。推进城镇化，应扩大基本公共产品在农村的覆盖面，同时逐步把优质的教育、医疗等基本公共服务资源安排到城镇，使农民在当地城镇就可以就近享受城镇化的成果。第二，基本公共服务能否实现均等化，实际上同地方政府的财政能力相关，说到底同现行的财政体制相关。目前，不同地区的公共产品供给能力取决于当地的经济发展水平，经济发展水平越高，地方财力越强，公共产品的供给能力就越强。显然，要实现基本公共服务城乡均等化，就要将之同各地经济发展水平脱钩。政府需要对基本公共服务供给进行城乡统筹协调。第三，高度重视和发挥政府调控引导作用，通过公共资源与服务合理配置，控制人口和资源向大城市的过度集中。我国城市发展要通过规划甚至行政手段，分流中心城区高度集中的优质教育、医疗等资源，公共资源供给加快向周边新城与农村以及城市群区域内其他城市倾斜，通过公共服务的均衡化布局，提高城乡一体化公共服务水平。①②

3. 农村土地经营权流转、集中、规模经营，要与城镇化进程和农村劳动力转移规模相适应。2013年12月召开的中央农村工作会议指出，坚持党的农村政策，首要的就是坚持农村基本经营制度。坚持农村土地农民集体所有，这是坚持农村基本经营制度的"魂"。坚持家庭经营基础性地位，农村集体土地应该由作为集体经济组织成员的农民家庭承包，其他任何主体都不能取代农民家庭的土地承包地位，不论承包经营权如何流转，集体土地承包权都属于农民家庭。

坚持稳定土地承包关系，依法保障农民对承包地占有、使用、收益、

---

① 洪银兴：《新阶段的城镇化需要政府积极引导》，《人民日报》，2013年7月17日。
② 杨长明：《论中国特色新型城镇化发展的体制机制》，《城市观察》2014年第1期。

流转及承包经营权抵押、担保权利。土地承包经营权主体同经营权主体发生分离,这是我国农业生产关系变化的新趋势,对完善农村基本经营制度提出了新的要求,要不断探索农村土地集体所有制的有效实现形式,落实集体所有权、稳定农户承包权、放活土地经营权,加快构建以农户家庭经营为基础、合作与联合为纽带、社会化服务为支撑的立体式复合型现代农业经营体系。土地经营权流转、集中、规模经营,要与城镇化进程和农村劳动力转移规模相适应,要与农业科技进步和生产手段改进程度相适应,要与农业社会化服务水平提高相适应。要加强土地经营权流转管理和服务,推动土地经营权等农村产权流转交易公开、公正、规范运行。

4. 提升人的素质、实现人的价值、促进人的全面发展。新型城镇化,应是人口城镇化和人素质提高相统一的过程,提高全民族的素质是进行新型城镇化建设的根本。这就要求在城镇承载更多人口的基础上,要同步实现人的身份的转变、更新人的思想观念和提升人的素质,从根本上促进人的全面发展,实现城镇化的不同群体的高度融合。

人的素质是在一定的社会历史条件下形成的相对稳定的人的内在品质和才干,包括身体、心理、科学文化、思想道德素质。身体素质是人基本活动和对环境适应能力的总和,是从事一切社会实践活动的基础。它直接关系到劳动效率和社会发展,提高人的身体素质不仅可以提高人的适应能力,还能增强人生产的积极性、主动性和创造性。人的心理素质是在身体素质的基础上,主体参加社会实践的文化积淀和心理积淀,受一定社会地理因素和社会基本经济制度发展变化的影响制约,增强人的心理素质能够为社会建设创造和谐的心理环境。人的科学文化素质是指科学文化知识的存储与结构水平以及物质文化的生活习惯方式。高水平的科学文化素质可以促进生产力的发展,提高人的社会化水平,创建高效率的社会环境。人的思想道德素质是指人的思想、道德观念情况,包括思想、政治和道德素质。加强人的思想道德教育,可以使人坚定新型城镇化建设的价值理念。人的素质是一个系统,不同素质相互联系形成一个有机整体,着力提高人的身体素质和思想素质，激发和引导人们努力学习和掌握现代科学技术，促进人的素质全面发展，有效促进新型城镇化的融合发展。突破城乡二元结构，促进新型城镇化建设不仅要发展经济，还要发展科教文卫等教育和公益文化事业，大力宣传主流文化，营造浓厚的文化氛围和良好的社会文化环境，促进人的身心、能力的协调发展。

人不仅是生存消费的参与者，更是社会发展的参与者。人的价值是人发展的一个重要问题，是对物的价值而言的。人的价值在于能否或在多大程度上满足他人、社会物质或精神的需要，能否促进主体人的生存发展和完善。人的价值高于物的价值，是一切价值的基础，物的价值是为人而存在并满足人的需要，人的价值的实现，是为促进人本质力量的增长和人的自由全面发展提供条件。人的价值是社会价值和个人价值的高度统一，个人价值的实现是为了更好地创造社会价值，人的价值的真正实现，就是人的生存得到保障、需要得到满足。这要求在新型城镇化建设过程中要转变过去忽视人的价值、压制人性的发展理念，关注人的价值，将满足人的需要与实现人的价值相结合，创造公平公正的社会环境，充分调动人生产发展的积极性、主动性和创造性，最终实现人的发展；改善人们的生产和居住环境，使所有人都能够安居乐业；要注重满足居民的多样化需求，构建人性化的城镇。

马克思主义中人的全面发展的概念，是指个人劳动能力（包括体力和智力）充分自由的发展、才能和品质多方面的发展、社会关系的丰富和发展。我国正处于以满足人对物质依赖性的物质需求为基点的经济社会发展阶段，只有以人的发展来推进新型城镇化建设，把握人发展的总体方向，确定现阶段人发展的内容，才能最终实现人与社会协调发展的具有人性的拥有永久活力的城镇化建设。具体而言是要做好以下几点：通过开展生产实践活动，培养和增强人的独立性、主体性，在新型城镇化过程中促进人的个性化发展；通过生产力的发展，合理安排时间和节约时间等来保障人休闲的时间，扩充人发展的时间；通过实践活动、学习教育和社会交往发展人的多种能力,丰富人的社会关系,提高人的智力与品质,促进人的自由全面发展。①

二、提高城镇建设用地利用效率

要按照严守底线、调整结构、深化改革的思路,严控增量,盘活存量,优化结构,提升效率,切实提高城镇建设用地集约化程度。耕地红线一定要守住,红线包括数量,也包括质量。按照促进生产空间集约高效、生活空间宜居适度、生态空间山清水秀的总体要求,形成生产、生活、生态空间的合理结构。减少工业用地,适当增加生活用地特别是居住用地,切实保护耕地、园地、菜地等农业空间,划定生态红线。按照守住底线、试点先行的原则稳步推进土地制度改革。

(一)提高土地利用效率。中国是一个土地资源非常短缺的国家,但是在城市化过程中土地的浪费是非常严重的。当前,"土地城市化的速度"大大地超过了"人口城市化的速度",我们当前经济增长方式存在重要缺陷,表现为依靠投资驱动,没有依赖效率提高驱动,这样粗放型的增长方式是不可持续的;城市建设"摊大饼"的现象严重,这使城市居民工作和生活半径被人为放大,产业的空间布局结构恶化,降低了城市的运营效率,使得城市经济活动的成本不断加大。当前推进新型城镇化,一定要避免以往在城市化建设过程中的上述种种弊端,提高土地的利用效率,优化城镇产业布局结构。新型城镇化,要更加重视"质量",对土地的集约利用水平提出更高要求,可以通过加强土地集约利用的制度建设,构建相应的责任和奖励机制,提高土地获取成本和土地出让金上缴标准,推进农村土地综合整治等途径,来提高土地利用效率。

(二)严守生态红线,实现生态环境永续发展。要按照促进生产空间

---

① 丘小维:《人本取向的中国新型城镇化建设研究》,《改革与战略》2014年第1期。

集约高效、生活空间宜居适度、生态空间山清水秀的总体要求，形成生产、生活、生态空间的合理结构。要坚持生态文明，着力推进绿色发展、循环发展、低碳发展，尽可能减少对自然的干扰和损害，节约集约利用土地、水、能源等资源。要减少工业用地，适当增加生活用地特别是居住用地，切实保护耕地、园地、菜地等农业空间，划定生态红线。要切实提高能源利用效率，降低能源消耗和二氧化碳排放强度；高度重视生态安全，扩大森林、湖泊、湿地等绿色生态空间比重，增强水源涵养能力和环境容量；不断改善环境质量，减少主要污染物排放总量，控制开发强度，增强抵御和减缓自然灾害能力，提高历史文物保护水平。要根据区域自然条件，科学设置开发强度，尽快把每个城市特别是特大城市开发边界划定，把城市放在大自然中，把绿水青山保留给城市、城镇居民。

生态文明，是指人类在经济社会活动中遵循客观规律，为保护和建设美好生态环境而取得的物质成果、精神成果和制度成果的总和。在马克思看来，人本身是自然界的产物，是在他们的环境中并且和这个环境一起发展起来的；人与自然相互联系、相互依赖的，同时，人对自然的依赖是永恒的、全面的；人类要在尊重客观规律的基础上发挥主观能动性，善待自然，保护自然环境。马克思主义生态观，强调自然是人类生存发展的资源，主要体现在人与自然的和谐与人与人的和谐的内在统一思想。马克思主义生态观不仅强调自然的优先地位，而且更强调人类社会与自然界的辩证关系。马克思主义生态观，对于破解我国城镇化过程中的生态文明具有重要的指导意义，新型城镇化建设应该将生态文明作为题中应有之义，展现新的科学内涵，即：以人为本、集约高效、生态文明、和谐发展的理念。具体来讲，就是应该着力做好"适度均衡"。

要实现经济发展规模和承担资源环境义务的适度均衡。产业升级后，城市生产力水平与农村生产力水平的差距进一步拉大。产业工人外流量增加，就业的技术门槛进一步提高，这些新动向虽然对本地资源环境的保护有利，但对本地农民转化为新的产业工人不利，对缩小城乡收入差距不利,对其他地区的资源环境保护工作不利,因此在制定新城镇的发展规划时,不能以经济效率作为唯一的评判标准。而要以城乡一体的整体效益最大化为追求目标。对那些环境友好型、资源节约型的产业,即便其经济效益不高,也应该进行选择性的保留。对那些适合在农村开展的,对资源环境无害的产业,即便规模很小,也要给予鼓励和扶持,不能一律要求迁入开发区和工业园区。这样才会给农民创造出既能安居、又能乐业的生存环境。对那些虽然对本地资源环境没有影响,但在上游会产生资源环境破坏的产业,不管其经济效益多好,也应该放弃。①

(三)近年来土地制度的演变过程。2008年10月召开的十七届三中全会确立了建立城乡统一的建设用地市场、实行集体和国有土地"同地、同价、同权"的改革方针,同时强调要逐步缩小政府对于农用地行政征地的范围。2013年11月12日,党的十八届三中全会再次明确提出"建立城乡统一的建设用地市场",同时提出"要赋予农民对承包地占有、使用、收益、流转及承包经营权抵押、担保权能;建立农村产权流转交易市场;赋予农民更多财产权利"。在这一改革目标下,"农地入市"普遍被认为是新"土改"的突破口。2012年3月21日,国土资源部初步完成《农村集体土地征收补偿条例》的起草工作,提出补偿与安置分离,其中集体土地征收的补偿要对包括耕地上的青苗附着物以及宅基地上的房屋等分别给予补偿。2012年3月22日,国务院批转了国家发展和改革委员会《关于2012年深化经济体制改革重点工作的意见》,指出要推进征地制度改革,制定出台农村集体土地征收补偿条例。2012年8月6日,国家发展和改革委员会印发《全国农村经济发展十二五规划》,要求逐步加快建立起城乡统一的建设用地市场。随后,国土资源部开始起草有关农村集体建设用地管理条例,并借助"省部合作"架构指导地方开展集体土地流转试点。

---

① 高岳峰:《生态文明是新型城镇化建设的主要素》,《学校党建与思想教育》2014年第2期。

2012年11月28日,国务院常务会议讨论通过了《中华人民共和国土地管理法修正案(草案)》,对农民集体所有土地征收补偿制度作了修改。2012年12月24日,国务院提请十一届全国人大常委会第三十次会议初次审议的《中华人民共和国土地管理法修正案(草案)》对"土地补偿"作了重大修改,删除了现行法第47条中按土地原有用途补偿和30倍补偿上限的规定。2013年1月12日,全国国土资源工作会议在京闭幕。会议上国土资源部部署开展"集体经营性建设用地流转指导意见"的研究工作,有望就土地利用规划城镇建设用地范围以外的经营性集体建设用地的有偿出让、交易方式、收益分配方式等方面做出具体规定。2013年12月12日,中央城镇化工作会议召开,要求"按照守住底线、试点先行的原则稳步推进土地制度改革"。①

(四)有序推动农村土地产权制度改革。我国《宪法》规定,农村土地属于集体所有。有的学者认为,从产权角度来看,"集体所有"尚不明确,"集体所有"落实到哪一个层级的集体不清楚,"集体所有"由谁来代表集体行使所有权的各项权能不清楚,法律赋予农村集体成员所享有的"成员权"与"用益物权"之间存在矛盾,这就使农村土地资源所有者不能成为土地制度变革的主体和主导力量,从而也就影响了他们合法合理地分享土地增值收益。通过土地确权、明晰集体的层级、集体成员资格的界定等全方位的产权制度改革,使集体经济组织成员能摸清和掌握自己所在集体的全部家底并将自己对土地承包经营权、宅基地的用益物权以及集体资产的收益权坐实,在一定程度上可避免有的地区出现的村干部背着群众把地卖了,从而为农民合法行使权利、稳定农村经济关系和政治关系创造条件,并为创新农业基本经营体制奠定坚实的产权基础。

确权颁证以及相应的制度安排,奠定了农村集体农用地、林地与集体

---

① 沈雪潋、郭跃:《新型城镇化背景的"镇级市"政策创新》,《公共管理》2014年第1期。

经营性建设用地使用权流转的产权制度基础,为真正稳定农村经济关系和完善经营制度创造了条件。但是,明晰产权不是万能药方,农民的物质利益要靠民主权利来保障。因此在明确土地产权的同时,要深化乡村治理结构的改革,改善农村社会管理,进一步发育农村基层民主,使农村土地的产权主体也能真正享有对农村社会经济事务的知情权、参与权和监督权。在产权改革的同时,为使农民真正成为集体资产的主人,应改革和完善乡村治理结构,以村民小组为基础,在农村探索建立一种有效的民主制衡机制,赋权给广大农民群众,解决所有者缺失的问题。改革乡村治理机制,不仅要设计和制定新的制度安排,而且要切实执行制度,制度的执行与否以及执行的效果要受到制衡机构的监督。①

三、建立多元可持续的资金保障机制

要完善地方税体系,逐步建立地方主体税种,建立财政转移支付同农业转移人口市民化挂钩机制。建立健全地方债券发行管理制度。推进政策性金融机构改革。鼓励社会资本参与城市公用设施投资运营。公共资源和公共权力不能过度支持大城市,国家和省级在资金配置、财税政策、金融信贷、基础设施建设等方面向中小城市、城镇倾斜,提高就业能力和人口聚集力。显然,农民"市民化"的费用负担,地方政府积极性不高,应该探讨一个中央、省、市之间共同承担"市民化"成本的合理机制。开辟资金来源,也可以通过发行市政公债解决市政投资问题。

(一)深化财税体制改革,协调中央政府与地方政府之间的利益关系,调整国民收入分配格局。必须把深化农村改革和深化宏观经济体制改革相结合,尤其是着力于中央和省一级的行政管理机构的改革和县级综合配套

---

① 张晓山:《全面深化改革,构建新型城乡关系——从社会主义新农村建设到新型城镇化》,《学习与探索》2014年第1期。

改革，更自觉地调整国民收入分配结构，协调"条条"与"块块"的关系，中央与地方以及地方的上级层次与基层之间的利益关系，同时使政府资金的投放更为制度化、规范化和透明，建立一个更为公平的国民收入再分配体系。要调整既得利益格局，建立规范的横向和纵向财政转移支付体系，财政的"重心"要适当下移，要显著增强地方政府特别是基层政府的财政能力。大幅度地减少专项资金，从源头上削减中央各部门配置资源的权力，增大体制性、制度性的转移支付，将事权与财权一起下放，使转移支付做到制度化、规范化、法制化。使地方政府真正拥有为本地区提供公共服务和公共产品的经济能力，这样地方政府才转为服务型政府，新型城镇化才有健康完整的制度框架。①

  建立城乡统一的建设用地市场，落实农村集体经营性建设用地的各项权利，需要进一步协调中央政府与地方政府之间的利益关系，解决深层次的矛盾和问题，并需要修订相应的法律法规和出台相关的政策措施。十七届三中全会《决定》提出："在土地利用规划确定的城镇建设用地范围外，经批准占用农村集体土地建设非公益性项目，允许农民依法通过多种方式参与开发经营并保障农民合法权益。逐步建立城乡统一的建设用地市场，对依法取得的农村集体经营性建设用地，必须通过统一有形的土地市场、以公开规范的方式转让土地使用权，在符合规划的前提下与国有土地享有平等权益。"此后，中央领导同志在讲话中也强调，我们不能再靠牺牲农民土地财产权利降低工业化城镇化成本，有必要、也有条件大幅度提高农民在土地增值收益中的分配比例。但是，这方面的政策措施并没有进展，可能这个问题涉及全局性、深层次的矛盾和问题，所以只有全面深化改革，才有可能推进。大幅度提高农民在土地增值收益中的分配比例，也就意味着大幅度减少地方政府在土地增值收益中的份额。但近些年来，征收农民土地形成的国有土地使用权出让金收入成为地方政府重要的财源。减

---

① 杨长明：《论中国特色新型城镇化发展的体制机制》，《城市观察》2014年第1期。

少地方政府来自土地的收益，就要调整中央与地方政府之间的利益关系，真正落实十八届三中全会《决定》关于深化财税体制改革的各项政策举措，建立现代财政制度，建立事权和支出责任相适应的制度，发挥中央和地方的两个积极性。①

（二）创新城镇化建设融资模式。从可持续发展的角度看，推进新型城镇化进程中的基础设施建设需要改变过于依赖银行贷款的局面，创新融资渠道。为了有效缓解银行信贷投放压力，避免出现地方债务风险难以控制的局面，应尽快启动地方政府债券的发行并推行资产证券化，同时借鉴国内外基础设施建设的经验，如 BOT、TOT、PPP、PFI、ABS 模式，从多种渠道筹措基础设施建设资金。创新融资渠道与模式，减轻地方政府的财政压力，改变地方政府卖地生财的局面，不仅有利于降低农村人口进城买房的压力，也有利于人口的城镇化，有利于新型城镇化进程的推进。此外，引导民间资本进入政府投资领域，打破基础设施领域的行政垄断，建立政府投资退出机制。

要大力发展各种类型的金融机构，为农村城镇化融资打下良好的基础。信用社作为我国目前农村金融服务的主体，其发展的过程中弊端丛生，与真正的合作金融相距甚远。因此，应深化农村信用社改革，使其深耕农村，服务农村经济的发展。更为重要的是，大力发展农村保险业，尤其是政策性保险机构；大力发展农村期货市场，稳定农产品价格；大力发展农村信用担保公司，解决农民贷款难问题。此外，要强化政策性金融的作用。探索农业发展银行如何发挥国家干预和调节农村经济的重要作用，弥补市场机制的不足，引导社会资金的投向，带动商业性金融更好地满足农村经济发展所需要的基础设施建设、农业综合开发等对资金的需求。此外，中央银行应加快社会征信制度建设，将农村信用建设纳入信用系统中，不仅有利于信息资源的共享，有利于农村金融机构放贷风险的降低，

---

① 杨长明：《论中国特色新型城镇化发展的体制机制》，《城市观察》2014 年第 1 期。

更有利于改善农村信用环境,促进融资良性循环。①

一直以来城镇基础设施建设的主要资金来源就是基层政府本已十分有限的财政资金,各地地方财政收入扣除教育、医疗、卫生等民生事业支出后,可直接用于城镇化建设的资金非常有限。近些年,许多省市为了带动城镇化的发展,都在大力开展试点中心镇建设。但很多中心镇原有基础设施落后,要建设就需要投入大量的资金。目前采取的基本上是"以奖代补"的形式,中心镇只有上马建设项目才会得到中央以及省市财政的一定资金支持,但如果城镇自己不配套资金就拿不到相应的补助资金。每个上马的项目都要投入配套资金,本就困难的基层财政更加捉襟见肘,使得一些急需建设的基础设施资金难以落实,制约了城镇化的建设。旧型城市化道路走的是以土地融资、土地财政、土地扩张为核心的发展模式。这种旧模式以土地财政和土地金融为主导的投融资模式存在很大的弊端,主要是地方政府、开发商以及少部分近郊农民从中获利,中国旧型城镇化是由赚取土地差价推动的。地方政府一方面低价出让工业用地,另一方面高价出让商住用地。土地成为很多地方政府向融资平台注入的主要资产,地方政府对融资平台债务的担保或抵押,也依赖土地这种优质抵押品的升值所带来的土地出让收入。这种投融资模式过度依赖房地产市场,城镇化基础建设投资资金主要依靠以土地财政为基础的预算外资金支撑,风险会随着时间积聚,一旦房地产出现泡沫,地方债务问题将非常突出。②

促进城镇化建设投融资主体多元化。创新有利于新型城镇化建设投融资的财税政策、金融政策与产业政策,通过政策导向,引导全社会的资金向城镇化建设倾斜。在城镇化建设中,让公益性项目能容易获得政府信用担保支持,准经营性项目在资本市场得到投资,经营性项目能获取各类产业基金、民间资本的青睐。政策创新就要充分考虑城乡之间的要求,在公

---

① 李秀萍:《推进新型城镇化进程中的金融支持研究》,《金融视线》2014年第1期。
② 王红珠:《新型城镇化建设投融资问题与创新》,《经济研究导刊》2014年第1期。

共服务供给和收支上进行灵活安排。要尽量引导城镇化投资主体多元化、城镇化融资方式多样化，适当加大地方政府债券发行规模，探索基础设施建设与具有收益的项目周边物业开发特许经营挂钩的投资建设和运营模式，组建重点功能区和重大项目封闭运作的项目公司。有效防范地方政府债务风险，关键在于控制高速增长的债务总量，在微观层面上加速现金流动，确保偿还债务的资金来源，形成地方经济增长与债务的良性循环。为了解决城镇化建设内涵多样、规模巨大的投资需求，政府财政在融资过程中应强调引导和杠杆作用，引导民营资本和外资共同参与城镇化建设，充分发挥民营资本和外资在基础设施建设中发挥积极作用。①

拓宽城镇化建设融资渠道。传统的地方平台主导、依托政府信用和债务增长的融资模式，有一个最突出的弊端，就是容易导致地方政府债台高筑。这种政府主导的投融资模式往往就把项目和资金分割执行，比如说水利项目、垃圾处理项目、公路项目等都是彼此割裂的，不符合现在新型城镇化需要的集聚效应，易失去集聚优势。应充分发挥政府对规划资源和土地一级市场资源调控的职能，创新融资方式，拓宽融资渠道，大幅提升政府性资源的开发效率。②

建立地方财力稳定增长机制。地方政府应积极争取国家给予大力支持，主要是强化地方的主体税种，增强地方政府财政保障能力。各地政府应合理确定县、镇之间的税收分配比例，理顺财税关系，改革财务预算、决算制度，使小城镇财政独立，有自己的预算权。国家要在加大中央财政转移支付力度的同时，筹建城镇一级国库，要求小城镇基于本地建设特色安排财政支出，要建立和完善小城镇之间的转移支付制度，在财政级次"扁平化"的过程中，进一步理顺政府间财政分配关系，从而保证城镇基础设施建设和新型城镇化的长远发展。③

---

① 王红珠：《新型城镇化建设投融资问题与创新》，《经济研究导刊》2014年第1期。
② 王红珠：《新型城镇化建设投融资问题与创新》，《经济研究导刊》2014年第1期。
③ 王红珠：《新型城镇化建设投融资问题与创新》，《经济研究导刊》2014年第1期。

构建多层次金融体系、多渠道满足城镇化融资需求。一要创新信贷管理制度，扩大对城镇化的信贷供给。受益于城镇化的加速推进，商业银行信贷投放的重点转向城镇产业基础的壮大、基础设施建设不断完善以及进城人口的消费需求将成为可能。商业银行要努力配合各级政府做好资金筹措计划，通过时间和期限的合理安排，创新并不断丰富融资工具，积极支持符合各地城镇资源禀赋、具有发展前景的优势行业和企业。二要发展农地金融，让农地流转收益成为农民工创业置业的资本，解决农民工草根创业的融资需求。土地一方面有生存保障的功能，另一方面有致富资本的功能。农地金融是城乡一体化过程中一项非常重要的金融创新。如今大量的农民工返乡创业需要资金支持。广泛开展农地金融，把农村土地使用权作为抵押贷款融资，可以解决农民工创业的资金需求。中国农地质押贷款发展比较缓慢，要探索土地流转收益和土地承包经营权抵押的方式，把土地的级差收入和长期增值收入真正归还给农民。三要发展民营银行和其他民营金融机构，用草根金融来支持草根经济和草根创业。城乡一体化需要草根金融，草根金融是基层的微型金融机构，适应草根经济的小、散、弱、多，缺少抵质押物，几乎没有正规财务报表等特点，拥有专业的队伍、独特的流程和考核激励机制，深植基层，服务于草根经济。当前要放松对各类金融机构的市场准入限制，促进城市社区中小银行等民营金融机构的建立，形成多元适度竞争的草根金融体系。①

四、优化城镇化布局和形态

全国主体功能区规划，对城镇化的总体布局做了安排，提出了"两横三纵"的城市化战略格局，要一张蓝图干到底。要在中西部和东北有条件的地区，依靠市场力量和国家规划引导，逐步发展形成若干城市群，成为

---

① 王红珠：《新型城镇化建设投融资问题与创新》，《经济研究导刊》2014年第1期。

带动中西部和东北地区发展的重要增长极。科学设置开发强度，尽快把每个城市特别是特大城市开发边界划定，把城市放在大自然中，把绿水青山保留给城市居民。

所谓"两横三纵"，即以欧亚陆桥通道、沿长江通道为两条横轴，以沿海、京哈京广、包昆通道为三条纵轴，以主要的城市群地区为支撑，以轴线上其他城市化地区和城市为重要组成的城市化战略格局。"两横三纵"的城市格局建设完成后，我国将形成完善的城市网络群。设置"两横三纵"的发展格局，主要考虑在发展东部沿海地区的基础上，提升中西部地区的部分城市群，以让整个国家的发展建设更加协调。

重视城市群发展，大中小城市合理布局，提高城镇化质量。大城市在过度集中以后，也会出现边际报酬递减的问题，比较好的方式是"中心城市"加"城市群"。因此，应编制我国主要城市群发展大纲，统筹规划各个大城市及其辐射的中小城市（镇）的环境负载力、人口承载力、产业布局。以城市群为推进城镇化的主体形态，形成合理的城镇规模等级体系。新型城镇化建设应选择集中型与分散型相结合、据点式与网络式相结合的方式，建立高效率的城镇网络，构建一批各具特色的城市群，以中心城市为核心向周围辐射，形成合理的城镇体系。

中国特色新型城镇化，要坚持因地制宜，探索各具特色的城镇化发展。从全国东、中、西部来讲：东部地区，地理条件优越，经济比较发达，城市化水平也较高。东部地区城市要优先推进城乡一体发展规划，统筹大中小城市配套建设和管理，提高城市发展的现代化水平，实现城乡一体化发展。中部地区无论是地理条件还是经济状况以及城市化水平，都介于东西部之间。中部地区城市的发展要采取以数量扩张和质量并进的大中小城市协调发展的方针，要实现城市的现代化和国际化。西部地区自然条件差，交通和经济很不发达，城市分布较为稀疏，城市化水平低，西部地区城市的发展，即要加强中西部地区重大基础设施建设和引导产业转移，促进大中小城镇协调发展。要着力推进区域城市协调发展，在已经形成京津冀、长三角、珠三角三大城市群的基础上，在中西部和东北有条件的地区，依靠市场力量和国家规划引导，逐步发展形成若干城市群，成为带动中西部和东北地区发展的重要增长极，推动国土空间均衡开发，提升区域城镇化和现代化，全面建成小康社会。①

从我国未来城镇化进程和产业结构升级的趋势看，中心城市应重点发展现代服务业和高新技术产业，适时向外转移扩散传统制造业，实现城市产业结构的高级化和轻型化，对中小城市（镇）的辐射带动能力；中小城市应突出产业的特色化和专业化，大力发展与中心城市关联的制造业和相应的服务业，通过城市之间的功能分工结构，更好地发挥城市群整体的集聚扩散和辐射带动作用，促进大中小城市和小城镇协调发展，城镇等级规模结构合理化，形成城镇功能互补、发展相互促进的格局。

新型城镇化，要提升大城市、中心城市的发展质量。大城市在经济、政治、文化、社会等领域具有重要影响，在国家经济结构和战略布局中具有重要作用。要提升大城市综合功能，按照国际大都市标准规划、建设、管理和运营城市，不断提高大城市的科技创新能力、国际竞争能力、辐射带动能力、交通通达能力、信息交流能力、可持续发展能力。要推进区域产业城镇集群发展，发挥大城市的辐射带动功能，以产业技术链和物流链为纽带，合理布局区域产业基地，整体提升区域发展水平。大城市要防止片面追求发展成为政治中心、经济中心、文化中心等，科学合理调控大城市规模，使之成为适宜创业发展和居住生活的典范。新型城镇化，要积极发展中小城市和小城镇。中小城市在中国的城镇体系中处于中间环节，起到了联系大城市和小城镇的作用。中小城市点多面广，规模适中。合理发展中小城市对促进就业、缓解大城市人口和承载力压力，以及促进小城镇发展都具有十分重要的作用。新型城镇化要把加强中小城市和小城镇建设作为重点，使各种资源向中小城市倾斜，适当增加中小城市数量。中小城

---

① 杨长明：《论中国特色新型城镇化发展的体制机制》，《城市观察》2014 年第 1 期。

市和小城镇更要提升发展质量,要把城镇建设成为宜业宜居的美丽家园。适时适度推进有条件的小城镇要向中小城市发展,有条件的中小城市要向大城市发展。

五、提高城镇建设水平

城市建设水平是城市生命力所在。城镇建设,要实事求是确定城市定位,科学规划和务实行动,避免走弯路;要依托现有山水脉络等独特风光,让城市融入大自然,让居民望得见山、看得见水、记得住乡愁;要融入现代元素,更要保护和弘扬传统优秀文化,延续城市历史文脉;要融入让群众生活更舒适的理念,将这个理念体现在每一个细节中。要加强建筑质量管理制度建设。在促进城乡一体化发展中,要注意保留村庄原始风貌,慎砍树、不填湖、少拆房,尽可能在原有村庄形态上改善居民生活条件。

(一)实现农村城市化和城市农村化的适度均衡。由于二元结构的长期分隔,农村和城市居民普遍存在围城效应,农村人向往城市现代生活,城市人希望享受农村的闲适和清新的空气。新型城镇化建设不仅仅是让农民集体搬家上楼,也不仅仅是把建设用地整理出来,开发后卖给城里人,而是一项综合性工作。所以,我们在城镇化的设计上就应该有高度,有的地方的城镇化建设就是重新规划建设农民别墅区,好看但不利于土地资源的节约、利用,老的宅基地复垦需要过程,新的宅基地又占用了很多土地资源,这与城镇化建设的宗旨不相符合。所以,城镇化建设要在改进农民安置房的设计理念上下功夫,使其符合农村生活、生产的需要;要在加强新农村住宅小区的规划建设和管理上下功夫,使得农村具备城市化的"形",但又保留农村的"质";要在节约土地资源、打造优美环境上下功

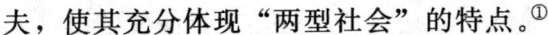

夫，使其充分体现"两型社会"的特点。①

（二）发展生态建筑，加强建筑质量管理制度建设。建筑物可充分利用阳光，开发密封性能好的材料，使用节能电器等；开发各种节水、节能生态建筑技术，建筑设计中开发利用太阳能，采用自然通风，使用无污染材料，增加居住环境的健康性和舒适性；减少建筑对自然环境的不利影响，广泛利用屋顶、墙面、广场等立体植被，增加城市氧气产生量；区内广场、道路采用生态化的"绿色道路"，如用带孔隙的地砖铺地，孔隙内种植绿草，增加地面透水性，降低地表径流。建筑业要推广绿色建筑、绿色施工，用先进建造、材料、信息技术优化结构和服务模式。②

随着城镇化水平的提高，城镇的居住功能越来越重要，人们对良好人居环境的追求更加迫切。部分大城市的发展已经超越了区域资源和环境的承载能力。受其影响，城市及其所在区域出现了极端天气增加、空气质量下降，水资源污染和短缺等问题，严重威胁居民的生产和生活。虽然一些城市通过跨地区调动资源和向外转移"三高"工业试图改善本地区生态环境，但在大规模城镇建设背景下，城镇消耗资源和排放污染物的总量足以影响更大范围的生态系统，很难有城镇能够"独善其身"。建设生态宜居城镇要求从根本上改变城市发展模式，走绿色、低碳的发展道路。加快能源价格市场化改革，通过市场机制引导企业形成节约资源，提高资源利用效率的内在动力。推广绿色低碳建筑，严格控制新建建筑的能耗水平，对已有建筑进行节能改造。倡导绿色出行的交通方式，强化公交优先的地位，调整城市出行结构。优化能源利用结构，提高清洁能源的使用比例，发展低碳能源。除此之外，建设宜居城镇还需要提高城镇建设和管理水平。城市规划与建设要制定科学和有约束力的规划。科学设置开发强度，尽快把每个城市特别是特大城市开发边界划定，把城市放在大自然中，把

---

① 高岳峰：《生态文明是新型城镇化建设的主要素》，《学校党建与思想教育》2014年第2期。

② 莫神星：《新型城镇化理念下生态城镇建设》，《中州学刊》2014年第2期。

绿水青山保留给城市居民。城市建设应依托自然风貌，尽可能使城市融入自然，还要强化对历史和文化的传承，并注重舒适群众生活的细节设计。①

（三）实现城镇化建设和资源环境配置的适度均衡。城镇化建设当中的经济行为一旦失去控制，很容易走向过度，走向反面。例如，"乡村游""农家乐"等对于培植农村新的经济增长点、增加农民收入和促进城乡交流，能够起到积极作用。但这些项目如果实施不好，造成人员的大量涌入、服务设施的不同步跟进，结果就会以牺牲生态环境为代价。在城镇化建设中，保护生态环境应该成为发展和繁荣的主干，不能单纯地为旅游而一哄而上地发展"乡村游""农家乐"。否则，极容易使传统村落中的固有风貌遭受破坏。因此，城镇化发展要走高附加值、低成本的路子。②

（四）开发保护城镇文化底蕴。城市发展要有自己的文脉，保住了这个文脉，就保住了城市的"根"，就能增加城市的厚重感，就能重塑城市精神。例如，苏州的周庄、山西的平遥等，都是很典型的事例。周庄历经900多年岁月沧桑而完整地保留了江南水乡集镇的建筑格局，经著名画家陈逸飞的油画再现而名扬海内外，被誉为江南水乡古镇的典范遗存，成为闻名遐迩的旅游之乡。遗憾的是，我们许多城市在这方面做得还很不够，经常用一些与城市历史毫无联系的手法搞建设，割断了城市文脉，自毁了宝贵财富。因此，在新型城镇化建设中，必须突出各自特色，发挥文化优势，把文化元素更多地融入进去，同时积极吸收外来优秀文化，以求不断提升城市品位和魅力。③

---

① 肖金成、蔡翼飞：《以人为核心的新型城镇化》，《中国金融》2014年第1期。
② 高岳峰：《生态文明是新型城镇化建设的主要素》，《学校党建与思想教育》2014年第2期。
③ 胡江萍：《推进新型城镇化建设》，《党政论坛》2014年第2期。

六、加强对城镇化的管理

要制定实施好国家新型城镇化规划,加强重大政策统筹协调,各地区要研究提出符合实际的推进城镇化发展意见。培养一批专家型的城市管理干部,用科学态度、先进理念、专业知识建设和管理城市。建立空间规划体系,推进规划体制改革,加快规划立法工作。城市规划要由扩张性规划逐步转向限定城市边界、优化空间结构的规划。城市规划要保持连续性。

(一)推进城镇化规划制度建设。在城镇规划中要建立健全城镇化规划制度,广泛应用生态学原理规划建设城市,使城市建设结构合理、功能协调。要坚持以人为本、节地节能、生态环保、安全实用、突出特色、保护文化和自然遗产的原则,健全城镇建设标准,强化规划约束力。要优化城镇功能和布局规划,科学制定并严格实施城市规划,强化城市空间管制要求和绿地控制要求,规范各类产业园区和城市新城、新区设立和布局,禁止随意调整和修改城市规划,形成有利于大气污染物扩散的城市和区域空间格局。研究开展城市环境总体规划试点工作,优化城镇产业布局。按照区域主体功能定位,综合考虑能源资源、环境容量、市场空间等因素,优化重点产业生产力布局。优化城镇生态产业规划,通过生态产业将区域国土规划、城乡建设规划、生态环境规划和社会经济规划融为一体,促进城乡结合、工农结合、环境保护和经济建设结合;为企业提供具体产品和工艺的生态评价、生态设计、生态工程与生态管理的方法。[1]

(二)城乡规划发展趋势。第一,城乡规划的编制、审批和调整应从行政手段为主转型为依法规划、社会监督、全民参与。应通过法定程序来减少规划审批、调整的随意性,减少政府干预,防止利益集团对群众的长远利益、根本利益的侵害。第二,城乡规划编制和实施的重点应从确定开

---

[1] 莫神星:《新型城镇化理念下生态城镇建设》,《中州学刊》2014年第2期。

发建设项目,转型为空间合理布局和资源保护利用。合理布局的城市空间是城市各类资源的载体,将显著提升城市可持续发展能力和城市竞争能力。在劳动力快速流动、区域经济不均衡发展、区域经济转向全球经济、政府自主权日益扩大的背景下,城市的性质、规模和功能定位会随之变化,应将规划重点集中于确定合理容量和科学建设指标,以增强城市的竞争力。第三,城乡规划的实施机制应从以政府为主导转型为依托市场机制,各类经济主体共同建设、管理推进城市发展。规划要兼顾各方,尤其是弱势一方的利益,实现社会公平、长远发展的目标。城乡规划应为城市的可持续发展提供轨道和手段,既要有法律的刚性,又要适应市场的应变性、灵活性和包容性,确保在不可再生资源保护方面发挥更大作用。第四,规划调控和管理的范围要从局限于城市规划区之内甚至是建成区范围转向城乡一体化协调发展。过去把规划调控范围限制在规划区,甚至局限在城市建成区边缘以内,而对规划区之外快速发展的郊区关注很少,致使城乡结合部环境日益恶化。但随着城市扩张速度加快,城市边缘呈现动态变化。如不能对这些边缘地区实施有效监管,将会造成新的城中村。同时,针对规划区范围之外的圈地运动、乡镇政府寅吃卯粮等问题也应逐步纳入城乡规划管理范畴之内。①

(三)推动非政府组织参与城镇化管理。城镇化管理的加强,不仅需要政府主导,更要非政府组织的参与。发达资本主义国家的纽约、伦敦、巴黎、东京、新加坡等城市政府,将城市管理视为利益相关者的共同事务,通过多种途径引导城市利益相关者、广大市民积极参与城市建设管理。城市居民介入城市管理程度较深,参与渠道畅通,政府的城市管理事务也很透明,从法律、制度、程序上确定公众参与城市管理的合法性,保障公众参与城市管理权利的实现。不仅如此,这些城市还建有区域的协调

---

① 武晓艺:《依法科学规划 推进新型城镇化发展》,《城市发展研究》2014 年第 1 期。

机制，以解决各城市之间的基础设施、供水、教育、治安等公共事务，解决区域性冲突和矛盾。我国城市在旅游一体化、通信同城、金融同城和港口合作等方面迈出了一定的步伐，但距离形成城际间相互开放、分工协作、功能互补、各具特色的一体化区域还有很长的路要走，发达国家大都市区的区域治理经验对我们推进新型城镇化具有一定的借鉴意义。①

(张开：中共中央党校经济学部讲师)

---

① 杨长明：《论中国特色新型城镇化发展的体制机制》，《城市观察》2014 年第 1 期。

8 城镇布局与城市群发展

2013年11月召开的十八届三中全会明确指出,要坚持走中国特色新型城镇化道路,推进以人为核心的城镇化,推动大中小城市的和小城镇协调发展,优化城市空间结构和管理格局,增强城市综合承载能力。为了贯彻落实十八届三中全会精神,同年12月召开的中央城镇化工作会议进一步提出,根据资源环境承载能力构建科学合理的城镇化宏观布局,把城市群作为主体形态,促进大中小城市和小城镇合理分工、功能互补、协同发展。由此可见,城镇化建设过程中必然要大力发展城市群,城镇布局的统筹规划实际就是要培育推动城市群的发展。如今,城市群已经成为越来越重要的国际竞争单元,培育强大的城市群将成为经济全球化背景下增强我国竞争力的关键。

一、城镇布局下城市群的形成

(一)城市群的定义与内涵

1. 城市群的定义

对于城市群,学者从不同角度给出定义,至今还没有统一的界定。18世纪末,英国城市学家埃比尼泽·霍华德给出了城市联合体的概念,提出了构建新型城市体系的设想,构建一类兼具城市生活便利性和农村生活环境美好优点的田园城市。当城市人口达到一定规模,城市便利性和舒适性不再明显时,就需要再建设一个田园城市。布局上,若干个田园城市围绕一个中心城市发展,形成城市组群——社会城市,无数个城市组群遍布全国,形成城市组群之间合作竞争发展的格局。城市组群中的各城镇有独立的行政管理权,各个城镇类似于城市组群中的一个社区。20世纪50年代,法国地理学家戈特曼给出了现代意义上的城市群概念,认为城市群是一连串的城市区域通过集聚作用结合在一起,其中每一个城市集聚区又会围绕一个核心城市发展的区域经济体系,并预言城市群是城市发展的高级阶段,也是城市经济发展的必然趋势。

随着城市群在我国经济发展中的作用日益凸显,我国学者对城市群的研究逐渐增多。国内最早提出城市群概念的是姚士谋(2001),他将在特定的地域范围内具有相当数量的不同性质、类型和等级规模的城市,依托优越的自然环境条件,借助现代化的交通运输工具、立体式的交通运输网络和发达的信息网络,拥有一个或两个超大或者特大城市作为地区经济核心,城市之间内在联系不断加强,共同构成一个相对完整的城市综合体定义为城市群。除此之外,徐清梅等(2002)认为城市群是在具有发达的交通条件的特定区域内,由一个或几个大型或特大型中心城市率领的若干个不同等级、规模的城市构成的城市群体,其中中心城市对群体内其他城市有较强的经济、文化辐射作用。崔大树(2003)将城市群定义为以发展水平最高的特大和大城市为核心,二级城市为次中心,凭借发达的交通网络、信息网络、商品网络、人才与技术网络为纽带,将不同结构、规模和发展程度的大中小城市有机联系在一起的城市集聚发展形式。叶飞文(2010)将城市群定义为以一个或几个发展程度较高、整体实力较强的城市为核心,周边城市按照一定的梯次和等级配置,依托区域内自然条件和交通设施形成紧密联系、共同发展的城市集合体,其中城市群中的核心城市一般是区域内经济发展水平最高、辐射能力最强的城市。

综合以上观点,城市群[①]可以概括为由一个或多个中心城市与其在经

---

① 孙峰:《经济全球化背景下我国城市群次核心发展城市研究》,2010年。

济、社会上联系紧密的连接城镇，依托交通和信息网络构建的相互依存、相互制约，具有一体化发展倾向，且能促进城市之间联系与协作，带动周边地区经济和社会发展的区域。城市群的构建弱化了城市之间的行政区划，强调城市之间在区域范围内的经济和社会联系，形成生产、销售一体化的发展模式，实现城市群内资源共享，改善投资和居住环境，推动了城镇之间的协调发展，促进了区域经济、社会与资源、环境的可持续发展。

2. 城市群的内涵

城市群是城市发展的高级形态，是城镇化发展过程中分工与专业化，以及集聚效应带来的产物，通常具有较高的经济社会发展水平。城市群的内涵包括以下方面：

一是城市群是个地域概念，城市群是建立在特定地域范围内的城市联合体。工业化前期，城市群大都兴起在地理位置优良、交通便利的地方。工业化中后期，城市群大都是由一定地域范围内联系紧密的不同城市组成的跨行政区域的城市联合体，城市之间通过交通或经济联系连接组成的特定范围内的连续区域。

二是城市群是由不同等级的城市构建的网络体系。城市群一般由核心城市和周边城市构成，核心城市在经济和社会发展方面领先于其他城市，是区域经济增长的动力；周边城市起到辅助发展的作用，分担核心城市过重的产业发展和人口就业压力。城市群就是建立在发达的交通设施网络基础上由等级、规模不同的核心城市和周边城市构成的城市网络。与单个城市不同，城市群内部各城市之间有紧密的联系，相互依存发展。

三是城市群具有完善的协调机制和区域治理结构。城市群的发展依赖于城市群内各城市之间利益的共同化，但行政区划的存在、各级政府之间的利益博弈，以及以经济增长为主要内容的地方考核体系，导致地方政府之间存在竞争，这与区域发展一体化趋势相矛盾。因此，城市群的形成必须要协调好城市之间的利益，并逐渐改善区域治理结构，完善的协调机制和区域治理结构也成为判断城市群是否形成的标准之一。

城镇布局与城市群发展

四是城市群是产业分工和产业链协作趋于合理的过程。城市群内部各城市之间的产业和市场联系比较紧密，劳动力、资本、技术等要素流动比较自由，企业区位选择比较灵活，产业转移比较便利。产业集聚扩散使得各城市之间的产业分工明确，上下游产业链协作有力，生产、制造等传统产业大都分布于二级城市，研发、销售等新兴产业大都分布于核心城市，城市群内部完善的分工与协作网络逐渐形成，提高了城市群的合作效率。

（二）城镇布局下城市群的形成

城市最初是在分工和交换过程中自然产生的，现代城市产生于产业革命。拥有发达的工业使得城市逐渐成为一个国家的经济和社会中心，吸引大批劳动力到城市从事生产活动，也吸引大量资本到城市投资工业生产，城市的规模逐渐扩大，成为带动工业和经济发展的引擎，一批工业中心城市出现；工业的发展促进了分工的进一步细化，带动了商业的繁荣，一批商业城市逐步形成，各类功能差异化的城市逐渐出现。

随着生产力的不断提高，城市自身规模逐渐扩大，城市承载的功能逐渐多样化，城市之间的联系日益紧密，城市发展可以概括为四个阶段[①]：工业化前期，人口开始向工业发展速度快的城市集中。受交通和通信的限制，此时的城市是自发形成的，城市之间孤立发展，缺乏内在联系；工业化初期，单个城市逐渐扩张，城市开始集中发展；工业化现代化阶段，城市空间的局限性逐渐显露，人口、环境、交通压力增大，产业发展受到制约，中心城市的人口、产业开始有序向郊区疏散，城市发展呈现多核化趋势；后工业化阶段，随着交通基础设施的完善，城市之间的联系增加，区位、产业发展相近的城市逐渐结成统一发展的整体，城市群出现。

20世纪60年代，城市群作为一种新的经济活动空间集聚体大量涌

---

① 唐茂华：《城市群：形成、演化与发展趋势》，中国城市化网，http：//www.chinacity.org.cn/csfz/fzzl/42008.html。

现。城市群是城镇密集发展的高级阶段,城市群的出现和形成是推进城镇化过程中城镇布局和形态不断优化的结果。城镇化的推进,一方面从宏观上对城镇之间的空间布局与定位给出了方向,另一方面也从微观上对城市空间治理提出了要求。

纵观世界不同城市群的形成,大都是在城镇化推进过程中,依据一定的地理、产业、政策优势逐渐发展壮大起来的,归纳起来,城市群的形成必须具备以下条件[①]:

一是良好的自然条件和地理位置。气候、地形、资源等自然条件是城市群形成发展的基础。大部分城市群都位于气候适宜的平原地带。以日本的城市群发展为例,日本是典型的岛国,平原面积稀少,仅占国土面积的24%,平原主要集中在东京附近的关东平原、名古屋附近的浓尾平原,和京都、大阪附近的畿内平原。相应地,日本的人口主要聚集在这三大平原地带,工农业生产、经济活动也集中于此。随着工业化和城镇化的推进,以三大平原为基础的城市群逐渐发展起来,三大城市群汇集了日本境内超过60%的人口,国民生产总值占比接近70%。丰富的矿产资源也是带动城市群发展的重要原因之一。工业化早期和中期,以发展重工业为主,煤炭、铁矿、石油等资源丰富的地区凭借资源优势率先发展,基础设施、生产设施逐渐完善,上游供应和下游加工产业等生产性服务业随之发展。为了实现规模经济,生产相似或相同产品的企业逐渐集聚,同时产业链上下游企业也集聚发展,它们之间联系的紧密性加强,产业集群日益形成,一些不同性质和规模的城镇出现,不同的城镇通过产业或经济联系集聚发展。比如德国鲁尔地区、美国五大湖地区、我国东北地区的城市群都是依托资源优势加强分工和协作,最终以城市群的形式参与国内和国际竞争。除此之外,地理位置在决定城市群形成的因素中影响也较大,比如便利的海上交通运输条件利于促进沿海城市之间的集聚发展。

---

① 陈玉光:《城市群形成的条件、特点和动力机制》,《城市问题》2009年第1期。

二是完善的区域间基础设施网络。完善发达的交通基础设施和信息网络设施是现代城市群发展的重要条件。城市群的发展大都是建立在由高速公路、高速铁路、航道、水路、海路等组成的立体式交通网络之上。交通基础设施是城市群空间结构的骨架,加强了城市之间的联系,促进了人口、资本、技术的流动,便于产业和经济的集聚发展。反之,产业和经济的集聚一旦形成,对交通基础设施建设的需求会增大,进一步促进城市群之间基础设施的完善。以伦敦城市群为例,交通运输在伦敦城市群发展的过程中起到了重要的作用。英国于19世纪50年代进入铁路建设的高潮,伦敦加强了周边铁路系统的建设,逐渐形成放射性的铁路网,引导着伦敦有序扩张,部分新兴城镇在铁路沿线发展起来,吸引了大量市中心的人口,缓解了中心城区的用地和交通压力。除了铁路,伦敦还加强地铁建设,20世纪60年代时,伦敦地铁线路已经有超过400公里的通车里程;伦敦的高速公路网建设步伐也非常快,已经形成了环状加放射状的高速公路发展格局。伦敦城市群内建立起来的各种交通方式相互配合的陆上综合交通运输系统极大地带动了伦敦城市群的快速发展。此外,在以信息技术为核心的21世纪,信息网络设施在城市群形成和发展过程中的作用也日益凸显。信息技术与传统产业相结合,带动传统产业的转型升级,也催生了一批新兴产业,部分以发展新兴产业为主的新型城镇相继涌现,逐渐形成联系紧密的城市圈。同时,信息技术加深了城市群之间的联系,通过信息高速公路,城市之间的依存度更高,加速了城市群之间的协同发展。

三是较强的产业基础。发达的第二产业和第三产业是支撑城市与城市群发展的根本动力。工业的发展吸引大量劳动力、资本向城市集聚,城市空间迅速扩张,人口迅速增加,工业的发展和人口的增加又带动第三产业的发展,创造更多的就业机会,吸引更多劳动力进入第三产业,促使城市人口进一步增加,核心城市逐渐形成。随着核心城市产业的集聚和人口密度的过大,城市空间拥挤、交通成本过高等弊病显现,核心城市的产业和人口开始向周边次中心城市或小城市转移,由核心城市、次中心城市组成的城市群形成。城市与城市群发展的原始动力是工业化,工业化促进了城市的兴起,加速了城市群的形成。以英国城市群的形成为例,作为最早进行工业化的国家,英国的城市化进程在工业化的带动下开始的也比较早,伦敦、曼彻斯特、利物浦、伯明翰等工业城市相继崛起,逐渐形成了由伦敦、曼彻斯特等城市集聚而成的英格兰城市群。尽管第二三产业的发展都在推动城市群形成过程中起到了不可替代的作用,但两个产业在城市化推进和城市群发展过程中起到的作用不同。城市化发展的初级和中级阶段,第二产业发展较快,是推动城市化和城市群形成的主要动力;城市化发展的高级阶段,第三产业所占比重提高,发展提速,成为推动现代城市化和城市群形成的重要推手。

四是政府宏观调控的引导。政府的宏观调控可以为城市群的发展提供良好的环境,通过制定城镇发展规划、实施财政金融政策、加强基础设施建设、培养人才等完善投资软环境和硬环境的方法,加速城市群的形成。通过制定城镇发展规划,从宏观上对城镇发展布局指明方向,指出未来城镇发展的战略与重点,推动城市之间的融合;通过实施产业、金融或财政政策引导企业向城市集聚,形成上下游协同发展的产业集群,带动城市群的发展;通过完善交通、供水供电系统等基础设施,保障各个产业的顺利运转,提高居民的生活水平,吸引大量劳动力和资本的涌入,加速城市群的形成;通过加强人才培养,提高劳动力素质,提升信息、生物工程、新能源新材料等高技术产业比重,培育产业新增长点,提升城市群的竞争力。此外,区域性发展政策为城市之间协调发展、产业协同发展、交通运输统一发展提供了便利,从政策上鼓励相邻城市之间集结成群,引导城市群的形成。城市群形成后,城市群经济区域内通常还会采取统一的产业和市场政策,加强区域间经济的同质化发展,减少区域间交易成本,提高区域间资源配置效率,实现区域内资源的共享和经济一体化发展。

二、城市群的基本特征与演变规律

(一) 城市群的基本特征

城市群是不同规模、等级、功能的城市聚集在一起形成的。随着城市群的不断发展，城市群在带动地区经济和社会发展中的作用越发突出，显现出如下发展特征[①]：

一是集聚和辐射作用大。 由于城市群是工业化和城市化过程中，城市集聚和城市扩散共同作用下形成的一种城市发展的高级形式，所以城市群最典型的特征就是具有较强的集聚和辐射功能。城市群内高度发达的区域市场经济体系、完善的基础设施建设、现代化的交通和信息化手段，进一步增强了城市群对内集聚和对外辐射的功能。城市群内的核心城市是城市群的主导，集聚了大量的人才、资金、技术等优势资源，对外辐射能力较强，可以带动周边城市的经济和社会发展；城市群内的非核心城市承担缓解核心城市人口、交通等压力的作用，也会集聚部分资源，对城市群以外的城市起到辐射带动作用。城市群各城市之间通过明确的分工协作和发达的交通网络，实现了人才、技术、资本等资源在区域内的有效流动，同时城市群作为统一的城市联合体，集中吸引区域甚至全国范围内的优秀资源，促进区域和全国经济的增长，实现集聚和辐射功能的有机统一。

二是城市体系比较完善。 城市群内各个城市的经济和社会发展规模、水平、阶段不同，自然而然决定了各个城市在城市群内所处的地位和作用不同，不同规模等级城市之间形成合理的金字塔结构比例关系，每个层级分布一定比例的城市，各个城市之间的定位明晰，分工明确，城市群通过城市网络体系有机地联系在一起，城市群的具体职能和作用通过城市网络体系扩散到整个城市体系。除了依据客观条件自然形成的城市金字塔结

---

① 谭啸：《中国城市群发展的区域比较分析》，2012 年。

构，国家出台的区域发展规划和指导意见也起到了推动城市金字塔体系建立完善的作用。城市群中包括一个或多个核心城市，多个周边中小城市，是一个由大中小城市组成的城市联合体。大城市是城市群的核心，人口较多，产业发展基础好，交通发达，在城市群金字塔中位于顶层；中小城市是城市群发展中必不可少的组成部分，承担分散中心城市部分压力的功能，居住条件适宜，产业发展潜力较大，在城市群金字塔中位于中低层。

三是分工协作明确。城市群内各个城市具有自己独特的比较优势，产业发展侧重点不同，重点产品也不同，城市之间通过产业链上下游或是产业互补的方式实现有效分工。城市群的核心城市集中发展先进制造业和现代服务业，部分低端制造业和配套服务业可以转移到周边城市，带动周边城市的迅速发展，在区域内形成产业的有序转移，提高区域合作效率，构建区域产业协调发展的格局。同时各个城市之间又是统一的整体，在保障各个城市发展利益的基础上，城市群的协同发展避免了恶性竞争和资源浪费，城市群内创新资源共享，创新成果共享，提升城市群整体创新能力，实现城市群利益最大化，促使地区产业结构不断优化，产业布局逐渐合理。

四是关联度和开放度较高。在当今世界经济和信息一体化趋势逐渐加强的大背景下，城市之间的经济联系不断加强。各个城市之间由于历史基础和自然条件不同造成的发展差异，比如资源或功能的缺失，可以通过加强与其他城市之间的交换或经济联系得到弥补。城市群内部的任何城市都不可能脱离区域内其他城市而单独发展，只有加强城市群内部人才流、信息流、贸易流等多向流动，才能优化资源配置，提高城市群整体竞争力。同时，城市群不是独立的孤岛，不可能封闭发展，城市群作为有机整体，与区域外的其他城市群发生联系，加强贸易和经济合作，推动城市群经济的全球化发展。

(二) 城市群的演变规律

1. 城市群的发展阶段

(1) 城市独立发展阶段

城市化早期,城市规模偏小,城市集聚能力不强,城市之间的经济联系较少,且存在一定的竞争关系,各自依靠自身优势发展优势产业,谋求成为区域的经济增长极。城市功能大而全,但城市配套服务功能不强,城市之间的竞争导致城市产业缺乏特色,出现产业趋同现象,重复建设严重导致资源浪费。

(2) 都市圈阶段

城市化中期,具备丰富的资源、优越的地理位置、坚实的经济基础等条件的城市加速发展,吸引其他地方的资源集聚。当城市发展到一定规模时,有限的土地、交通资源无法承载大量的人口,极化效应开始弱化,回流效应显现,产业、人口等资源开始向周边城市转移,基础较弱的周边小城市开始发展。这一过程中,与大城市趋同的产业逐渐失去竞争力,逐渐被小城市淘汰,小城市主动承接大城市转移的产业,改变原有的产业布局,形成与大城市协同发展的格局。这种大城市迅速崛起,周边卫星城市围绕大城市协调发展的良性发展模式构成了都市圈,推动着区域经济的发展。

(3) 城市群形成阶段

城市化中后期,核心城市在集聚资源的同时,对外扩散功能增强,辐射面进一步扩大。随着城市之间交通运输、信息网络等基础设施建设的加快,催生了一批新兴业态和新型城镇,这些新产业和新城镇沿着交通干线分布,在核心城市的带动下逐渐发展,形成自己的优势,各个城市之间的联系更加紧密,城市带或城市群开始形成。

(4) 城市群完善阶段

城市化后期,核心城市与周边城市之间的分工协作趋于明确,区域内的产业布局趋于合理,城市群内各个城市根据自身优势发展特色产业,且城市之间的产业形成良好的互补发展关系,产业链条不断完善,城市之间形成关联度较强的有机整体,城市群的整体竞争力提升,成为带动国家经济增长的动力。与都市圈不同,这一阶段的城市群内部核心城市与周边城市的地位平等,功能互补,各个城市在城市群中所处的地位类似于网络中的节点,各城市协调发展实现共赢。

2. 城市群的空间扩展模式

在城市群的发展过程中,不同城市群的空间扩展模式是不同的,可以归纳为以下四种:

(1) 核心—放射模式

城市群形成的初期阶段,周边城市与核心城市的发展差距较大,核心城市凭借自身优势吸引了大量的优秀资源,并且核心城市出于初期发展需要,这种集聚的需求不会减弱,此时的核心城市并不具备向四周圈层扩展的能力,只能选定主要发展轴方向扩展,逐渐形成核心—放射发展的城市空间模式。

(2) 双中心的空间模式

城市群内有两个核心城市,它们在经济发展水平、城市规模、集聚能力等方面实力相当,在城市群中都起到了核心作用,辐射带动周边城市的经济和社会发展。

(3) 核心—圈层发展模式

随着核心城市集聚越来越多的资源,核心城市在政治、经济、文化等方面具有越来越强的综合功能,并且随着交通基础设施的完善,核心城市对外辐射能力越来越强,可以从各个方向上辐射周边城市发展。当核心城市具备足够的扩散能力时,城市群内部的空间扩展模式从沿着主发展轴扩展转向对外圈层扩展。这种空间扩展模式在交通网络发达地区较为常见。

(4) 多中心网络化空间模式

城市群内部存在多个核心城市,它们经济实力相当,都有较强的集聚资源的能力，同时对外辐射能力也较强。经济要素和经济活动在城市群内表现为集中和分散相结合的形式，城市群空间发展模式向多中心网络化模式演变。交通设施的便利和信息化的普及带动了人流、物流和信息流进入城市空间网络体系，进一步带动了多中心网络化的城市群发展模式。

三、对城市群的研究与实践

（一）城市群研究综述

对城市群的研究是伴随着工业化和城市化兴起的。1898年英国人埃比尼泽·霍华德（Ebenezer Howard）在《明日的田园城市》中从群体联合的角度对城市发展进行了研究，设计了由若干个田园城市围绕中心城市构成的城市组群，他把这种形式的城市组群称为社会城市，并论述了如何以组群形式促进城市间的协调和发展。1910年美国学者库恩（Queen. S. A）对都市化进行了研究，将都市化分为内城、城市边缘区、城市腹地三个部分，提出了以内城为核心，以城市边缘及乡镇为辅助的主次发展关系。1915年苏格兰城市学家帕特里克·格迪斯（Patrick Geddes）在《进化中的城市》一书中采用区域整体规划的方法，将若干相邻城市统一作为研究对象，提出"组合城市"的概念。1918年沙里宁（E. Saaeinen）在《城市：它的发展、衰败和未来》指出，城市群作为一个有机整体应该改变无序的集中发展模式，采取有序的分散发展模式。1922年恩温（R. Unwin）在格迪斯提出的"组合城市"的基础上，提出了"卫星城"理论，环绕在一个大型城市（母城）周边的城镇为卫星城，它与母城共同构成城市组群。1933年德国地理学家克里斯泰勒（W. Christaller）提出了中心地理理论和城市群体组织结构域模式，第一次比较系统地阐述了一定区域范围内城市群体系统的发展。

城市群发展的相关理论研究在二战之后加快发展，城市群研究逐渐与其他学科相互交叉，城市群理论不断丰富和完善，研究方法不断创新。

1955年邓肯（O. Duncan）在《大都市与区域》中第一次提出了"城市体系"的观点，认为美国的大都市之间会形成分工和专业化效应，并承担促进区域经济共同发展的任务，各地区联合成统一整体，使得区位优势得到充分发挥。公认的现代意义的城市群研究开始于法国人戈特曼（Jean Gotteman），他在对北美城市化进程进行考察和研究后，于1957年出版了具有影响力的《大都市带：东北海岸的城市化》一书，明确提出了城市群的概念，即一连串城市区域通过集聚作用结合在一起，形成紧密的联系，而每个这样的城市集聚区都会围绕一个核心城市发展。戈特曼认为城市群代表着未来城市经济发展的趋势，是城市发展的高级阶段。1955年法国人弗朗索瓦·佩鲁（Francois Perroux）提出的增长极理论和点轴理论进一步促进了城市群理论的发展。1964年美国经济学家弗里德曼（J. Friedman）在罗斯托（W. W. Rostow）提出的经济发展阶段理论基础上，通过创建空间演化模型来描述经济增长和区域经济发展的阶段和过程；1986年弗里德曼又对城市等级进行了划分，指出城市体系的等级关系是跨国公司纵向生产地域分工的体现。除此之外，还有大量学者对城市群进行了研究，如瑞典学者哈格斯特朗的空间扩散理论丰富了城市群在空间演化方面的研究；20世纪70年代，日本的小林博氏在对东京大都市圈进行研究后，提出了城市群发展过程的三个概念，大都市地区、大城市区和城市化地带；哈盖特和克里夫分析了区域城市群空间演化过程的模式；希腊学者杜克西亚斯预测，世界城市发展将形成连片巨型大都市区；加拿大学者麦吉在对东南亚发展中国家城市密集地区研究后，提出了城乡融合区的概念，认为东南亚的城乡融合区已经出现类似西方大都市带的空间结构；卢德耐里归纳了区域城市群体相互联系的七种类型；迈克尔劳林提出，城市群可以通过理性规划的约束达到空间持续平衡发展。

随着经济全球化趋势的愈演愈烈，以及信息技术革命的兴起，城市群在全球经济发展中的作用愈发突出，引起了更多研究者的兴趣。美国学者刘易斯·芒福德（Lewis Mumford）认为大都市带不是一种新型的城市空间形态，而是一种"类城市混杂体"，并对工业革命以后的大城市发展进行了批判，认为这种发展忽视了人类作为有机体的生命价值，可能最终将给人类自身带来毁灭性灾难，彻底否定了大都市带。1991年范吉提斯（Y. N. Pygiotis）、昆曼（K. R. Kunzmann）、格纳（M. Wegener）提出，城市群或城市带是作为产业空间整合的产物而存在的，将成为经济一体化背景下区域空间组织的重要形式，是生产力布局的全新载体。加拿大地理学家麦基提出了超级城市群的概念，认为介于城市之间的乡村地带因发展劳动密集型产业和非农产业迅速崛起，接近城市的发展程度，这种通过城市间乡村联系起来的城市组群称为超级城市群。

国内学者对于城市群的研究兴起于20世纪80年代，最早由丁洪俊、宁越敏将戈特曼关于城市群的思想引进来。在后来的发展中，考虑到我国城市群的发展实际情况，城市群理论逐渐与地理学、城市规划学、社会学等领域相结合，城市群理论迅速发展起来。国内学者对城市群的研究大致可以归纳为三个方面，一是研究城市群的区域空间布局，如1992年姚士谋在《中国城市群》一书中对城市群进行了研究，认为城市群是在特定的地域范围内具有相当数量的不同性质、类型和等级规模的城市，依托一定的自然环境条件，以一个或两个超大或特大城市作为地区经济核心，借助于现代化的交通运输工具和综合运输网络的通达性，以及高度发达的信息网络，发生与发展着城市个体之间的内在联系，共同构成的一个相对完整的城市集合体。姚士谋对城市群的定义是至今为止较为权威和流行的概念。二是侧重研究城市之间的相互联系。如1991年周一星从城市间、城乡间强烈的相互作用、区域一体化的特征等角度提出了都市连绵区概念，认为都市连绵区是以若干城市为核心，大城市与周围地区保持密切的经济和社会联系，沿一条或多条交通走廊分布的巨型城乡一体化区域。三是侧重分析城市群的结构、功能以及由结构、功能相互作用形成的网络。如1990年肖枫从结构、功能以及功能互补、经济依存、社会发展趋同等角度提出城市群是一种有机网络或网络群体。

除此之外，还有学者从城市群可持续发展、城市群发展战略与方针、城市群机制等角度对城市群进行综合分析，如1999年廖重斌在《环境与经济协调发展的定量评判及分类体系》中提出了珠三角环境与经济协调发展的分类体系及评价标准；2000年盖文启在《我国沿海城市群可持续发展问题探析》中从城市群经济结构、生态环境、资源利用、基础设施、制约因子等角度分析了山东半岛城市群的可持续发展问题；1999年朱英明等在《我国城市群发展方针》中对影响城市群发展的因素、目标、机构形式和城市群结构体系等级水平四方面进行了分析；1997年闫小培等在《穗港澳都市连绵区的形成机制研究》中从整体上研究了港澳珠三角，分析了城市群的特征和形成机制。

（二）国外城市群的发展概况

20世纪50年代，伴随着全球范围内城市化进程的加速推进，众多城市群陆续形成，城市群规模不断扩大，发展速度较快，且欠发达地区的城市群发展速度快于发达地区。

1. 欧洲城市群

由于第一次工业革命发源于英国，所以英国是最先实现城市化的国家。在工业革命的影响下，欧洲国家先后实现了城市化。20世纪70年代以后，核心城市交通、人口压力增大，资源承载力下降，欧洲国家开始出现"逆城市化"现象，城市人口向郊区转移，城市中心"空心化"出现，这在一定程度上却加强了核心城市与周边城市的经济联系。欧洲城市群中的核心城市的规模都不是很大，大多数人口都分布于中等城市，城市人口密度较高。目前，欧洲城市群中发展比较好的城市群是伦敦—伯明翰—曼彻斯特城市群，包括30个大中城市；巴黎—鹿特丹—鲁尔城市群，由40多个大中城市组成，呈现"人"字形城市经济带。

伦敦—伯明翰—曼彻斯特城市群以伦敦为中心，具体包括首都伦敦、世界纺织之都——曼彻斯特、纺织机械城——利兹、伯明翰、谢菲尔德等

5个大城市，以及10多个中小城市和较多小城镇。受益于工业革命，该城市群是英国主要的生产基地，经济总量占英国经济总量的80%左右，区域面积为4.5万平方公里，占全国总面积的18.4%。从目前世界五大主要城市群发展来看，该城市群是发展最早、地域面积最小、城市密度最大的城市群。

巴黎—鹿特丹—鲁尔城市群由法国的巴黎城市群、德国的莱茵—鲁尔城市群，以及荷兰的鹿特丹—海牙城市群构成，囊括巴黎、阿姆斯特丹、鹿特丹、海牙、安特卫普、布鲁塞尔、科隆等城市，10万人口以上的城市有40座，总面积为14.5万平方公里。其中巴黎城市群面积为1.2万平方公里，占全国总面积的2.18%，是法国的经济、政治、文化中心。

2. 北美洲城市群

工业革命后，北美洲迅速实现了工业化和城市化，城市群也逐渐形成。与欧洲城市群不同，北美洲大城市人口集聚度较高，且北美地区城市化呈现出城市规模两极化的态势，一方面是大城市的城市人口高度集聚，另一方面是小规模城市的城市人口均匀扩散，中等规模城市的人口却相对少。北美洲城市群中发展较好的有波士顿—纽约城市群、芝加哥—底特律城市群、旧金山—洛杉矶—圣迭戈城市群、蒙特利尔—渥太华城市群、墨西哥—瓜达拉哈拉城市群等，其中波士顿—纽约城市群和芝加哥—底特律城市群纵横相连，相互融合促进，是北美经济最发达的地区，也是世界经济中心之一。

波士顿纽约城市群，也称美国东北部大西洋沿岸城市群，以波士顿、纽约、费城、巴尔的摩、华盛顿等大城市为中心，同时拥有40个10万人以上的中小城市，城市化水平超过90%，覆盖面积13.8万平方公里，占美国国土面积的1.5%，主导产业是制造业。该区域是美国最大的制造业基地，也是美国重要的经济增长引擎。

芝加哥—底特律城市群，也称北美五大湖城市群，位于五大湖沿岸，包括美国的芝加哥、底特律、克利夫兰、匹兹堡，以及加拿大的多伦多和蒙特利尔。该城市群钢铁、汽车产业为主导产业，拥有通用、福特、克莱斯勒三大汽车公司，享有美国的"钢铁城"、"汽车城"的称号。核心城市是芝加哥，是美国的第三大城市，也是美国最大的内陆城市。依靠连接大西洋和五大湖的地理优势，芝加哥成为全美铁路运输最大枢纽，经济发展较快，是美国著名的金融、贸易和文化中心。

3. 亚洲城市群

亚洲城市化的进程晚于欧洲和北美洲，城市化水平也比欧洲和北美洲要低，且亚洲地区各国家或区域的城市化进程差异较大，既有城市化水平较高的国家，也有城市化水平较低的国家。20世纪六七十年代，亚洲经济快速发展，城市化水平不断提高，若干城市群迅速崛起，如东京—名古屋城市群、汉城—釜山城市群、德里—坎普尔城市群、加尔各答—兰契城市群、孟买—艾哈迈达巴德城市群、班加罗尔—马德拉斯城市群，中国的环渤海、长三角、珠三角城市群等。这些城市群是伴随着亚洲经济的高速发展崛起的，城市群的形成又极大地带动了亚洲经济的增长，成为亚洲地区经济增长中心。

东京—名古屋城市群，也称日本太平洋沿岸城市群，沿太平洋沿岸分布，具体包括东京—横滨城市群、大阪—神户—京都城市群和名古屋城市群，区域总面积为10万平方公里，占日本国土总面积的20%。其中东京—大阪城市群是日本经济最发达的地区，大约三分之二的全国工业企业和就业人数集中于此，也是日本政治文化中心和重要的交通枢纽。

4. 非洲城市群

非洲的经济发展较为落后，城市化水平是最低的，20世纪50年代以后，城市化水平才有了提高。目前，非洲城市群主要有开罗—亚历山大城市群和尼日利亚的拉各斯城市群，这些城市群不仅是本国的经济发展中心，也是带动非洲地区经济增长的动力。

5. 南美洲城市群

南美洲经济发展水平不高，各国经济发展差别较大，但是南美洲的城市化进程却较快，城市化水平远比亚洲、非洲国家要高。南美洲城市化进程的典型特点就是人口快速向大城市集聚，形成了若干个以大城市为中心的城市群。如巴西的圣保罗—里约热内卢—贝洛奥里藏特城市群，阿根廷的布宜诺斯艾利斯—拉塔城市群，秘鲁的利马城市群，智利的圣地亚哥城市群等。

6. 大洋洲城市群

与其他洲相比，大洋洲人口较少，人口密度较小，经济开发得较晚，但大洋洲整体的城市化进程较快，城市群迅速涌现，如澳大利亚的墨尔本—堪培拉—悉尼城市群。

（三）世界主要城市群的发展经验

1. 城市化的快速发展以工业化的发展为基础

工业化是城市化的根本动力，工业化是城市化发展的基础和先导。所有成熟完善的城市群必然有发达的工业作为支撑。例如工业革命的发源地在英国，工业革命带来的新技术和新发明带动了英国工业化水平的提升，极大地提高了英国的生产力，大量人力、技术、资本资源向工业城市集中，推动了英国的城市化进程。首都伦敦加快发展，曼彻斯特、伯明翰、利物浦等若干工业城市迅速崛起。在推进城市化的过程中，这些城市由开始的相互竞争转变为相互协作，在伦敦和英格兰中部地区逐渐形成了以伦敦、曼彻斯特、伯明翰、利物浦等城市组成的城市群。同样的，在工业革命的影响下，在德国的鲁尔地区、法国北部地区、美国大西洋沿岸和五大湖地区等工业化进程较快的区域都形成了城市密集发展地区，出现了城市群。

2. 分工协作是城市群稳定健康发展的保证

城市群是带有严格行政区划的城市组成在一起的城市联合体。城市群整体发展水平的高低依赖于各城市间的分工协作，只有协调好各方利益，保证每个城市都有机会充分发展，城市群才能健康持续发展。以美国东北部大西洋沿岸城市群为例，核心城市是纽约，它是美国也是全世界的金融中心，吸引了较多的美国和全球著名跨国企业，各种专业管理咨询机构和服务部门也集聚在纽约。第二大城市是费城，它是美国东海岸主要的炼油中心、钢铁和造船基地，重工业特别发达。除此之外，还有波士顿和华盛顿等大城市。波士顿是文化中心，哈佛、麻省理工学院等世界顶尖高校集聚于此，以波士顿为中心形成的128公路环形科技园已经发展成为了高技术产业群，是仅次于硅谷的美国微电子技术中心；华盛顿是美国首都，是美国的政治中心。各个城市产业发展有侧重，职能分工不同，共同促进了城市群的发展。同时，该城市群有多个港口，各个港口分工合理，如纽约港是商港，侧重于集装箱运输；费城港侧重于近海货运；巴尔的摩港侧重于矿石、煤和谷物的运输；波士顿侧重于转运地方产品。再比如日本的东京城市群，各个城市之间也有明确的分工，东京侧重于对内贸易，横滨侧重于对外贸易，千叶是原料输入港，川崎为企业运输原材料和制成品。

3. 充分发挥核心城市的辐射带动作用

核心城市是城市群的灵魂，发挥着增长极的作用，对周边城市的经济和社会发展具有较强的辐射带动作用，影响着城市群内其他城市的发展。周边城市在核心城市的带动下，相互协作分工，承接核心城市的部分产业转移，经济和社会快速发展。鉴于核心城市的重要作用，各个国家都很注重培育核心城市，例如二战后日本学习美国经验，着力将首都东京培育成兼具纽约、华盛顿、硅谷、底特律功能的世界城市，将东京打造成为日本的金融管理中心、工业中心、商业中心、政治文化中心和交通中心。东京湾的港口群是日本最大的港口群，东京和成田两大机场是联系国内外的重要航空基地。东京集多功能于一体的核心城市定位，极大地带动了周边城市乃至日本的发展。

4. 二级城市要与核心城市错位发展

以美国东北部大西洋沿岸城市群中波士顿与纽约的发展为例，在独立战争前，波士顿是美国最重要的港口和贸易中心，独立战争后，波士顿的工业迅速发展，工业化进程加快，尤其是制造业迅速发展，金融、保险、咨询等生产性服务业也迅速发展，波士顿一跃成为美国东北部大西洋沿岸的中心城市。到了19世纪中期，纽约迅速崛起，逐渐取代了波士顿的地位，成为美国东北部大西洋沿岸的霸主，但是波士顿并未因此沦为纽约的制造业加工基地，而是选择与纽约差异化发展，大力发展现代服务业，保持一定的特色和规模。纽约是全国的金融中心，位于纽约的大型金融机构倾向于对有实力的企业、机构提供金融服务，而对社区、地方企业提供金融服务缺乏兴趣。波士顿的金融行业抓住机遇，与纽约实现错位发展，当地部分金融机构和银行专业从事为社区提供银行服务和地方商业活动贷款，开发具有地方特色的金融产品和服务，为当地的中小企业、个体业主、本地居民提供资金融通、养老保险等服务，使得波士顿的互助式地方金融发展颇具规模。

5. 交通与信息化的便捷是城市群发展的支撑

城市群的发展离不开交通运输业和信息产业的支撑。城市之间的紧密联系依靠四通八达的立体交通网络和信息网络实现。世界著名城市群都是航空、铁路、高速公路、海运的重要枢纽，同时拥有完善的通信干线、电力输送网等基础设施。构建多层次、多样化的轨道交通体系是世界城市群发展的共同特点，中心城市内部是以地铁、轻轨为主的快速交通系统，郊区以快速、覆盖面广的市郊铁路为主，这样减少了出入核心城市的机动车辆，提高核心城市的运转效率。城市间的交通联系以城际轨道交通和高速公路为主，极大地满足了城市间的交通需求。同时，城市群内不同层次轨道交通系统的衔接非常好，地铁与市郊铁路、城际铁路等采取增加换乘站、共线运营等方式加强衔接，提高了轨道交通系统的服务水平和吸引力。除注重交通基础设施建设外，世界主要城市群还特别重视交通需求管理，通过政策、经济、科技等手段，引导出行者的交通方式选择，尽量减少使用机动车；同时提高公交系统的服务质量和水平，实施公交优先政策，设立公交专用道，应用信息技术对公交车进行定位、监控等调度，提供及时的公共交通信息,吸引公众选择公交出行,部分城市如伦敦还通过收取道路拥挤费来调节交通。

四、我国城市群的发展现状及问题

(一) 我国城市群的发展现状

根据我国城市化发展水平,我国的城市群发展可以归纳为3个阶段:第一阶段从1949年到1978年,计划经济时期,重化工业过快发展,严重的城乡二元化结构使得城市化水平整体发展缓慢,国内城市化率远低于世界同期水平,甚至低于发展中国家水平,城市群发展处于孕育萌芽阶段。第二阶段从1978年到2000年,改革开放后,我国工业化进程不断加速,城乡之间的壁垒逐渐被打破,城市化不断加速发展。我国进入城市化快速发展时期,京津冀、长三角、珠三角三大核心城市群逐渐形成,其他城市群也粗具规模。第三阶段为2000年至今,我国城市化水平稳步提高,城市群体系进入完善和成熟阶段。截止到2013年,城镇常住人口增加到7.3亿,城镇化率提高到53.7%,年均提高1.02个百分点;城市数量增加到658个,建制镇数量增加到20113个,京津冀、长三角、珠三角三大城市群以2.8%的国土面积集聚了18%的人口,占国内生产总值的36%,成为带动我国经济和社会发展的重要平台。

京津冀城市群[①]:该城市群以北京为核心,包括北京市、天津市,以及河北省的石家庄、唐山、保定、秦皇岛、廊坊、沧州、承德、张家口。区域面积为18.34万平方公里,人口8500万。该城市群总体采取"点—轴"发展模式,"点"的具体发展构想是采用"2+8+4"模式,推动城市群核心节点城市发展,即推动北京和天津两个核心城市,河北省8个次中心城

---

① http://baike.baidu.com/link?url=Scin25DlinCDeKaQS2hZPk3aIkOiJwCe1Ly_4Hp_rQzvrVSHcjyDsnilGHNjmrz3Di9JW5seQC7qe7cKibe8cq.

市，以及滨海新区、通州、顺义、唐山曹妃甸等新兴城市的发展；"轴"是由城市群各个城市之间的主要交通线以及沿交通线分布的产业带和城市密集带构成的，具体以中关村科技园和滨海新区等高新技术产业作为支撑，以快速综合交通走廊为纽带，促进通州、廊坊、滨海新区城市群主轴的发展；同时依托滨海临港重化工产业发展带和渤海西岸五大港口，促进秦皇岛、唐山、天津、沧州等沿海地区的发展。

长三角城市群[①]：该城市群是由位于长江三角洲区域的城市组成的，以上海为中心，南京和杭州为副中心，包括上海，江苏省的南京、苏州、无锡、徐州、镇江、扬州、南通、泰州、淮安、盐城、连云港、宿迁、常州，浙江省的杭州、宁波、嘉兴、湖州、绍兴、台州、金华、温州、丽水、衢州、舟山，以及安徽的合肥、滁州、马鞍山、芜湖、淮南，是目前国内城市化程度最高、城镇分布最密集、经济发展水平最高、最具国际影响力的城市群，是亚太地区重要的国际门户，全球重要的现代服务业和先进制造业中心，被誉为世界第六大城市群。长三角城市群凭借处于沿海经济带与长江经济带核心的优越地理位置，在市场力量和国家政策的双重带动下，吸引了各种生产要素的集聚，生产力布局渐趋合理，区域面积20.16万平方公里，城市群人口群的数量与北美、西欧、日本的世界性城市群相近，并有望突破1亿，经济总量一直保持在全国五分之一左右。此外，长三角城市群基础设施比较完善，交通发达，科技教育水平较高，对外联系便利，投资环境良好，是国内外投资者竞相投资的热土，这些有利条件都加速了长三角城市群成为世界级城市群，并带动中国的国际化进程。

珠三角城市群：该城市群以广州、深圳、香港为核心，包括广州、深圳、香港、珠海、惠州、东莞、肇庆、佛山、中山、江门、澳门等城市，经济活跃度较高，城市化率较高。珠江三角洲有"小珠江三角洲"和"大

---

① 参见国务院2010年出台的《长江三角洲地区区域规划》。

珠江三角洲"的区分，说明珠三角城市群有着较大的发展空间。珠江三角洲地理区域属于一个等腰三角形，以广州为顶点，底线上从东向西为香港和澳门，小珠三角不包括香港和澳门，大珠三角包括香港和澳门。借助政策机遇、行政区划优势、地缘优势等因素，改革开放后，珠三角经济快速发展，其辐射范围越来越广，且广东省与香港、澳门的经济联系越来越紧密，因此，现在的珠三角城市群一般指大珠三角城市群，区域面积为18.1万平方公里，经济规模相当于长三角的1.2倍，是我国乃至亚太地区最具经济活力的地区之一。

除了三大城市群，我国还有辽宁中部城市群、山东半岛城市群、成渝城市群、中原城市群、长株潭城市群等城市群在区域经济发展中发挥着重要作用。

（二）我国城市群发展存在的问题

改革开放以来，在工业化加速发展的带动下，我国的城市化经历了起点低、速度快的发展过程，形成了三大有影响力的城市群。城市群的快速发展推动了国民经济的持续健康发展，促进了城乡居民生活水平的提高，但是与世界著名的城市群相比，我国过快发展的城市群还存在一些问题和矛盾亟待解决。

1. 总体发展水平和经济贡献率较低

与美国三大城市群（大西洋沿岸城市群、太平洋沿岸城市群、五大湖城市群）、日本三大城市群（大东京区、大阪神户区、大名古屋区）相比，我国三大城市群对国内的经济贡献率偏低。美国三大城市群GDP总量接近美国总量的70%，日本三大城市群GDP总量也接近日本GDP总量的70%，而中国三大城市群的GDP对全国GDP总量的贡献率不到40%，远低于美国和日本的水平，这说明我国三大城市群的发展水平偏低，还没有形成资源和财富集聚的中心，对经济社会发展的引领作用还有待提高。

2. 核心城市的经济增长极作用还未发挥

大城市或特大城市是城市群发展的第一梯队，在城市群发展中起到核心和支撑作用，是城市群发展的增长极。但是我国城市群发展中普遍存在大城市创新能力较弱、核心作用不明显的现象，对周边城市的领导力和带动力不够，没有成为区域增长的核心辐射源，特别是中西部的城市群，核心城市发展动力不足的问题更为突出，如北部湾城市群中的南宁、中原城市群中的郑州、关中城市群中的西安等，都因自身能力有限制约了城市群整体的发展。现如今的大城市已经不再单单是个"点"，它必须与周边城市相互促进，相互带动，协同发展。大城市是核心，周边城市是基础，而我国的大城市现在还局限于"点"的发展，对周边城市的扩展和辐射作用还有限，大城市增长极的功能还没有充分发挥。

3. 城市群结构不健全

我国城市群结构存在一定的失衡，还有待完善。成熟的城市群的核心城市不止一个，应该有多个，这些核心城市之间形成稳固和强大的合作与分工关系。但是目前我国的城市群，尤其是省区城市群这种城市群主体，大都是单级发展结构，省会城市是唯一的核心城市，其他可与省会城市相媲美的城市普遍缺少，还没有形成真正意义上的"群"发展结构。如武汉城市群中的武汉的发展最快，占据绝对主导地位，是典型的单级发展结构；成渝城市群中重庆和成都是核心城市，两个核心城市东西相距350公里以上，需要能够起到支撑作用的大城市来完善协调发展，但其余的中等城市难以起到这种作用；北部湾城市群的中心城市是南宁，但南宁偏居于一端，从地理位置来看远离城市群其他城市，难以起到带动发展的作用。

4. 城市群内部运作机制不协调

一方面，城市群内部各城市经济发展战略不协调。城市群内部各个城市政府分治，区域经济发展的战略目标和重点有重合之处，经济运行行政区域利益特征明显，区域合作和摩擦始终存在，资源争夺、地方保护、重复建设等现象时有发生。此外，地方政府往往出现短视行为，缺乏长远的战略规划和政策,各城市之间协调和沟通渠道不畅,导致区域经济联系不够紧密,没有从城市群整体出发考虑如何参与国际经济竞争。另一方面,城市群内部协作机制不健全,缺乏多层次、多渠道的协调机制。省区城市群内各城市之间的合作主要是通过省级行政机构来协调,渠道比较单一。国家级城市群的协调机制比较薄弱,行政上的联络机构的作用有限,各城市间的协调难度较大。

5. 城市群各城市的产业发展同质化

城市群各城市职能分工明确是城市群成熟发展的标志,特别是在产业上要建立起结构性的分工与合作关系。受条块分割和地方保护主义的影响,我国城市群各城市之间生产布局趋同,产业结构、发展重点同化现象突出。如长三角城市群的大部分城市都把发展高科技、高附加值的汽车、电子信息、新材料、生物医药等作为支柱产业,导致各城市在原材料、产品市场的竞争激烈,资源缺乏合理有效配置。各城市产业布局追求大而全、小而全的倾向明显,没有形成合理的垂直分工或水平分工,导致城市群整体无法很好地协同发展。

6. 城市群发展过程中行政干预较多

我国城市群范围界定及建设过程中行政干预的较多。目前,除国家级城市群外,大部分城市群都是由各个省区自行主导建设的,人为地将相邻的且发展势头较好的若干个城市凑到一起构成城市群,培养成为区域经济增长极。比如中原城市群中,除了郑州、开封、洛阳三个城市之间的经济联系紧密之外,其他城市的经济联系较少,当地政府出于区域发展的需要才将这些城市组合在一起,成为行政区划意义上的城市群。

7. 大城市膨胀病"加剧

随着我国大城市的迅猛发展,大城市在展现发展活力、集聚资源的同时,资源环境压力过大、基础设施建设配套跟不上等城市膨胀病也不断出现。大量劳动力、资本、技术等资源的涌入对城市空间、交通运输设施、政府的公共服务能力等提出了更高的要求,但各个城市之间往往缺乏对城市群发展的统一规划，导致城市人口拥挤、住房供给紧张、交通拥堵、生活成本高涨、环境污染加剧等问题出现，严重困扰着大城市的进一步发展，市场竞争力下降，城市发展空间被压缩，居民生活质量降低。

五、我国城市群发展的战略构想

（一）我国城市群发展战略目标

当今世界，国际经济合作与竞争的基本单位已经不再是单个国家或企业，而是以核心城市及其所在的城市群为竞争单位。城市群是经济全球化和区域一体化趋势下区域核心竞争力的最高形态。因此，城市群的发展不再仅限于区域性问题，更需要从国家战略层面来考虑。

根据《全国主体功能区规划》和《国家新型城镇化规划（2014—2020）》要求，到2020年，我国的城镇化水平进一步提高，常住人口城镇化率将达到60%左右，户籍人口城镇化率达到45%左右；城镇化格局更加优化，"两纵三横"为主体的城市化战略布局基本形成，推进环渤海、长江三角洲、珠江三角洲的优化开发，进一步提升三大城市群的地位，推进哈长、江淮、海峡西岸、中原、长江中游、北部湾、成渝、关中—天水等地区的重点开发，形成若干新的大城市群和区域性城市群；东部地区城市群的一体化水平和国际竞争力增强，中西部城市群成为推动区域协调发展的重要增长动力；核心城市辐射扩散作用更加明显，中小城市数量增强，经济规模扩大，小城镇服务功能增强；城市群发展模式科学合理，密度较高、功能混用和公交导向的集约紧凑型城市开发模式成为主导，人均城市建设用地控制在100平方米以内；城市群生活质量提升，基础设施和公共服务设施更加完善，生态环境明显改善，城市群内各个城市个性化、差异化发展；城市群协同发展的机制体制不断完善，土地管理、户籍管理、社会保障等区域协调管理加强，阻碍城市群健康发展的机制体制障碍基本消除。

(二) 推动城市群发展的有效措施

1. 加强区域规划提高指导协调和约束作用

制定科学合理的引导城市群发展的规划,强调国家相关部门和地方政府的合作,减少行政障碍,提高规划区域内企业和社会的参与度。以促进城市群经济发展、提高区域内居民生活质量为目标,将规划重点放在公共产品和公共服务的提供、城乡发展的统筹、城市群重大问题的解决上等。通过制定规划,明确区域发展目标,以及各城市的功能和分工,确定城市群的空间结构和开发方向,合理规划公路、快速轨道、机场、信息网络等基础设施,统筹安排生态建设和环境治理,合理配置区域内有限资源,提高城市群的整体竞争力。同时,提高城市群规划的约束力,保障城市群内经济中心、城镇体系布局、产业园区、基础设施网络等构建能够具体落到实处。

2. 有序推进城市群建设完善空间结构

推动城市群内不同层次城市的发展,在增强大城市辐射带动作用的同时,注重培育中小城市的比较优势和产业特色,引导小城镇集约化发展。各个城市的建设要充分考虑自身实际情况,有序推进,合理布局,在加强经济建设的同时,注重生态环境和资源的保护。统筹城乡发展,合理推进城镇化进程,保护城乡居民的合法权益。加强快速通道等交通运输体系的规划和建设,及早建成功能完善、高效便捷的立体式综合交通运输网路。将核心城市的部分功能和产业转移到周边城市,实现周边城市的集聚功能,促进核心城市和周边城市的协调发展。建立政府和社会共同投入城市建设的机制,鼓励社会资本进入基础设施建设等领域,扩大基础设施建设融资渠道,保证基础设施建设的顺利进行。

3. 强化核心城市发展培育壮大潜力城市

确定城市群中的核心城市,选择位于交通枢纽、产业基础雄厚、科研创新资源丰富、资本充足的城市作为核心城市,突出发展优势产业,并通过给予土地、财政、金融等政策优惠,进一步推动核心城市的发展,集聚更多的资源,承担引导周边城市发展和向其提供产品、技术、资金、信息等服务的义务,使核心城市真正成为区域发展的增长极。同时,为缓解核心城市的发展压力,促进城市群内协调发展,有目的选择1或2个基础和发展潜力较好的城市作为城市群内重点支持城市,推动其成为具有一定影响力的城市群内次中心。

4. 突出发展优势产业打造有竞争力的产业集群

根据城市群所处区域的空间结构现状、资源要素禀赋程度,以及劳动力、原材料成本等影响因素,在对未来产业发展趋势做出合理判断后,确定城市群的优势产业,明确产业布局和发展方向,整合城市群内各种资源大力推动优势产业的发展,不断壮大优势产业规模,提高城市群的产业竞争力。同时从实际出发,选择现有产业基础好、经济贡献度高、发展潜力大的产业作为突破口,加强产业链上下游的合作,加快产业集群的培育。通过形成有竞争力的产业集群来提升城市群的对外影响力。

5. 加大交通和信息网络建设完善区域基础设施

加大高速公路的建设力度,规划建设城市群内统一的高速公路网。依靠高速公路网,促进城市群内城镇密集分布和产业集聚发展,促进城市群本身与外部的联系,扩大城市群腹地范围通道,促进各城市群之间整合联动。加大城际铁路网络建设力度,形成以轨道交通为主体的大运力城际交通系统,使不同城市间能够实现同城化。加大城内快速轨道建设,发挥轻轨交通灵活、覆盖范围广、造价较低等优势,在若干城市选择轻轨作为主要干线的公交系统,对带动周边地区经济发展和环境改造起到了积极的作用。加大信息网络建设,扩大网络覆盖范围,优化网络结构,改善网络性能,特别是要加强农村信息和通信基础设施建设,提高互联网普及率,提升城市群信息化服务水平,以信息化的发展促进城市群的发展。

(袁辉:中共中央党校经济学部讲师)

9 调整产业结构与化解产能过剩

经过30多年的快速经济增长,中国基本建立了完善的工业体系,成为名副其实的制造业大国。中国工业快速增长,也带来了产业间和产业内关系比例失调问题。产业间关系失调表现为产业结构不合理,产能过剩则成为产业内关系失调的重要表现。这两个重要问题紧密相连,成为今后一段时间内国家宏观调控的重要内容,也是长期内实现经济结构调整的重要途径。

党的十八大将推进经济结构调整确定为现阶段最重要的战略任务之一,其中产业结构调整是核心内容。2013年中央经济会议部署了2014年经济工作的六大主要任务,也提出要大力调整产业结构,并将产能过剩问题作为产业结构调整的重中之重,指出:"要着力抓好化解产能过剩和实施创新驱动发展。坚定不移化解产能过剩,不折不扣执行好中央化解产能过剩的决策部署。"从这个意义上来讲,产能过剩的化解和产业结构调整具有目标一致性,同属于宏观意义上的产业结构调整。实际上,产业结构调整问题一直以来都是宏观经济调控的一条主线:从1953年国民经济第一个五年计划开始,至目前的十二五规划,都隐含着产业结构调整的思想。产业结构调整问题依然是党中央、国务院关注的重要议题,似乎每个发展阶段产业结构都表现出不同的问题,这值得反思:我们在产业结构调整的路上已经走过了多年,出现这样那样的问题到底符合不符合发展规律?我们在产业结构调整政策方面,有哪些经验,是否走了弯路?进一步,我们应当思考:产业结构问题的实质是什么?产业调整应当遵循什么原则？由谁作为产业结构调整的主体更有助于产业结构的优化？

环境不断变化中的产业结构调整，实质上是资源在产业间的重新配置过程。产能过剩的化解则是同一产业内企业间的资源再配置。我们知道，资源配置可以通过市场也可以通过政府，在产业结构调整和产能过剩化解过程中，市场和政府的关系应当良好界定。如何在调整过程中认识、协调市场和政府关系，需要我们深入探讨。

一、产业结构与产能过剩：理论基础与分析框架

（一）产业结构与产能过剩的含义

1. 如何理解产业结构

产业结构是指各产业的构成及各产业之间的联系和比例关系，产业结构调整就是改变国民经济各产业部门之间的比例以及各产业部门内部的构成。因此，产业结构调整可以从宏观、中观和微观三个层次来理解：宏观层次上的产业结构调整，调整的是产业间的比例关系，如三次产业在国民经济中的比重；中观层次上的产业结构调整，调整的是产业大类内部的细分产业之间的比重，如农业产业内部的结构调整；狭义、微观层次上的产业结构调整，调整的是同一产业内部的企业间竞合关系，属于产业组织研究的范畴。一般来说，产业结构调整指的是宏观和中观意义上的调整，因此我国产业结构调整面临两个重要问题：一是三次产业结构的比例关系问题，二是各次产业的内部升级问题。

理解产业结构及其调整的内涵，有两个需要讨论的重要话题，对这两个问题的正确认识，有助于将产业结构调整制度化和规范化：

第一，产业结构是事后统计还是可以统一规划？事后统计与统一规划，对应着完全不同的政策取向。如果认为产业结构可以统一规划，那么产业结构调整政策的着力点就应当放到政府合理规划产业结构和布局上；如果认为产业结构是一种事后统计，在事前是未知的，那么促进产业结构

调整的动力可能就是非政府因素。社会生产的产业结构或部门结构是在分工的基础上产生和发展起来的，从这个意义上来说，产业结构通常是一个事后统计的概念。由于信息的不完全以及不确定性存在，产业结构很难通过统一规划来应对市场上快速的需求结构变动。因此，市场在产业结构调整中应当起决定性的作用。从事后统计的层面上理解产业结构，并不意味着完全依靠市场来自发调整产业结构，还必须遵循统计意义上产业结构变动的一般理论和规律，否则由市场不断试错的方式完成产业结构优化的过程会带来非常高的调整成本。这就需要在尊重经济规律的前提下，对产业结构调整进行合理的方向性规划。

第二，产业结构调整，无论产业内还是产业间的调整，归根到底是在调整市场经济微观决策主体的行为。产业内结构调整涉及企业在某一产业中的进入、退出和竞合行为，产业升级则涉及企业的自主研发、分工切入、价值链定位等微观行为，产业间结构调整（产业转型）又涉及企业投资、转产等系列微观决策问题。因此，产业结构调整目标的实现，最终还是要落脚到调整企业行为上。产业结构调整，虽然是一个宏观政策的概念，但最终还是需要通过微观政策来完成，这就回归到一个基本话题上来：市场与政府在调整企业行为中的边界和职能定位问题。

2. 如何认识产能过剩

资源的优化配置是经济学研究的基本问题，也是市场经济运行的手段和目标。然而现实经济运行通常无法达到帕累托最优资源配置水平，其中产能过剩便是资源配置低效率和非效率的一个外在表现。

产能过剩是供给和需求的不匹配造成的，狭义的产能过剩是指独立于需求下降而产生的供给高于需求的状态，即产能过剩并不是由需求的快速下降带来的，这一点基本得到共识。是否超过需求的产能就应该被定义为过剩产能？多数经济学家认为，即便在市场化程度比较高的西方国家，企业保留过剩产能也是非常普遍的，因此，界定产能过剩并没有一个统一的标准。对不同行业而言，企业自愿保留过剩产能的程度也不同，在界定产

调整产业结构与化解产能过剩

能过剩的时候,也要结合行业的特征来考虑。

产能过剩问题是否可以由市场自动矫正?政府管制能否有效缓解产能过剩问题?对这些问题的回答,不同的经济理论也给出了不同的解读。新古典经济学框架下的企业被认为具有完全市场信息,能够迅速发现市场供求状况并据此调整产量,在没有市场退出壁垒的情况下,产能过剩问题不会在完美的市场经济体制下产生。因此,产能过剩可能存在于一个阻碍市场配置资源功能发挥的管制经济环境下。新古典经济学理论认为,与市场相比,政府不可能在产能过剩问题的处理上更胜一筹。在经典的产业组织理论中,过剩产能通常还被解读为寡头垄断厂商实施垄断势力的策略性行为之一,因此,一定程度的产能过剩事实上是可以容忍的。在产业组织理论的逻辑下,产能过剩问题最可能出现在具有垄断特征的市场中。事实上,在我国产能过剩较为突出的行业中,市场通常不具有垄断特征,企业间的竞争亦非常激烈。以钢铁行业为例,一些学者的实证结果表明,钢铁行业依然处于完全竞争状态,且钢铁产业存在规模不经济的特征。这表明,我国产业部门出现的产能过剩问题难以在产业组织理论和垄断竞争的策略性行为框架下寻找答案。

(二)产业结构调整的理论基础:产业结构演变趋势

1. 配第克拉克定律

早在17世纪,英国经济学家威廉·配第就已经发现,随着经济的不断发展,产业中心将逐渐由有形财物的生产转向无形的服务性生产。1691年,威廉·配第根据当时英国的实际情况,在《政治算术》一书中明确指出:工业往往比农业、商业往往比工业的利润多得多。因此劳动力必然由农转工,而后再由工转商。这一观点在1940年由英国经济学家科林·克拉克通过多个国家的数据进行了验证,结果发现:随着全社会人均国民收入水平的提高,就业人口首先由第一产业向第二产业转移;当人均国民收入水平有了进一步提高时,就业人口便大量向第三产业转移。人们称这种由人均收入变化引起产业结构变化的规律为配第-克拉克定律。

2. 库兹涅茨法则

库兹涅茨在继承配第和克拉克等人研究成果的基础上，仔细地挖掘了各国的历史资料。他利用现代经济统计体系，对产业结构变动与经济发展的关系进行了较彻底的考察。其主张的基本内容主要有：第一，随着时间的推移，农业部门的国民收入在整个国民收入的比重和农业劳动力在全部劳动力中的比重不断下降；第二，工业部门国民收入在整个国民收入中的比重大体上是上升的，但是，工业部门劳动力在全部劳动力中的比重则大体不变或略有上升；第三，服务部门的劳动力在全部劳动力中的比重和服务部门的国民收入在整个国民收入的比重基本上都是上升的。

（三）产业结构调整与产能过剩化解的内生动力机制

与经济结构调整类似，产业结构调整和产能过剩的化解也面临着市场与政府的边界与职能定位问题。当我们进行产业结构调整时，首要的任务就是要知道什么样的产业结构是一个好的结构；当我们要化解产能过剩时，首要的任务就是由谁来决定哪些产能是过剩的。回答这个问题，就需要从根本上理清政府与市场的边界与职能定位。

1. 微观动力机制价格理论

实现宏观产业结构调整的目标，需要有一个微观动力机制引导各参与方统一、协调、有序地融入设定的产业结构调整过程中来，让企业决策和产业结构调整的目标相一致，这个最重要的微观动力机制就是价格机制。产业结构调整总是出现这样那样的问题，一个非常重要的原因就是价格体系并没有真正反映市场供求情况，存在不同程度的价格扭曲，非市场形成的价格总是扭曲信息传递、扭曲生产激励，进而扭曲收入分配。价格机制是社会主义市场经济有效运行的风向标，在产业结构调整过程中，价格具有以下两个方面的重要作用。

价格的第一个作用是传递信息。价格把生产者至最终消费者各个加工、生产、销售等环节连接起来,将市场供求波动信息传递给各决策主体。价格若不是市场形成的,就无法真实反映资源的稀缺状况,进而就会传递错误的资源稀缺信息给各利益主体。产业结构调整、产能过剩化解、污染物排放水平等一系列问题都需要一个正确的价格体系来引导,才能更有效率、更低成本地推进。政府定价的困境就在于难以正确衡量和反映资源的稀缺性,会在一定程度上扭曲价格信号,因此政府定价范围应主要限定在重要公用事业、公益性服务、网络型自然垄断环节,提高透明度,接受社会监督。

价格的第二个作用是激励生产。价格波动信息传递后,相关市场决策主体就会按照供求状况调整生产,一方面调整总产量,做出扩大或缩减生产规模的决定;另一方面调整生产方式,采取先进生产技术、优化企业组织方式。价格的调整,也应当遵循市场规律,才能产生正确的激励。比如,当前自然资源及其产品的价格,并没有很好地反映市场供求、资源稀缺程度、生态环境损害成本和修复效益。因此,理性的企业会选择使用相对便宜、污染排放相对高的资源,这并不意味着在污染治理上的市场失灵,而是相反意味着市场机制正常地发挥了作用,只是因为不适当的价格体系带来了扭曲的激励。

2. 微观决策主体:市场与政府

市场与政府在经济发展中的作用和关系,一直以来是经济学争论的焦点话题,通常也是用以区分不同经济学流派的一个重要依据。稀缺资源的配置是经济学研究的基本问题,按照不同的配置规则,稀缺资源的配置效率存在很大差异。

总体上来说,稀缺资源有市场配置和非市场配置两类方式。常见的非市场配置规则主要有以下几种:一是按照"先到先得"原则,通常表现为排队现象,如排队通过拥挤的十字路口;二是按照"社会规范"原则,通常表现为稀缺资源向某类群体倾斜,比如按照"尊老爱幼"的社会规范,提倡给老人让座;三是"随机分配"原则,通常以摇号等方式表现出来,如对稀缺的汽车牌照分配采取摇号制度；四是"权利分配"原则，通常以特权分配稀缺资源的形式呈现。政府配置资源也是非市场化配置资源的一种，通常是出于公共利益的需要。但现实经济运行中，对于公共利益的界定，经常成为一个棘手和饱受争议的问题，由此导致政府配置资源并不总是符合公共利益、并不总是有效率。

非市场配置方式，总是会带来某种形式的效率损失，如排队的时间成本、特权阶级的资源浪费、随机分配的无效率，等等。而市场配置稀缺资源的基本原则就是"价高者得"，从经济效率的角度看，依市场决定稀缺资源的配置，就会让稀缺资源流向对它评价和出价最高的组织（个人）。因此，与非市场配置相比，市场配置资源成本最低、效率最高。市场配置和政府配置资源，哪个起决定性作用，对于经济发展的效率影响至关重要。

当然，由于信息不完全、外部性、公共物品属性等因素，市场并不总是有效率，也存在市场失灵的情形。市场配置资源的决定性作用，并不意味着在各个领域市场都能够良好、有效运转，更不是要求政府完全充当"守夜人"角色。政府也应当在资源配置中发挥作用。市场失灵需要政府纠正、市场秩序需要政府维护、市场运行的制度环境需要政府创造；针对当前政府在经济决策中的过度介入，如"唯GDP论"带来的地方政府投资冲动，政府应当更有效率地维护市场体系、更有效率地实施统一监管、更有效率地进行宏观调控，同时更应当避免以"政府决策"代替"市场决策"、避免以"政府失灵"代替"市场失灵"；政府还要有所为、有所不为，在政府监管过程中不缺位、不越位才能更好发挥政府作用。

二、当前我国产业结构面临的突出问题

我国经济在持续快速发展中出现了增长粗放、结构不合理、部分行业产能过剩且"屡调不止"等突出问题，要进一步保持有质量、有效益、可

持续的发展，加快产业结构调整势在必行。

（一）三次产业结构发展不协调

产业结构优化，就是将资源在三次产业中进行优化配置。问题在于，什么样的结构是一个好的结构？经济学理论并没有提供现成的答案。但前三次产业间比例关系失调明显，之所以会出现这样的问题，是因为三次产业本身不同的经济学属性以及各种历史遗留和现实问题。

1. 三次产业间结构失调

三次产业结构的演变一般表现出以下三个特点：首先，第一产业比重逐渐降低。虽然传统农业比例下降，但现代农业发展十分迅速；其次，第二产业整体比重下降，同时，现代制造业迅猛发展，如电子信息、机电、交通设备和医药产业；最后，第三产业比重不断上升，尤其是生产性高端服务业，如金融、保险、基础研究等。

这样的演变规律与产业属性有关。第一产业具有天然弱质性，受自然条件约束较强，产品供给价格弹性低，需求价格弹性也相对较低，由此注定了农业的弱质性及基础地位。我国连续十一年发布的中央"一号文件"都关注了"三农问题"，但农业依然发展粗放，主要的原因就在于农业的弱质性；以工业为主的第二产业，在我国历史上是依靠"牺牲农业"发展起来的，如今却大而不强，在国际价值链分工体系中处于不利地位。尤其是以加工贸易为主的制造业体系，转型升级面临着许多障碍，自主创新技术的缺乏导致产业被锁定在低端加工环节；第三产业的发展则要建立在强大的第二产业基础之上，现阶段我国第三产业的发展还比较滞后。这些问题表明，我国的三次产业发展并不协调。

2. 三次产业内部结构失调

目前的农业产业结构仍存在不少问题，突出表现在缺乏规模经营、农业产业链条不够长等方面。第一，农产品种植业仍缺乏规模经营。当前一家一户的生产模式存在诸多弊端：首先成本控制能力较弱，规模经营可以降低采购、经营、种植、销售等各个环节的成本,但由于历史形成的土地制度制约,我国土地规模经营还没有形成;其次,农产品质量管控能力较差,一家一户的生产模式下,农药、化肥、种子等生产资料的采购,缺乏统一标准和监管,交易主体增多加大了质量风险;最后,近乎完全竞争的一家一户生产模式,不是一种有效率的市场结构。在市场交易中,农户往往处于比较被动的谈判地位,农户之间的竞争也非常激烈,在没有保护政策下,农产品价格往往非常低,不利于农民增收。西方发达国家严格禁止卡特尔组织对市场的控制,唯独对农业卡特尔采取支持态度,也说明农业的弱质地位需要国家政策的扶持。第二,农业产业链条比较短,国内所处的农产品加工链条环节,大量的初级农产品出口,往往附加值比较低。发达国家的农产品加工业产值与农业产值之比大都在 2∶1 以上,而我国只有 0.43∶1,与国外相比差距比较大。第三,农产品区域布局不合理,各地没有充分发挥自身的地区比较优势,未能形成有鲜明特色的农产品区域布局结构。

以工业为主的第二次产业内部,也存在诸多问题。第一,粗放发展模式难以为继。以单位 GDP 能耗计算,每创造一百万美元能耗,我国比目前世界的平均水平高出两倍,比美国、欧盟等发达国家高出 4—5 倍。虽然近 30 年,我们的能源使用效率逐步提高,但我国正处在重化工业的加速发展阶段,能耗水平已不再可能像 20 世纪 80—90 年代初那样地快速下降,而是进入了低速下降、甚至小幅增长的阶段,这种粗放发展的模式不可持续。第二,制造业中的加工贸易占比较大,整体技术创新水平较低。加工贸易环节处在价值链"微笑曲线"的最低端,属于附加值非常低的环节。但向价值链附加值较高的两端发展,需要技术作为支撑,而整体技术创新水平较低制约了价值链的攀升。第三,环境成本没有进入工业企业决策中。环境污染的最主要来源就是工业,但目前工业污染成本并没有让企业全部负担,主动排污几乎成为企业的必然选择。第四,产业的国际转移与接续产业后劲不足产生矛盾。随着中国劳动力成本的上升,外资制造业

调整产业结构与化解产能过剩

开始寻找劳动力成本更便宜的东南亚国家,这给我国加工制造业带来了严峻挑战。以制造业为主体的中小城市,普遍面临着制造业萎缩的困境。与此同时,接续产业并没有培育和发展起来,导致部分地区"腾笼换鸟"政策难以继续,最后的结果是"笼"腾出来了,新"鸟"却没有入住。

我国第三产业发展滞后,尤其是高端服务业发展,不能很好地服务于现代工业化进程。现代服务业发展已经成为衡量一个国家和地区综合进步和现代化程度的重要标志。伦敦、东京、纽约等国际中心城市第三产业的比重都在70%以上,有的甚至高达80%。在发达国家,服务业的增加值占GDP的比重一般在60%—80%,中等发达国家在50%—60%,发展中国家也达到了40%左右。我国第三产业发展呈良好态势,第三产业(服务业)增加值占国内生产总值(GDP)比重2013年提高到46.1%,首次超过第二产业。但与发达国家仍有很大差距,与我国的快速工业化发展对生产性服务业的要求相比,也显示出落后状态。

3. 三次产业结构的国际比较

通过横向对比其他国家的发展状况,也可以印证我国三次产业结构发展不协调的事实。图1、图2、图3分别展示了中国、印度和美国三个国家的农业、工业和服务业增加值所占的比重。

从图1可以看出,近十年,中国服务业增加值比重已经赶超工业增加值比重,服务业发展呈现迅猛态势。服务业发展在一定程度上反映了工业基础,尤其是生产性服务业的发展。近几十年来,从全国层面看,中国的工业仍然没有完成向集约化、智能化转变,加工贸易是中国制造业的重要贸易形式。这期间,随着农村富余劳动力向城市转移,廉价劳动力成为中国加工贸易至关重要的要素。成也萧何败也萧何,廉价劳动力进入城市,带动了服务业的发展;但金融危机后,随着学界争论的劳动力"刘易斯拐点"到来,廉价劳动力时代可能终结,之前依靠廉价劳动力快速发展的服务业可能遭遇发展瓶颈,廉价劳动力数量不足是制约低端服务业发展的一个因素。而现代服务业体系还没有完善,高端服务业所需的高水平人才仍然稀缺，制约了高端服务业发展。同时，以加工贸易为特征的制造业发展也会受影响，因此生产性服务业发展的基础必然不牢固。

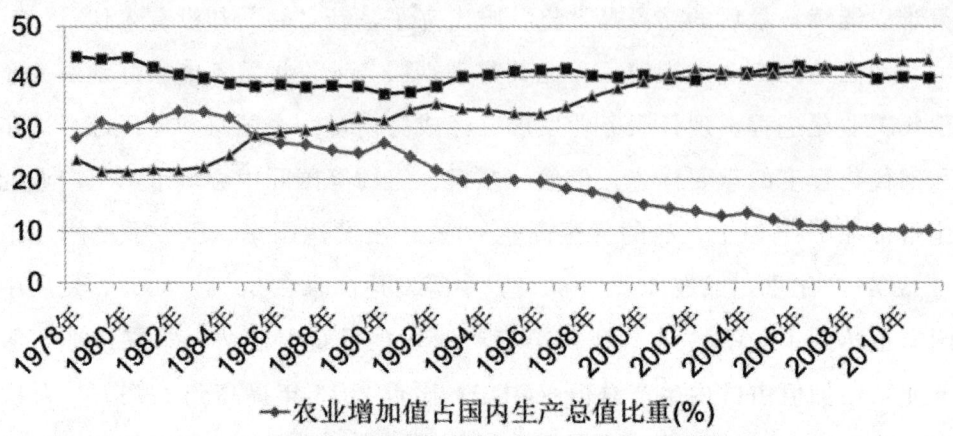

图1 中国农业、工业、服务业增加值比重（1978—2011）

资料来源：国家统计局 http://data.stats.gov.cn/workspace/index? m=hgnd.

与印度的服务业相比，我们的服务业发展也明显滞后于经济发展。印度1997年服务业增加值比重就已经高达47.7%，以至于有国外学者指出"印度已经跨越了制造业的发展阶段，从农业型经济直接进入到服务型经济"。印度的软件产业发展尤其著名，在全球产业链中占据了有利环节。看来，发展中国家经济快速增长的路径并非只有工业化道路这一条，而中国之前过于强调了工业化道路，没有着力培养现代服务业体系。

调整产业结构与化解产能过剩

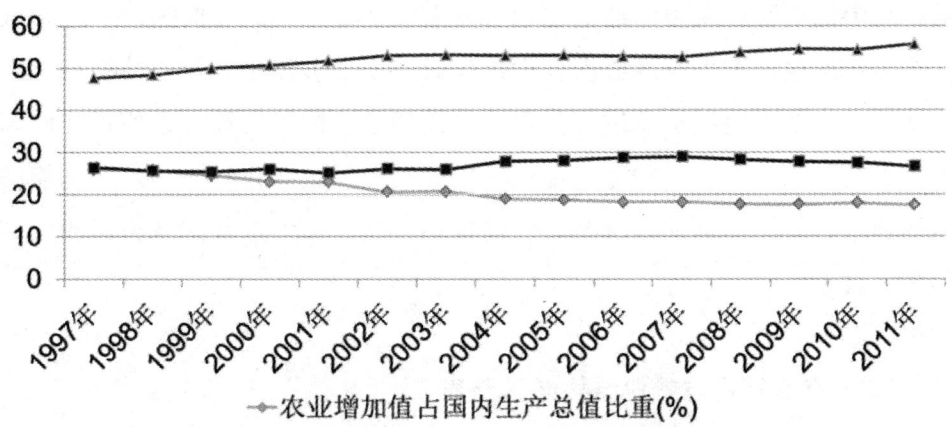

图2 印度农业、工业、服务业增加值比重（1997—2011）

资料来源：国家统计局 http：//data.stats.gov.cn/workspace/index? m=hgnd.

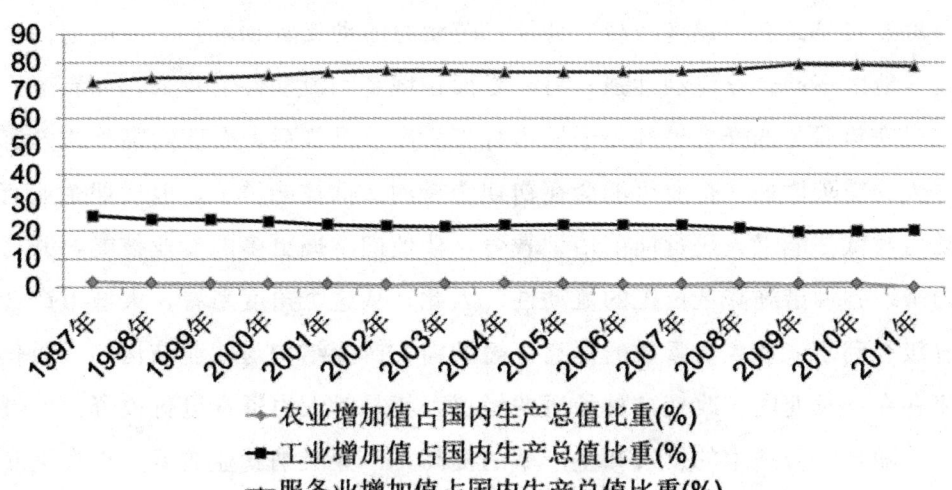

图3 美国农业、工业、服务业增加值比重（1997—2011）

资料来源：国家统计局 http：//data.stats.gov.cn/workspace/index? m=hgnd.

与美国相比，中国的服务业发展更显得滞后。一个更为显著的特点

221

是,与中国不同,美国的经济结构相对稳定。近20年来农业、工业和服务业的比重也没有大幅度波动。中国作为一个后发国家,产业结构的大幅波动能真实地反映经济发展的成果,但美国经济结构的稳定也值得我们深思:美国依靠什么发展和稳定经济?中国到了后工业化时代,是否也能够达到合理的结构比例并稳定维持?内生动力是什么?这些问题值得我们进一步探讨。

(二)产业结构与就业结构矛盾凸显

大量劳动力是中国要素资源禀赋的重要构成部分,在发展过程中,就业问题始终是国家政策的重要着力点,涉及民生发展、社会稳定的问题。

就业问题突出的产业结构因素,在于产业转型升级对高技能劳动力的需求改变了劳动就业人口的就业模式。农村剩余劳动力转移到大城市,经过简单的技能培训就可以从事加工生产等环节,因此产业升级前的劳动人口就业明显具有"候鸟迁徙"特征,劳动力流动比较频繁,一方面他们在就业地区不同企业流动性强,另一方面在城乡间流动性也较强,如春节回家过完年后再选择去另外一个城市打工。产业升级后,企业对高技能熟练工人的需求增加,企业可能会在初期选择淘汰低技能员工,但后期企业有动力对低技能工人进行岗前培训教育,让他们掌握更多的专业技能,并努力采取各种措施降低员工的流动性。因此,从这个角度来看,大城市产业升级有利于就业人员素质的提高。短期内,产业结构与就业结构的矛盾仍将存在;长期内,改变这种矛盾的做法,就是对人力资本进行投资。

随着社会技术的发展和生产率的提高,产业吸纳就业的能力也在逐步减弱,三次产业每单位产值可吸纳的就业人口数量都在逐年减少(见表1)。其中,原本吸纳就业能力比较强的第一产业减少的更快,第三产业比第二产业吸纳就业的能力要强,但两者之间的差距表现出缩小趋势。这表明,社会技术水平的提升越来越偏向使用非劳动力要素,技术发展并不具有希克斯中性特征。

表1 全国三次产业就业人口与产值

(单位:万人、亿元)

年份	第一产业			第二产业			第三产业		
	就业人口	产值	人口产值比	就业人口	产值	人口产值比	就业人口	产值	人口产值比
2003	36204.38	17381.72	2.08	15926.98	62436.31	0.26	21604.65	56004.73	0.39
2004	34829.82	21412.73	1.63	16709.4	73904.31	0.23	22724.78	64561.29	0.35
2005	33441.86	22420	1.49	17765.99	87598.09	0.20	23439.16	74919.28	0.31
2006	31940.63	24040	1.33	18894.46	103719.54	0.18	24142.92	88554.88	0.27
2007	30730.97	28627	1.07	20186.03	125831.36	0.16	24404	111351.95	0.22
2008	29923.34	33702	0.89	20553.41	149003.44	0.14	25087.25	131339.99	0.19
2009	28890.47	35226	0.82	21080.18	157638.8	0.13	25857.35	148038	0.17
2010	27930.54	40533.6	0.69	21842.14	187383.2	0.12	26332.33	173596	0.15
2011	26594	47486.2	0.56	22544	220412.8	0.10	27282	204982.5	0.13

资料来源:中宏统计数据库——年度统计数据栏。

(三)三次产业间劳动生产率差距较大

从三次产业单位劳动产值来看(见图4),2003年第一产业每万人创造的产值只有0.46亿元,2011年增长到1.79亿元,是2003年的3.89倍;2003年第二产业每万人创造的产值为3.92亿元,2011年增长到9.78亿元,是2003年的2.49倍;2003年第三产业每万人创造的产值为2.59亿元,2011年增长到7.51亿元,是2003年的2.89倍。虽然三次产业的生产率都有大幅提升,但客观上还存在较大的产业间生产率差异,这是三次产业结构不合理的客观表现之一,但同时也为产业结构调整提供了一个基础:资源在保持总量不变的情况下,通过人口在三次产业间的合理分配,可以带来总量的提高。当然,人口在产业间流动的前提是人口的自由流动和技能转换的低成本。

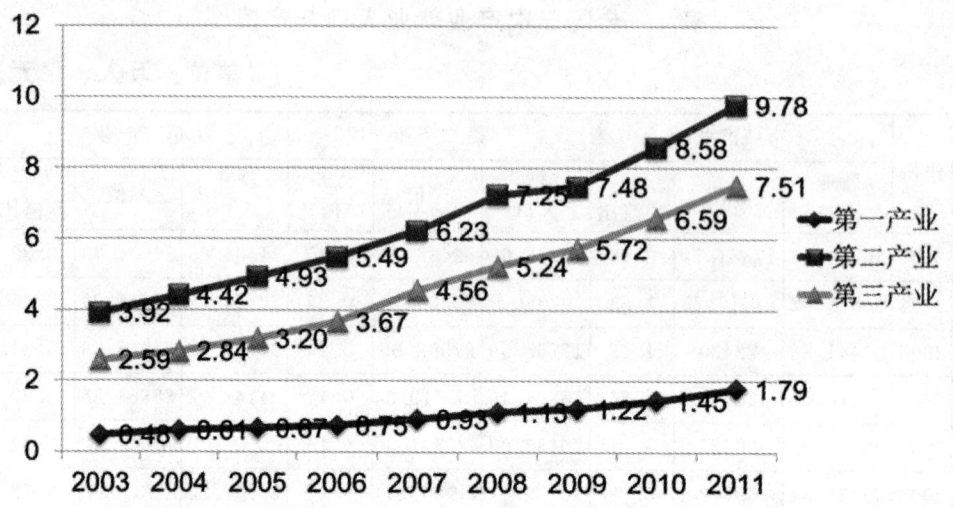

图4 全国三次产业单位劳动产值（单位：亿元/万人）

资料来源：国家统计局 http://data.stats.gov.cn/workspace/index?m=hgnd.

这样的矛盾可能与我国选择的工业化道路是有关系的。中国的一个基本国情是人多，按照国际分工理论，中国应当发展劳动密集型产业或者劳动密集型环节。新中国成立后，我国实行优先发展重工业的战略方针，理论研究表明重工业优先发展战略将导致单位资本吸纳的劳动力减少。2002年11月，党的十六大提出新型工业化道路，指出"坚持以信息化带动工业化，以工业化促进信息化，走出一条科技含量高、经济效益好、资源消耗低、环境污染少、人力资源优势得到充分发挥的新型工业化路子"。这样的要求给我们的就业带来进一步冲击。

（四）产业发展模式粗放引致环境污染

我国的产业发展模式尚未发生根本性的改变，通过增加资源投入而不是通过提高资源使用效率来提高总收益，发展方式依然粗放，在资源使用上，高耗能、高耗电、高污染等问题依然困扰着中国工业发展。在发展思路上，依然有"先污染后治理"的倾向。

调整产业结构与化解产能过剩

频繁出现的雾霾天气敲响了警钟,这种粗放发展模式不可持续,我们已经为此付出了沉重的环境代价。如果不尽快转变经济发展模式,调整产业结构,改变落后的生产和生活方式,要想减少雾霾、改善空气质量将非常困难。重化工业的快速发展成为当前环境污染问题的主要源头,对原本就十分脆弱的生态环境造成了巨大压力,调整产业结构和产业发展模式已成当务之急。

三、产能过剩形成原因及其微观基础

(一) 我国产能过剩现状及特征

经历了 30 年高速增长的中国经济,如今面临着较为突出的产能过剩问题。尤其是近十年来,我国的钢铁、水泥、平板玻璃、煤化工、电解铝等一系列主要行业均出现严重的产能过剩。统计数据显示,2012 年中国钢铁行业产能过剩达到 21%;水泥产能过剩达到 28%;有色金属的产能利用率已由 2007 年的 90%降至 65%左右,部分行业甚至已经出现了绝对量和长期性过剩,电解铝产能过剩达到 35%;汽车产能过剩为 12%。另一方面,战略性新兴产业,如光伏行业也存在产能过剩问题。目前,我国太阳能光伏电池产能占全球的 60%,风电设备产能 3000 万—3500 万千瓦,而产量只有 1800 万千瓦,产能利用率低于 60%,光伏电池的产能过剩达到 95%。产能过剩问题在我国已经非常突出。2013 年 7 月 25 日,工业和信息化部公布了年度首批工业行业淘汰落后产能企业名单,共包括 19 个工业行业[1],国家治理产能过剩的力度从未减弱。

世界金融危机以来,伴随着我国刺激经济的"四万亿"政策实施,我国的产能过剩问题又呈现出两个重要现象。一是传统行业的过剩产能反弹

---

[1] 分别是:炼铁、炼钢、焦炭、铁合金、电石、电解铝、铜冶炼、铅冶炼、锌冶炼、水泥、平板玻璃、造纸、酒精、味精、柠檬酸、制革、印染、化纤、铅蓄电池等。

问题更加突出，表现为产能过剩反复出现在某些特定行业。二是原本处于产业初创和发展期的一些新兴、高端产业也出现产能过剩问题[①]；这两个重要现象是"中国式产能过剩"的主要特征。

（二）关于产能过剩成因的主流解释

目前关于产能过剩成因有以下三类主流解释，可以分别看作经济结构失衡、市场失灵和体制失灵假说。

1. 产能过剩的结构失衡假说

经济结构失衡假说，认为产能过剩源于国有经济主导的经济体系、政府主导的投资结构和区域间技术级差较小。有学者认为国有企业属性内在地暗含着产能过剩，原因在于国有企业的低效率总是阻碍有效率的兼并，且被兼并后其丧失的控制权没有获得经济补偿。从重复建设角度出发，也有的学者证实只有是政府主导的投资才有可能是重复建设。将产能过剩与中国重工业优先发展的历史背景相联系，部分学者推断出落后地区的生产制造品的技术比发达地区生产制造品的技术落后不是太多，就会存在市场性重复建设。这些理论，从宏观的角度给出了产能过剩产生的根源，但现实经济中的产能过剩问题却远远超出这些理论的解释力度。在非国有经济领域、私人投资领域以及技术差异较大的区域，也出现了产能过剩的现象，因此，产能过剩的成因需要从更细致的微观领域寻找答案。

2. 产能过剩的市场失灵假说

市场失灵假说认为产能过剩源于市场经济本身，更确切地说是源于市场微观主体企业决策，即投资的"潮涌"现象。发展中国家企业所要投资的产业常常具有技术成熟、产品市场已经存在、处于世界产业链内部等特征，因而全社会很容易对有前景的产业产生正确共识，在投资上出现"潮

[①] 以风电设备、太阳能光伏产业为代表的一些新兴产业同样面临产能过剩的问题。无锡尚德太阳能电力有限公司于2013年3月进入破产程序，标志着中国太阳能光伏产业进入艰难生存时期。

涌现象"导致产能过剩。各企业只能在信息不完全的情况下投资设厂，导致投资完成后可能出现产能过剩。这种观点从企业投资决策的角度分析产能过剩可能源于"企业战略共识"和"信息不完全"，具有一定的微观基础。

但有两点值得商榷：首先，没有证据表明企业在识别"有前景的产业"上具有完全信息，正如奈特指出的"利润来源于不确定性"，一旦企业意识到其他企业也会正确地判断产业前景，该企业在进行生产决策时将会考虑"前景产业"共识带来的风险，投资"潮涌"可能未必出现；第二，该理论无法解释"已经存在重复建设的产业仍不断有新建投资"的现象。中国经济的现实运行状况表明，在许多已经存在重复建设的产业中，仍不断有新的投资进入该产业，如电解铝、光伏产业。按照"潮涌理论"的逻辑，企业对"某产业已经产能过剩"也应产生共识，理性的决策者不会再对该产业进行投资。因此，"潮涌"理论对产能过剩的解读可能并不全面。

3. 产能过剩的体制失灵假说

体制失灵假说，认为产能过剩源于体制扭曲——不合意的投资激励。这种观点认为产能过剩可能来自于体制方面的因素，比如软预算约束、地方官员政绩"锦标赛"、体制扭曲带来的投资激励以及财政分权等。有学者认为财政分权体制加剧了地方政府间的竞争、刺激了地方政府深度参与经济、各地方产业结构趋同，因而导致行业产能过剩问题严重。这些观点强调了市场机制以外的体制扭曲是产能过剩的主因，并指明了体制扭曲带来的企业投资激励是其微观基础，从而对中国式产能过剩问题有了更加清晰的解读。但从这些观点的逻辑出发，财政分权、政绩"锦标赛"等会导致全面"过剩经济"的出现，因而无法回答为什么产能过剩只在特定的行业出现，也就无法解读"中国式产能过剩"的根源。

经济结构失衡、市场失灵和体制失灵并没有很好地解释中国产能过剩问题，恰恰相反，对市场机制的干预和产业政策对企业投资和退出决策的扭曲激励才是当前产能过剩的主要原因。在执行产业政策时，地方政府前期通过扭曲激励导致产业内企业的过度投资，后期又通过各种措施阻挠企业的退出，无监管的地方政府竞争性投资鼓励下产能过剩必然出现。

（三）产能过剩形成的微观基础：企业决策

中国式的产能过剩，突出地出现在一些特定行业，并在这些特定行业中反复出现，以至于学界和业界对哪些产业出现产能过剩的研判出现惊人的一致。上述四个层面的因素部分解释了中国式产能过剩。但我们发现，在产能过剩的行业，通常也是受国家政策调控最多的行业[①]。为什么在一些行业中，产能过剩屡"调"不止，甚至不断出现"产能过剩"反弹？与"市场失灵"是产能过剩原因的观点相反，我们认为，阻碍市场资源配置功能发挥的不恰当政府干预、尤其是旨在促进特定产业发展的产业政策在执行过程中出现偏差，可能是产能过剩出现的重要原因，其作用机制是扭曲了企业的投资和退出决策，使得企业受到不合意的激励。

此处，从管制经济背景下的政府干预和产业政策两个方面来论述企业受到的激励扭曲。

1. 政府干预对企业投资决策的激励扭曲

政府制定的干预市场配置资源功能的政策可能会扭曲企业的投资决策，在国有经济为主导的社会主义市场经济体制下，国有企业预算软约束进一步恶化了已经扭曲的投资安排，突出表现在以下几方面：

第一，审批机制与寻租行为导致的过度投资。审批机制是政府用来干预自由市场的一个重要工具，属于市场进入壁垒的一种，理论上来说可以从总量上控制企业的市场进入行为。因此如果政府能够知晓市场合理规模且审批得当，不应出现产能过剩。但政府规划远不如市场精准，因项目审

---

① 当然，产能过剩与政策调控的因果关系有待进一步论述。调控政策的密集出现导致了产能过剩还是产能过剩才招致调控政策的出现不是本文要讨论的主题。

批机制的存在形成的较高市场进入壁垒，会激励市场上的在位企业实施垄断或合谋行为，从而获得垄断经济利润。这时，在完全市场竞争下原本不会进行投资的企业也会因市场进入壁垒保护下的垄断超额利润而考虑进入市场。因此，审批机制等类似的行政性进入壁垒错误地激励了企业的投资行为，高进入壁垒可能保护了低效率企业。审批权力带来的寻租行为更是对市场竞争机制的一种破坏，也是企业过度投资的诱因，不存在寻租行为下，行政性的审批执行可能更严谨，寻租行为的存在使得监管当局对企业进入的审批更加宽松，也会导致企业的过度进入。

第二，以地方政府融资平台为代表的政府干预，对企业形成过度投资激励。地方融资平台是政府实现产业调整、解决经济发展难题、推动经济可持续发展的重要举措。在产业政策的指导下，与政府紧密相连的地方融资平台会鼓励当地企业竞相投资符合产业政策要求的产业。由于地方融资平台的重要特征是其部分兼顾了政府绩效提升的职能，那些原本在私营企业决策不会出现的投资也因能够给政府官员绩效增添色彩而不断出现，而企业投资者通常会认为即便经营不善，地方政府会成为最终的救市者，这就造成企业经营过程中的道德风险上升，这也是对市场机制的一种扭曲。

第三，政府补贴错误激励了企业的投资决策，也带来了道德风险问题。一是政府补贴下的要素市场价格扭曲对企业投资决策的影响。要素价格是企业投资决策的重要参考标准，市场经济体制下的要素价格能够正确地反映要素的稀缺水平。在政府补贴后的扭曲要素价格下，企业的成本结构和供给曲线也被扭曲，原本无利可图的投资也可能因补贴的存在而出现。二是政府补贴带来的企业套利行为，使得企业过度进入。政府为了吸引企业到地方投资而竞相对企业进行补贴，地方政府的竞争性引资导致平均的补贴水平升高，有的补贴额度已经非常可观。企业因此存在套取政府补贴的动机，事实上，有不少企业在新开工厂、拿到补贴后，没有继续进行生产活动，形成大量的过剩产能。

2. 政府干预对企业退出决策的激励扭曲

政府干预市场配置资源功能的政策也可能会扭曲企业的退出决策,从而加剧产能过剩问题。在市场竞争中处于不利位置的企业,若能从市场中快速退出,产能过剩问题也可以得到缓解。但事实上,部分行业的高退出壁垒使得企业无法退出,只能继续在市场上进行低效率的竞争,而高退出壁垒的存在也与政府的干预相关。更为突出的是,产能过剩问题因国有企业退出市场的艰难而恶化。

第一,政府干预形成的高退出壁垒带来的企业退出障碍,恶化了产能过剩问题。资产专用性[①]是高退出壁垒的一种形式,《关于抑制部分行业产能过剩和重复建设引导产业健康发展的若干意见》(国发〔2009〕38号)指出的六大产能过剩行业[②],其共同特征是固定资产投资较大、资产专用性较强。企业经营出现问题后,其资产难以被用作其他行业,对这些行业来说,退出壁垒较高,是产能过剩形成的经济学属性。但在资本市场不完全的背景下,通过证券流通方式退出市场的渠道受阻,而地方政府为了追求经济增长、保证就业和税收,阻碍企业的退出行为,甚至再次进行补贴,从而形成一个"产能过剩—无法退出市场—政府补贴—产能过剩加剧"的恶性循环。

第二,国有企业退出市场受到严格的政府干预,产权交易市场的缺失加剧了产能过剩问题。在产能过剩的许多行业中,国有企业均占据了较大份额,与私营企业不同,国有企业的退出不仅受到严格的政府管制,也面临着利益群体的博弈。于是,经营困难的国有企业通常会得到政策性补贴,国有企业得以继续在市场上留存。我国产权交易市场的缺失是企业退出市场的另一个障碍,完善的产权交易市场,可以使拟退出企业进行产权交易,从而退出市场或转让给更有效率的经营者。同时,国有企业的属性

---

① 资产专用性是指用于特定用途后被锁定很难再移作他用性质的资产,若改作他用则价值会降低,甚至可能变成毫无价值的资产。

② 六大产能过剩行业分别是钢铁、水泥、平板玻璃、煤化工、多晶硅和风电设备。

决定了其肩负更多社会责任,在国有企业退出过程中面临着更高的退出壁垒。

3. 产业政策对企业投资决策的激励扭曲

产业政策在扶持弱质产业、优化产业布局、促进产业升级中的作用功不可没,也是近年来我国工业体系快速发展的重要推动力量。但产能过剩也可能是产业政策实施不当的附属品。在产业政策的执行过程中,产业政策可以通过扭曲企业的"政策性优惠"预期及企业投资决策行为使整个产业形成过剩的生产能力。

第一,产业政策的"政策性优惠"预期导致企业潜在的过度进入。在新兴产业刚刚发展的时候,政府通常会制定产业政策来扶持新兴产业发展。先验证据表明,近年来政府鼓励发展的产业通常会有政策性的优惠,因此,理性的企业在进行投资决策时往往会偏向于产业政策鼓励的投资方向。但较之市场本身,政府对产业市场容量大小的判断可能更逊一筹,在产业政策制定的初期,通常没有关于产业总体市场容量大小的限制,从而有产业政策鼓励发展的产业容易出现产能过剩的现象。这种现象的背后是企业对产业政策形成的"政策性优惠"预期,只要企业在产业政策鼓励的产业中投资,就可能享受各种优惠政策。若企业不存在这种预期,在投资该产业时企业家可能会更加谨慎。

第二,产业政策性激励引致企业现实的过度进入。在产业政策执行的过程中,对鼓励发展的产业,政府通常在土地、财政、税收、金融等方面给予实际的、与产业政策相联系的补贴。一方面,由于企业的成本会被补贴抵消,进行投资的企业数目会增多;另一方面,企业的投资额度会高于没有补贴下的企业投资额度,由此造成现实的过度市场进入。

第三,产业政策框架下政府参与的竞争性招商引资也是产能过剩出现的一个重要成因。在产业政策的引导下,各地政府大力宣传,竞争性地招商引资,造成同一产业的投资出现趋同化。地方政府为了发展经济,会鼓励更多企业投资而形成相应的产业集群带动相关产业的发展。但产业政策本身并没有对政府间的竞争性招商引资行为进行协调,即便有监管部门对政府间的竞争性行为进行协调也未必有效。事实上,由哪些地区来发展一些特定的产业只有市场能够衡量。政府驱动的投资模式可能加剧了产能过剩问题。

4. 产业政策对企业退出决策的激励扭曲

产业政策还可以通过扭曲企业的退出决策使整个产业形成过剩的生产能力,主要原因在于:产业政策关于企业退出的部分措施可能是反效率的经济行为。

不当的产业政策可能是产能过剩问题反复在特定行业出现的重要原因。关于产能过剩产业中的企业退出,产业政策给出的解决措施通常被归纳为"关停并转"①。市场机制下"关停并转"也会自发出现,产业政策中的"关停并转"是否符合市场机制下的效率原则值得探讨。现有产业政策中关于落后产能的界定可能并不符合经济学逻辑,在一些规模经济性较强的产业,兼并重组确实符合效率原则,问题在于谁兼并谁。现行产业政策的一般逻辑是,产能小就是落后,产能大就存在规模经济性。事实上,在中国一些过剩产业中已经出现了规模不经济情形,在这种情况下,兼并实际上是反效率的,反效率兼并不但不能缓解产能过剩问题,可能使产能过剩问题更加严重。在对企业或项目实行关闭时,并没有对企业的创新能力和潜力进行评估,且在具体执行过程中,政府代替市场界定了具体企业的落后产能,短期内产能过剩问题可能会得到缓解,但长期内产能过剩问题依然会出现反弹。

产业政策中关于企业退出形式的不恰当规定和引导也是产能过剩的一个重要成因,尤其是衰退企业的国有化。对生存艰难企业的国有化收购也可能为下一轮产能过剩埋下伏笔。在产能过剩的语境下,生存艰难的大企

---

① "关停并转"是中国优化工业结构、整顿企业的措施,是企业"关闭、停办、合并、转产"的简称。

业退出通常会引发政府的担忧，许多政府参与救市时采取了越俎代庖的国有化措施，新兴产业中的光伏产业就是一个鲜活的例子[①]。如前所述，政府介入的国有化企业退出是一个更大的难题，国有企业运营亏损由政府补贴扭曲了企业的退出决策，只要一息尚存，国有企业就没有动力退出市场。因此，国有化救市可能是下一轮产能过剩的成因。

四、产业结构调整与化解过剩产能的原则与对策设计

近些年来，我们力图从政策入手，采取政府引导、市场推动的方式优化产业结构，并分别于2005年、2011年和2013年颁布了《产业结构调整指导目录》，但产业结构问题依然突出。国务院也多次出台治理产能过剩的文件，但调控效果往往不尽如人意。在经济发展的各个阶段，产业结构存在的问题似乎并没有减少。相反，我们认识到的结构性问题越来越多，调整的难度也越来越大。经济发展经验告诉我们，产业结构总是会随着生产力的发展、资源禀赋的变化以及国内外经济环境的变化产生新的矛盾。由此，产业结构的调整一定要遵循符合经济学规律的基本原则。

（一）产业结构调整与化解产能过剩的基本原则

1. 理顺市场与政府的关系

理顺市场与政府的关系是产业结构调整和化解产能过剩的基础。2013年中央经济工作会议提出，"大力调整产业结构，指出把使市场在资源配置中起决定性作用和更好发挥政府作用有机结合起来，坚持通过市场竞争

---

① 2012年10月19日，江西赛维将19.9%的股份出售给国资背景企业恒瑞新能源，此后内部董事迎来"大换血"，四名新成员进入董事会，其中三人带有国资背景。另据纽约时报报道，2013年3月，作为全世界最大的太阳能电池面板制造商之一，中国尚德电力已经接近耗尽所有现金，将会部分甚至全部由总部所在地无锡的市政府旗下控股公司接管。从这两个案例可以预见，未来光伏产业的竞争可能转变为国有企业间的竞争。

实现优胜劣汰"。在产业结构调整过程中，市场与政府配置资源效率不同，市场要通过引导企业的微观决策行为，来顺应产业结构演进的一般规律。政府则要破除妨碍市场运行的一些制度性障碍，降低市场运行的交易成本。如强化环保、安全等标准的硬约束，加大执法力度，对破坏生态环境的要严惩重罚。

什么样的产业结构是合意的？在市场经济下，按照自然要素禀赋形成的产业结构，无疑是一个国家的最优选择。但是在要素禀赋的调整和形成上，政府介入可能比市场通过试错来调整禀赋要有效率。传统要素禀赋理论是一种静态的，将要素禀赋视为外生的理论，事实上，纵观改革开放以来中国经济发展的实践，我们的要素禀赋并不是外生的。经济的发展会改变要素禀赋状态，从而形成新的比较优势。改革开放前，我们的人口也非常多，但是社会产品总量依然缺乏，原因就是缺乏一个有效的劳动力市场。完善的劳动力市场为我们提供了"中国制造"的低成本劳动力要素基础，这归功于市场的完善。中国重工业化战略的选择，让我们快速完成了资本积累，而在当时情况下依靠市场是无法快速积累这么多资本的，从这个意义上来讲，政府可以动态调整要素禀赋结构，从而促进产业结构的升级。产业结构调整需要市场和政府两只手才能够更有效率。

2. 推进要素市场化改革

合理的价格体系是产业结构调整的"指南针"。当前存在的产业结构问题，许多都是要素价格扭曲导致的，尤其是土地、能源和资源价格扭曲所造成的。扭曲的价格必然会形成扭曲的产业结构，在市场机制下最重要的信号就是价格信号。资源必须在价格信号下优化配置，才能达到帕累托最优状态。推进要素市场化改革，在自然资源价格市场化方面，要加快自然资源及其产品价格改革，让要素价格全面反映市场供求、资源稀缺程度、生态环境损害成本和修复效益。

推进土地要素市场化改革。从市场结构上来讲，土地交易市场是一个低经济效率的市场。在当前土地市场中，定价行为和竞争行为均在一定程

调整产业结构与化解产能过剩

度上被限定。现有定价机制下土地指标价格并不是按照指标的稀缺性来确定，交易价格是政府定价，政府对农民集体所有土地征收补偿水平普遍较低，而且补偿方式也不是市场化补偿。竞争机制是市场有效发挥作用的另一个重要因素，在土地交易市场中竞争机制也没有完全发挥作用。一方面，在土地征用过程中，政府以公共利益为由征用农民集体所有土地进行，不存在交易上的竞争，土地资源定价并非合意的市场价格。另一方面，界定"公共利益"本身也不是竞争性过程，若农民和政府在界定"公共利益"的范围上可以讨价还价，也是效率提升的一个渠道。

加快能源要素市场化改革。传统高污染能源价格，并非是能反映资源稀缺的市场价格，如煤炭市场。直到最近几年，煤炭价格市场化才有所松动。在政府管制下，煤价普遍低于市场自发形成的价格，对企业来说，使用煤炭资源比使用低污染的清洁能源在经济上更为可行。如果煤炭等高污染能源价格升高、清洁能源价格下降，企业就会自发地减少高污染能源的使用、增加清洁能源的使用，产业结构升级就成了一个水到渠成的事情。一味地追求产业结构升级，不对要素市场进行市场化改革，无异于拔苗助长。

探索资源要素市场化建设。中国的自然资源总量虽多，但并不意味着取之不尽用之不竭，我们的人均资源拥有量在世界上处于较低水平。从世界自然资源开发和保护来看，市场化依然是一条有效的路径。但各种自然资源对经济发展的战略意义可能不同，完全依靠市场化方式建设自然资源市场并不一定可靠。不涉及国家战略需要的自然资源，可以逐步放宽民营资本进入资源勘探、开采、加工和储运等环节，打破国有资本垄断开发的机制。

3. 以创新推动产业升级

如果我们仔细观察产能过剩行业的产品，就会发现在这些行业中，产品同质化严重，并且质量水平普遍较低，这其中的原因就是缺乏创新。以钢铁行业为例，2012年年底，每吨钢的利润只有1.68元，只相当于一瓶矿泉水的价钱。2013年上半年,据中国钢铁工业协会发布的数据,利润一度降到了每吨只有0.43元,连买根冰棍都不够。与这个现实形成鲜明对照的是,世界范围内高端钢材市场需求增长较快,但中国钢铁企业缺少创新能力,缺乏相应的技术。

所以,2013年中央经济工作会议明确指出:"化解产能过剩的根本出路是创新"。但创新的形式可以多种多样,包括技术创新、产品创新、组织创新、商业模式创新、市场创新。那么,由谁来进行创新?显然,在市场竞争一线的企业更清楚需要哪些创新以及如何进行创新。但是,要使企业有动力创新,需要一个良好的市场结构。经济学理论告诉我们,在完全竞争市场,创新收益很快就会被竞争对手的模仿所抵消,因此完全竞争市场并不是一个能够孕育创新的市场结构。同样,在完全垄断市场,在位企业受到进入壁垒的保护,可以坐享垄断收益,从而就失去了创新的动力。经济学给出的答案是,垄断竞争市场或可竞争市场是有利于创新产生的市场结构。问题在于,如何构造这样的市场结构?这就需要政府一方面维护市场经济运行的基础,确保竞争机制发挥作用;另一方面,对反竞争行为,综合运用反垄断和反不正当竞争政策来维护市场秩序。这样,创新才会不断出现。

要创造环境,使企业真正成为创新主体。政府要做好加强知识产权保护、完善促进企业创新的税收政策等工作。强化激励,用好人才,使发明者、创新者能够合理分享创新收益,打破阻碍技术成果转化的瓶颈。创新一方面避免了低水平的同质产品产能过剩;另一方面也有助于推动产业升级。此次中央经济会议指出在产业结构调整过程中,要着力抓好化解产能过剩和实施创新驱动发展。

(二)化解产能过剩的思路与政策启示

经济结构失衡、市场失灵和体制失灵并没有很好地解释中国产能过剩问题,恰恰相反,对市场机制的干预和产业政策执行过程中出现的偏差对企业投资和退出决策的扭曲激励才是当前产能过剩的主要原因。充分发挥市场机制配置资源的作用，并合理设计产业政策的激励机制，完善市场机制的灵活性和产业政策的有效性。重要的就是不断完善自由竞争的市场机制，长期来看，优化产业结构可以从以下几方面着力进行政策设计：

1. 完善和优化企业的市场进入和退出机制

企业的自由进入与自由退出是市场机制发挥作用的一个重要前提。自由进入行业，需要改革现行的行政审批制度。长期内，应当降低企业的进入障碍，在市场准入方面实行"注册登记制度"而不是"审批制度"，引入动态竞争机制，让在位企业在竞争环境而不是在"进入壁垒"保护环境下生存。在一些重要行业，尤其是产业政策涉及的一些行业，企业的进入需要严格的政府审批，但产能过剩依然严峻，表明企业退出可能存在更大的障碍。因此，短期内，治理产能过剩可以首先降低企业的退出障碍，让低效率企业退出市场，避免恶性竞争。

2. 培育和建设有效的企业控制权交易市场

降低企业的退出障碍，可以通过市场化机制来实现，关键在于形成一个有效的企业控制权交易市场。企业控制权交易市场的重要功能在于实现高效率对低效率的接管，当拥有大量"资产专用性"投资的企业欲退出市场时，企业控制权交易是退出成本最低的方式，降低了因为退出成本过高而过剩产能无法退出的概率。高效率企业接管低效率企业而企业并未退出相应市场，是否有助于缓解产能过剩？答案是肯定的。被接管的压力，使得企业在投资扩张决策时会更加谨慎。产业政策支持下的企业盲目投资带来的损失，最终会由财政来补贴部分损失，具有国资背景的企业更是如此，国有企业控制权不容易丧失的特征与产能过剩必然性地同时存在。允许国有企业的控制权在市场交易可以缓解产能过剩。

3. 产业政策执行过程中政策性补贴应由"输血"向"造血"转变

政策性补贴有助于企业的创立和发展，但政策性补贴的着力点一定要准。从补贴对企业决策的影响来看，我们可以将政策性补贴分为"输血型"政策补贴和"造血型"政策补贴。"输血型"政策性补贴通常降低企业使用的要素价格，直接给企业输入资金流动性，是对市场机制的一种扭曲，给企业带来不恰当的激励。这种补贴，通常不会在很大程度上影响企业的长远发展战略，并且容易使企业从事短期行为，在补贴中套利。而"造血型"的政策补贴，则关注企业的可持续发展能力和创新水平，是对企业经营能力和竞争力的正向激励，如对企业的研发给予支持、奖励科技创新成果等。在产能过剩的一些行业，企业产品同质化严重，产品升级存在一些技术性障碍。若政府的政策性补贴主要用于鼓励企业技术创新和升级，具有"半公共品"性质的技术革新会提升整个产业的产品质量水平，一定程度上缓解同质产品产能过剩问题。

4. 矫正对产业政策解读的扭曲

产业政策是指国家根据国民经济发展的内在要求，改变产业间和产业内关系，调整产业结构和产业组织形式，并使供给结构能够有效地适应需求结构而制定的一系列政策。二战后日本和韩国的快速崛起，也被认为是与高效的产业政策有关。但在国内一些政策或决策部门，以及地方政府发展经济的实践中，产业政策通常被理解为支持产业发展的各项优惠政策。因此，一旦国家从战略角度上提出哪些产业要发展，就会有相应的优惠政策出台来支持。这种对产业政策的理解是片面的，产业政策主要调节的应当是产业间的比例关系（产业结构政策）或产业内的企业竞合关系（产业组织政策），而不是对企业的决策产生直接影响。某项产业政策的实践，应当是通过引导而不是干预企业行为壮大该产业实力。当年日本和韩国的产业政策，也不是只对企业进行资源倾斜，而是营造一种竞争性的、创新性的环境，让市场去选优（优秀企业、优秀技术）。只有从根本上认识到产业政策是对市场失灵的一种弥补，才能更好地依靠产业政策。

5. 统筹全局加强对地方政府的竞争性引资监管

地方政府的无序引资竞争、提供各种竞争性补贴是扭曲企业投资行为、导致产能过剩的一个重要因素。统筹全局，对地方政府的竞争性引资

调整产业结构与化解产能过剩

进行监管十分重要。在产业政策的实施过程中,现有做法是采用审批方式来控制各地区的项目额度,这并不一定是有效率的。长期来看,需要监管并禁止的是地方政府直接参与经济决策的程度,而不是项目额度本身。一些产能过剩的行业,主要目标市场是国外而不是本土市场,政府参与经济决策越多、补贴越多,产能过剩问题越严重,也越容易受到国外"双反"的调查和起诉。因此,限制地方政府参与经济决策和无序竞争引资不仅有利于缓解产能过剩问题,也有助于改善国际贸易条件。

(杨振:中共中央党校经济学部讲师)

10 应对人口老龄化对中国经济的挑战

人口问题在经济社会发展中始终处于基础地位。人口是影响经济社会发展的关键因素,关系改革开放和社会主义现代化建设的成功,关系中华民族的未来。党的十八大报告中明确提出,"积极应对人口老龄化,大力发展老龄服务事业和产业。"这是党中央针对日益严峻的人口老龄化形势做出的重大战略部署。十八届三中全会《中共中央关于全面深化改革若干重大问题的决定》中进一步指出:"积极应对人口老龄化,加快建立社会养老服务体系和发展老年服务产业。"

随着人民生活水平的不断提高,生育率的持续走低,人口预期寿命的不断延长,人口老龄化是人口发展的必然趋势,是个世界性的问题。人口老龄化既是社会问题,也是经济问题。本文就人口老龄化对中国经济的影响,探讨中国应该如何应对人口老龄化对经济的挑战。

一、什么是人口老龄化

人口老龄化是指一个国家或地区总人口中因年轻人口数量减少、年长人口数量增加而形成的老年人口比例相应增长的状态。国际上通常把60岁及以上的人口占总人口比例达到10%,或65岁及以上人口占总人口的比重达到7%作为一个国家或地区进入老龄化社会的标准。65岁及以上占14%时即进入深度老龄社会,占20%时则进入超级老龄社会。老龄化包括两层含义:一是指老年人口相对增多,在总人口中所占比例不断上升的过程；二是指社会人口结构呈现老年状态，进入老龄化社会。

从人口老龄化的直接表现来看，人口老龄化出现的原因主要包括两个方面：一方面是人口生育率的下降，使少年儿童的人口数量和比重减少，老年人口的数量和比重相对增加。即使老年人口数量没有增加，但由于少年儿童人口数量和比重的减少，老年人口的比重也会相对增加，从而使得人口老龄化；另一方面是老年人口死亡率下降后，老年人口生存时间的延长，使老年人口的比重增加，加速了人口老龄化。出生率和死亡率的下降都会改变人口的年龄构成，但出生率下降的影响更大。死亡率的下降会延长人口的平均寿命，使老年人的数量增加，但要影响到人口老龄化则需要较长的时间。而出生率的降低将立即减少少儿人口，提高老年人在人口结构中的比例。我们可以通过中国人口抚养比的变化看到人口老龄化的趋势，如表1所示。

表1 中国抚养比（%）

指标	1950	1970	1990	2000	2010	2020	2030	2040	2050
总抚养比	63.3	79.3	49.8	42.5	34.2	42.7	47.2	57.8	63.0
少儿抚养比	56	72.2	41.5	32.6	22.3	26.0	21.1	23.0	21.2
老年抚养比	7.3	7.1	8.3	9.9	11.9	16.7	26.1	34.8	41.8

资料来源：《中国统计年鉴2013》和《联合国世界人口展望2012》。

二、中国人口老龄化状况及其特征

与其他国家相比，中国人口老龄化有其独特性。中国人口老龄化是在特定的经济社会发展环境下形成的。中国人口基数大、严格的计划生育政策、经济快速增长、二元经济结构等国情不同于西方发达国家，也不同于其他发展中国家，这决定了中国人口老龄化具有老年人口绝对数量大、老龄化速度快、老龄人口高龄化、人口老龄化与经济发展不协调、不同地区之间老龄程度差异大等特点。

（一）中国人口老龄化的社会经济背景："未富先老"、"未城先老"、"未备先老"

"未富"，是指在进入老龄化社会时，经济和社会发展水平还相对比较低。发达国家在进入老龄化社会时，经济社会已经发展到了较高水平。它们的人均GDP大多在5000—20000美元。社会积累了良好的经济基础，经济结构处于较高阶段，社会保障体系、医疗和养老服务体系相对健全。中国在2000年进入老龄化社会的时候，人均GDP刚刚超过800美元。中国在人均GDP水平较低的情况下，在需要大力发展经济的过程中出现人口老龄问题，不同于发达国家"富了再老"。从20世纪70年代开始的计划生育政策，使得中国人口生育率在短期内实现了急速转变。这也是造成中国人口老龄化相对于经济发展水平提前到来的重要原因。中国人口生育率转变过程被严重"压缩"了，但是工业化、现代化过程并没有被同等程度地压缩，这就造成中国老龄化社会相对于工业化和现代化提前到来。因此，中国人口老龄化对经济发展的挑战需要积极应对。

"未城"是指在进入老龄化社会后，城镇化水平还比较低。发达国家进入老龄化社会时，城镇化都已经完成。从世界其他国家老龄化和城市化发展的历程看，这两者存在一定的相关关系（见表2）。2013年中国的城镇化率虽然已经达到了53.7%，但户籍城镇化率只有35%左右，远远低于发达国家进入老龄化社会时城镇化的水平，而老龄化水平比较超前。因此，中国在人口老龄化不断加深的城镇化过程中，农民工市民化的任务十分艰巨，农村的养老问题会更加突出。

表2 中国与世界其他地区城市化和老龄化比较

地区	城市化率	65岁及以上人口比重
世界（2010）	52.1	7.7
较发达地区（2010）	77.7	16.1
欠发达地区（2010）	46.5	5.8
最不发达国家（2010）	28.5	3.5
欠发达地区（不包括最不发达国家）（2010）	49.7	6.2
欠发达地区（不包括中国）（2010）	45.1	5.0
中国（2013）	53.7	9.7

资料来源：《联合国世界城市化展望2011》和《2013年国民经济和社会发展统计公报》。

"未备"，是指我国的社会体系，特别是社会养老保障和养老服务体系尚未做好应对人口老龄化的准备。2010年第六次人口普查数据显示，中国老龄人口依赖国家转移支付的离退休金、养老金和最低生活保障金生活的占28%；依赖劳动收入的占29%（主要是农村居民）；依赖家庭成员供养的占40.7%；有财产性收入仅占0.37%。老人自有资产和财产性收入比例过低，让"未富先老"雪上加霜。另外，农民工参加社会保障的比例还比较低（见表3），亟待将他们纳入社会基本养老保障体系中。

表3 外出农民工参加社会保障的比例（%）

	2008年	2009年	2010年	2011年	2012年
养老保险	9.8	7.6	9.5	13.9	14.3
工伤保险	24.1	21.8	24.1	23.6	24.0
医疗保险	13.1	12.2	14.3	16.7	16.9
失业保险	3.7	3.9	4.9	8.0	8.4
生育保险	2.0	2.4	2.9	5.6	6.1

数据来源：国家统计局，《2012年全国农民工监测调查报告》。

"先老"意味着劳动力数量减少、劳动力成本上升，使中国传统的劳动力成本比较优势不复存在。目前,农村劳动力的转移数量、劳动年龄人口数量难以满足城市发展需求,普通劳动者的工资在加速上涨。"未富"意味着中国的经济结构还没有做好准备,尚未达到高级阶段。在资本密集型产业还没有足够的竞争优势,中国经济处于"比较优势"向"竞争优势"的转换阶段。如果不能很好地应对人口老龄化出现的各类问题,就有可能陷入"中等收入陷阱",经济发展放缓甚至停滞,增加社会不稳定因素。

(二) 中国人口老龄化的具体表现

1. 老年人口基数大

按2013年国家统计局统计公报(见表4)数据显示,2013年年末,中国60岁及以上人口已达到2.02亿,占全国人口总数的14.9%,其中65岁及以上人口占全国人口总数的9.7%,达到1.31亿。目前全球老年人口超过1亿的国家只有中国一个。2亿老年人口数相当于印尼的总人口数,已超过了巴西、俄罗斯、日本各自的总人口数。如果作为一个国家的总人口数,也能排世界第四位。

表4 2013年年末人口数及其构成 单位:万人

指 标	年末数	比重%
全国总人口	136072	100.0
其中:城镇	73111	53.73
乡村	62961	46.27
其中:男性	69728	51.2
女性	66344	48.8
其中:0—15岁(含不满16周岁)	23875	17.5
16—59岁(含不满60周岁)	91954	67.6
60周岁及以上	20243	14.9
其中:65周岁及以上	13161	9.7

资料来源:《2013年国民经济和社会发展统计公报》。

按照联合国的预测数据，我国 65 岁及以上的老年人口总量将从 1950 年的 0.24 亿增至 2050 年的 3.31 亿，100 年增加了 3.07 亿。从 2010 年开始，我国老年人占世界老年人口的比重超过 20%，并超过总人口占世界总人口的比重。长期以来我国老年人口约占其他发展中国家老年人口总数的一半。随着发展中国家人口老龄化，到 2050 年我国老年人占其他发展中国家老年人口的比重将有所下降。

2. 老年人口增速快

中国老年人口增长速度十分快。1999 年，中国 65 岁及以上老年人口占总人口的比重还低于世界平均水平。2000 年，这一比重达到了 7%。中国人口年龄结构从成年型①进入老年型仅仅用了 18 年左右的时间。法国完成这一过程用了 115 年，瑞士用了 85 年，美国用了 60 年，英国用了 45 年，老龄化程度很深的日本也用了 25 年，印度为 30 年，其他发展中地区为 50 年以上。并且印度和其他发展中国家人口老龄化的起始时间均晚于中国，它们多数在 2025 年左右人口年龄结构才出现老龄化，比我国晚了 25 年。中国将在 2025—2030 年间进入深度老龄社会，之后，将以世界最快的速度，与西方国家同期在 2035—2040 年间进入超级老龄社会。数据显示，中国老龄人口一直持续高速增加，正以每年 3% 以上的速度快速增长，是同期人口增速的 5 倍多。

3. 高龄化趋势明显

中国从 1982 年至 1990 年，80 岁以上的高龄老人年平均增长速度达到 5%，快于 60 岁及以上老年人口的增长速度，1990 年至 2010 年 80 岁以上的高龄老人年平均增长速度为 4.1%，高于世界平均 3% 和发达国家平均 2% 的水平。2010 年第六次人口普查数据显示，中国 80 岁以上老年人口已达 2000 万。按照联合国的预测，2070 年，这一数据将达到 1.2 亿（见表 5）。

---

① 按照联合国颁布的人口年龄类型划分标准，65 岁及以上人口占总人口的比重在 4% 以下属于年轻型人口，比重在 4%—7% 之间属于成年型人口，比重在 7% 以上属于老年型人口。

表5　中国80岁及以上人口

2010年	2015年	2020年	2030年	2040年	2050年	2060年	2070年
2095万	2317万	2622万	3700万	5933万	9043万	9563万	12119万

资料来源：中国第六次人口普查和《联合国人口发展展望2012》。

4. 老龄化发展不平衡

东部沿海地区比中西部地区老龄化程度更高。按照第六次人口普查数据，上海市、江苏省60岁及以上人口占比都超过了15%，而处于西部的青海、宁夏、新疆和西藏都在10%以下。由于人口流动等因素的影响，农村人口老龄化程度要高于城市（见表6），养老压力更大。

表6　部分年份城乡65岁以上人口比例(%)

年份	1982	1990	2000	2005	2010
城镇	4.5	5.1	6.3	7.2	7.80
乡村	5.0	5.7	7.4	8.1	10.06
全国	4.91	5.57	6.96	7.7	8.87

数据来源：历次人口普查或人口抽样调查资料。

5. 失能老人多

中国是世界上失能老年人口最多的国家，目前也是世界上唯一一个失能老年人口超过1000万的国家。中国社会科学院《2014中国社会发展蓝皮书》中数据显示，中国部分失能和完全失能的老年人口高达3750万。

三、中国人口老龄化对中国经济的挑战

改革开放以来，我国经济增长高度依赖充裕、廉价的劳动力资源，依靠低成本竞争战略实现了30多年的高速增长。但廉价的劳动力也使得许

多企业缺乏创新的动力,陷入"比较优势陷阱"和低端产业的恶性循环。加速的人口老龄化,使得中国经济发展将面临如下挑战。一是在资本密集型产业还未获得竞争优势之前,劳动密集型产业因劳动力短缺,将逐渐失去其比较优势;二是劳动力短缺与大学生就业难、劳动力资源利用率低并存;三是提高劳动力素质的压力与人力资本储备不足并存;人力资源形成中的低效率与刚性退休制度造成的人力资源浪费并存。这些问题的存在,严重地威胁着未来中国经济的发展。

(一)劳动力的供给数量和结构影响经济增长

1. 劳动年龄人口开始减少

2012年末,中国大陆15至59岁劳动年龄人口为9.37亿人,比上年末减少345万人,占总人口的69.2%,比上年末下降0.6个百分点。这是相当长时期以来劳动年龄人口绝对数量的第一次下降。中国劳动年龄人口在比较长的一段时间,会逐渐减少(见表7)。

表7 中国劳动年龄人口(15—64岁)预测(%)

年份	联合国中方案	联合国低方案
2020	9.29	9.29
2025	9.08	9.08
2030	8.77	8.63
2035	8.43	8.09
2040	8.23	7.68
2045	7.88	7.13
2050	7.26	6.30

数据来源:《联合国世界人口展望2012》,World Population Prospects: The 2012 Revision, Department of Economic and Social Affairs Population Division, United Nations.

2. "用工荒"和劳动力成本上升

随着人口老龄化,我国农村剩余劳动力已明显减少,城市出现了"用工荒"现象。"用工荒"现象最初主要反映的是春节期间东部沿海地区出现的劳动力短缺问题,是局限于一定范围和特定时间段的现象。但近几年,"用工荒"问题越来越严重,出现时间逐步提前,并从季节性向常态化发展,在地域上也呈现普遍化现象。"用工荒"已经带来了劳动力成本的上升。人力资源和社会保障部的数据显示,2012年,农民工月均工资达到2290元,比2011年增加241元。从表8可以看出,中部和西部地区也并没有劳动力成本优势。随着劳动力供求关系的变化,国民收入中用于支付劳动力成本的部分将会增加,这将有利于提高劳动报酬在初次分配中的比重。长期来看,提高劳动者报酬对企业和国家都是有利的。劳动力成本的上升有助于形成创新的"倒逼机制",推动企业转型升级,促使企业减少劳动力依赖,更多地依靠技术提高劳动生产率,从而实现从低成本、低技术、低价格、低利润、低端市场向高附加值、高技术、高端市场转型升级。

表8 外出农民工在不同地区务工的月收入水平(元/人)

	2008年	2009年	2010年	2011年	2012年
全国	1340	1417	1690	2049	2290
东部地区	1352	1422	1696	2053	2286
中部地区	1275	1350	1632	2006	2257
西部地区	1273	1378	1643	1990	2226

注:农民工的就业地区除东部、中部和西部地区外,另有0.3%的外出农民工在港澳台地区及国外从业,境外就业的农民工月收入水平为5550元。

资料来源:国家统计局,《2012年全国农民工监测调查报告》。

3. "劳动力老化"严重

从人口老龄化角度来看,劳动力"老化"十分严重,青壮年劳动力供

应对人口老龄化对中国经济的挑战

给不足,中老年劳动力供给充分,中老年劳动力成为主体,壮年劳动力的增速放缓。20世纪80年代,我国人口年龄中位数开始上升,2010年为34.6岁(见表9)。在人口年龄结构中,我国少儿比在不断下降,从1982年的33.59%下降到2011年的16.45%,绝对数量减少了1.2亿。因此,人口年龄中位数的上升同时就意味着劳动力年龄中位数的上升,劳动力"老龄化"的趋势。如果未来保持低生育率水平,这种趋势会日益严重。

表9 中国人口年龄中位数估计

时间(年份)	1960	1965	1970	1975	1980	1985	1990	1995	2005	2010
人口年龄中位数	21.3	19.8	19.4	20.5	22.1	23.6	24.8	26.9	32.2	34.6

资料来源:《联合国世界人口展望2012》,World Population Prospects: The 2012 Revision, Department of Economic and Social Affairs Population Division, United Nations.

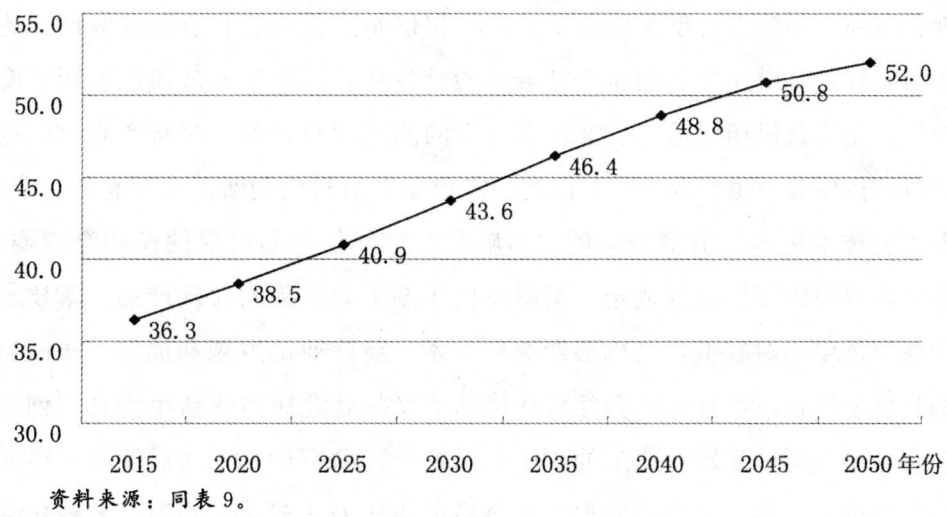

资料来源:同表9。

另外,农村劳动力"老龄化"问题更为严重。与全国第一次农业普查数据相比较,51岁以上农业从业人口比重从第一次农业普查时的18.11%增加到32.5%,年均增长1.44个百分点。按国际劳工组织的划分,一个国家或地区 45 岁以上劳动力占总劳动力比重在 15% 以上为老年型。目前，中国 51 岁以上的农业从业人员比重已远远超过 15% 的标准，是典型的老年型结构。

农村建设主体的不断老化、弱化，深刻影响社会主义新农村建设，部分地区"村庄空心化、农民老龄化、农村凋敝化"现象日益突出，对统筹城乡人口合理分布，促进城乡协调发展提出了更加迫切的要求。

（二）劳动力"老龄化"，导致了劳动力创新能力和生产效率下降

从人口的生命周期来看，劳动力在 20—40 岁是创新能力和体力最强的时期。中国劳动力的平均年龄是 40 岁左右，已经走过了创新能力和体能最强的阶段，这将影响中国劳动力创新水平和能力的提高。"一个年轻人口比例为 50% 的国家和一个年轻人口只有 45% 的国家时，前者的创业活动是后者的整整 2 倍"①，也就是说一个社会人口的平均年龄越低，其创造活动也就会越强。年轻人对创新的重要性，不仅仅是因为他们更有创业倾向，还因为年轻人口增加会引起整个社会结构性的变化。老年人口知识更新速度较慢，创新意识相对薄弱，掌握新技术的能力相对较低，对新产业和就业岗位的适应能力也会弱一些，因此一定程度上给科技创新带来不利的影响，不利于技术进步。消费群体的"高龄化"对创新产品需求的拉动会减弱。老年人口消费需求较为固定，消费倾向不易变化，因而对新产品、新技术的需求欲望相对较低，这也会影响新技术、新产业的发展和成熟，从而影响到技术创新。适宜的社会经济环境和适度的就业压力使新生代自主创新和自主创业空前活跃。典型的例子如电脑和互联网即是二战后美国"婴儿潮"在进入适龄劳动供给阶段后所导致的重大技术进步。当然，老龄化会为企业创新提供新的市场，即老年产品和服务需求为企业创新提供了新的方向和空间。劳动生产率的提高是以劳动者素质，即身体素质和文化科技

---

① 转引自马可佳《人口老龄化让创新力流失》，《第一财经日报》，2012 年 12 月 21 日。

素质为基础的，劳动力老龄化还会影响劳动生产率的提高。例如，近年来40岁以下农民工所占比重逐年下降，由2008年的70%下降到2012年的59.3%，农民工平均年龄也由34岁上升到37.3岁。如表10所示。

表10　农民工年龄段分布（%）

年龄段	2008年	2009年	2010年	2011年	2012年
16—20岁	10.7	8.5	6.5	6.3	4.9
21—30岁	35.3	35.8	35.9	32.7	31.9
31—40岁	24	23.6	23.5	22.7	22.5
41—50岁	18.6	19.9	21.2	24	25.6
50岁以上	11.4	12.2	12.9	14.3	15.1

资料来源：国家统计局，《2012年全国农民工监测调查报告》。

（三）人口老龄化增大经济运行成本

从国际经验来看，随着人口老龄化程度的增加，个人储蓄率下降，政府用于社会养老事业的费用大幅度增加，从而导致投资不足，经济增长放缓。(1) 长远看，人口老龄化将会导致储蓄率下降。老年人口由于收入减少，用于养老、医疗、保健上的花费日益增加，致使老年人无力储蓄，甚至花费过去的储蓄。同时，由于退休人口的增长，多数的工资制度或多或少具有年功序列特点，老龄化意味着包括养老、医疗和社会服务在内的社会保障公共支出增加，这些支出通过税收和社会保障金等形式转变为用人单位的负担，进入人工成本，从而减少了企业的投资。从长远来看，储蓄率的降低对中国经济增长将产生比较严重的影响。(2) 老龄化增加社会运行成本。随着老年抚养比的不断提高，社会费用支出总量和比重都会提高，个人、家庭以及社会的负担会日益加重。欧美等国家和日本走过的道路说明，不断上升的老年赡养支出对经济增长的不利影响十分显著，不断下降的生育率和不断延长的预期寿命带来的更高抚养比已使发达国家面临的财政负担日益沉重,直接导致经济增长放缓。(3)人口老龄化带来消费结构的变化。人口老龄化的发展还会因老年人的消费特点和消费能力,对中国消费需求产生深刻影响,进而对产业结构的调整产生影响。

(四)人口老龄化影响中国居民的消费能力

2010年,中国国内生产总值超过日本,成为世界第二大经济体,与此形成鲜明对比的是,中国的居民消费率明显落后。从时序变化上看,中国居民消费率呈现长期下降趋势,1978—2010年间,居民消费率从1978年的48.8%下降到2010年的34.9%,下降13.9个百分点,平均每年下降0.42个百分点,从2011年开始有所上升(见表11)。从横向国际比较来看,中国的居民消费率仍处于较低水平。《国际统计年鉴2012》数据显示,2010年,金砖国家俄罗斯、巴西和印度的居民消费率分别为51.3%、64.2%和63.2%。生产部门的缓慢增长已经成为制约中国经济社会可持续发展的重要因素之一。《中华人民共和国国民经济和社会发展第十二个五年规划纲要》特别提出,把扩大消费需求作为扩大内需的战略重点,进一步释放城乡居民消费潜力,逐步使中国国内市场总体规模位居世界前列,强调要建立扩大消费的长效机制。

表11 2003—2012年中国居民消费率

指标	2003	2004	2005	2006	2007	2008	2009	2010	2011	2012
居民消费率	42.2%	40.5%	38.9%	37.1%	36.1%	35.3%	35.4%	34.9%	35.7%	36.0%

人口老龄化进一步影响了中国居民的消费水平和结构。跟工作时相比,退休后的老年人的购买能力出现了大幅度下降。他们的购买力主要来源于养老金和子女提供的抚养费以及自身以前的储蓄等(见表12)。在农村,老年人的购买能力更低,因为他们没有退休工资,收入主要来源于子

女提供的抚养费和储蓄。同时，由于可以在自有土地上耕种，农村老人通常过着自给自足的生活，通过市场进行消费的需求减少。在购买商品时，老年人往往具有一定惯性，更倾向于选择自己经常使用的某个品牌。他们的时间充足，购物时，常常对商品精挑细选，很少发生冲动性购买。同时，长远来看，人口老龄化会减少对住房的需求，从而影响与住房相关的产业发展。因此，要通过扩大内需促进经济发展，不仅要调整收入分配制度，缩小收入差距，而且要完善社会养老保障制度，扩大养老保障覆盖面，提高养老保障水平，调整产业结构，大力发展老年产业。

表12 老年人收入来源构成（%）

收入来源	全国	城市	镇	农村
劳动收入	29.07	6.61	22.27	41.18
离退休金和养老金	24.12	66.30	26.29	4.60
最低生活保障金	3.90	2.33	4.25	4.48
财产性收入	0.37	0.68	0.50	0.19
家庭成员供养	40.72	22.43	44.52	47.74
其他	1.83	1.65	2.17	1.81

资料来源：根据第六次人口普查相关数据计算整理。

四、应对人口老龄化对中国经济的挑战

根据上述分析，我们从以下五个方面提出应对人口老龄化对经济发展带来挑战的对策建议。

（一）实施创新驱动发展战略，打造中国经济升级版

改革开放以来，为了充分利用人口红利，国家出台了很多鼓励劳动力密集型企业发展的政策，中国成为世界制造中心，极大地促进了中国经济

的发展。现在随着人口红利的消失，说明中国经济发展的要素支撑条件发生了变化。今后要更加通过依靠提高劳动者素质和科技创新来提高劳动生产率，促进经济结构转型升级，以保持经济持续健康发展。现在一些企业面对招工难和"用工荒"，已经采取了提高生产自动化程度、加快科技研发提高产品附加值等应对之策，正在走出一条转变发展方式的新路。

党的十八大将创新驱动发展提升到战略层面，指出科技创新是提高社会生产力和综合国力的战略支撑，必须摆在国家发展全局的核心位置，这也是应对我国人口老龄化趋势做出的战略选择。美国经济学家迈克尔·波特把经济发展划分为四个阶段：第一阶段是廉价劳动力自然资源等生产要素驱动发展阶段；第二阶段是大规模投资改善技术装备成为支撑经济发展主要因素的投资驱动发展阶段；第三阶段是创新能力及其水平成为驱动经济发展主要动力的创新驱动发展阶段；第四阶段是财富驱动发展阶段。很显然，我国现在处在生产要素驱动与投资驱动并重的发展阶段，但传统工业化道路已经走到尽头，必须走中国特色新型工业化道路，就是走以知识和科技为动力的创新发展之路。中国经济大而不强，经济发展方式转变难，主要在于自主创新能力不强，缺乏关键核心技术。为此，要加强科技创新的顶层设计和统筹规划，完善国家创新体系。科学部署战略性新兴产业领域的重大技术攻关，建立产学研协同创新机制，集中力量攻克一批关键核心技术，提升产业竞争力。支持面向行业的基础共性技术推广应用，增强创新驱动发展新动力。加强机制体制设计，引导创新要素向企业集聚，强化企业在技术创新中的主体地位，增强企业对创新资源的全球化配置能力，构建有利于提高产业创新能力的制度体系，完善促进创新的融资体系，创新商业模式，促进各个领域科技成果的资本化、产业化，实现科技与经济的紧密结合。

（二）逐步调整完善生育政策，促进人口长期均衡发展

针对中国劳动力老龄化、劳动力后备军（0—15岁）的供给规模和

"黄金期劳动力（25—49岁）"的保有规模不断萎缩，尤其是随着人口的城镇化和受教育年限的提高，中国人口生育观念的转变，总和生育率会下降。为了保持中国劳动力的延续能力、国际竞争能力以及中华文明在空间上的拓展能力，在坚持计划生育基本国策的前提下，应与时俱进地对人口数量控制战略进行调整。这样做，有利于改善人口结构，保持合理劳动力规模，延缓人口老龄化速度，增强经济发展活力。中国可以在总和生育率维持在1.8—2.1替代水平之间，适时地实行"有弹性"的计划生育政策。主要体现在：一是时间弹性。根据人口老龄化程度和人口自我约束能力的上升，可以在劳动力"刘易斯拐点"出现之后，在2030年高峰期到来之前，逐步放松人口生育的外部约束，提高人口的总和生育率。二是地域弹性。针对中国局部地区和城市人口老龄化情况严重、居民受教育水平较高、经济发展水平高的状况，放松计划生育政策，有条件地允许生育第二胎。三是人群弹性。对于"单独"家庭、有特殊贡献的家庭，允许生育二胎。十八届三中全会《决定》已经明确指出，启动实施一方是独生子女的夫妇可生育两个孩子的政策，各地也都将陆续出台具体政策。

（三）大力推进"人力资本优先"战略，释放人口素质红利

1. 努力提高人力资本的积累水平

人力资本积累水平，是影响一国经济增长、发展方式转变的关键因素。从发达国家发展的轨迹来看，人力资本积累与经济增长直接相关。为了推动中国经济发展方式的转变，迈入发达国家的行列，应把提高人力资本水平作为一项长期工程来抓，作为一个优先工程来抓。

我国劳动力整体教育水平还比较低，与发达国家的劳动年龄人口人均受教育年限上存在较大差距。根据《国家中长期教育改革和发展规划纲要（2010—2020年）》公布的数据，2009年、2015年、2020年，我国高等教育在学总人数分别为2979万、3350万、3550万人。其中，在校生分别为2826万、3080万、3300万。与此对应的入学率分别为24.2%、36%、

40%。到 2015 年我国的高等教育入学率将由 2009 年的 24.2% 提高到 36%；而之后 5 年将进入缓慢增长期，从 2015 年到 2020 年仅从 36% 提高了 4 个百分点，达到 40%。而部分 OECD 国家高等教育入学率在 2007 年平均已达 57.6%。与此对应的是我国从业人员中受过高等教育的比例只有 6.6%，与部分 OECD 国家相比，还有不小差距。2011 年我国每 100 劳动年龄人口中大专以上人数只有 11.3 人，远低于美国（61 人）、俄罗斯（54 人）、日本（41 人）和韩国（35 人）等国家。[1]

为此，一是继续抓好九年义务教育和高中教育的工作，这是提高国民素质的基础，是缩短与发达国家的劳动力受教育年限上的差距，使中国的国民素质早日达到中等发达国家水平的重要措施。按照十八届三中全会《决定》中指出的那样，大力促进教育公平，统筹城乡义务教育资源均衡配置，等等。二是高度重视继续教育，鼓励社会资源开展多种形式的继续教育，提高劳动力的知识更新速度。在知识爆炸的年代里，知识老化的时间在缩短。据有关研究显示，大学所学的知识，一般 5 年时间就会老化，需要"再充电"。为了适应经济发展的需要，应构建和完善继续教育体系，以保证劳动者知识更新的需要。三是办好高等教育，调整好教育结构，解决好专业设置问题，使中国的高等教育能够与经济发展需要相衔接，形成中国特色的高等教育体系，避免盲目的"国际接轨"。经济转型升级是个漫长的渐进的过程，不可能一蹴而就。因此，现有的相对低级的经济结构和粗放的经济发展方式，一定程度上造成了中国高校毕业生就业难。近几年，每年的高校毕业生高达 700 万左右，就业形势十分严峻。呈现低端劳动力短缺与高端劳动力剩余的尴尬局面，十分不利于经济发展。解决这一问题，需要从两方面着手，一方面是加快产业升级，加快现代服务业的发展，为大学生创造更多的就业机会；另一方面，要完善高等教育，提高大

---

[1] 科技部发展规划司：《科技统计报告——2011 年我国科技人力资源发展状况分析》，第 19 期（总第 534 期），2012 年 12 月 1 日，http://www.sts.org.cn/tjbg/zhqk/documents/2012/20130328.htm。

学生素质，培养更多的符合市场需求的大学生。

2. 把发展技术教育和职业教育放在重要的位置

人口老龄化和人口低生育率意味着中国经济发展要更多地依靠人口素质红利，中国的国情预示着在未来较长期间内依旧是以制造业为主的国家，因此，应高度重视技术人才和技能人才短缺对中国转变经济发展方式的影响。从技能劳动者结构来看，中国高技能劳动力占技能劳动力5％，中等技能劳动力占35％，初级技能劳动力占60％，而发达国家则不同，高技能劳动力占35％，中等技能劳动力占50％，初级技能劳动力占15％。这种状况说明，我国技能劳动力的技术水平和能力不高，中高级技能人才十分短缺。[①] 另外，我国对劳动力的技能培训也很不够。以农民工为例，如表13所示，接受过农业技术培训的占10.7％，接受过非农职业技能培训的占25.6％，既没有参加农业技术培训也没有参加非农职业技能培训的农民工占69.2％。青年农民工接受非农职业技能培训的比例要高于年长的农民工，年长的农民工接受农业技术培训的比例要高于青年农民工，年龄层次越低，接受农业技术培训的比例也越低。

表13　2012年不同年龄组农民工参加培训情况（％）

	参加过农业技术培训	参加过非农职业技能培训	两项培训都没有参加过
16—20岁	4.0	22.3	76.0
21—30岁	6.2	31.6	66.0
31—40岁	11.0	26.7	68.0
41—50岁	14.9	23.1	69.5
50岁以上	14.5	16.9	74.5

数据来源：国家统计局，《2012年全国农民工监测调查报告》。

[①] 杨嵘、王莹：《我国高级技能人才人力资本开发问题与对策》，《理论导刊》2008年第6期。

十八届三中全会《决定》指出，要加快现代职业教育体系建设，深化产教融合、校企合作，培养高素质劳动者和技能型人才，这对于促进中国经济持续健康发展意义重大。应根据"十二五"规划的战略目标要求和十八届三中全会《决定》精神，大力发展技术教育和职业教育，提高技术教育和职业教育在校生的比例，加强师资队伍的培养，以解决人才缺乏的问题。一是构建完善的技术教育体系，大力支持中等技术教育学校和高等技术教育学院的发展，加强培养技术工人后备队伍、提高高端技术人才的能力，尽可能在较短的时间内，提升劳动力的技能素质，满足中国制造业升级的需要。发展技术教育要实行"开门办学"的方针，鼓励学校与企业合作办学、合建实习基地，深化产教融合、校企合作，形成企业与学校高度融合的现代技术教育体系。二是构建职业教育体系，大力支持职业学校和社会有关职业培训机构的发展，积极开展对农民工的职业培训，提高劳动力的就业能力。制订职业教育发展规划，引导社会资源合理、规范地发展职业教育。利用现代传媒手段，提高职业教育的普及率、参与率，为劳动者提供学习条件。三是国家应加大对技术教育和职业教育的投入，改变目前不合理的教育投入比例。

3. 适时推出渐进式延迟退休年龄政策

十八届三中全会《决定》指出要研究制定渐进式延迟退休年龄政策，这对于应对人口老龄化，促进中国经济社会持续发展意义重大。

在老年人年龄界线上，不同国家界线不同，但总体上呈现出随着经济社会发展和健康水平提高，老年人年龄界线在上升的趋势。中华医学会老年医学学会在1982年建议，中国以60岁以上为老年人；45—59岁为老年前期（中老年人），60—89岁老年期（老年人），90岁以上为长寿期（长寿老人）。世界卫生组织对老年人年龄的划分有两个标准：发达国家将65岁以上人群定义为老年人，而在发展中国家则将60岁以上人群称为老年人。世界卫生组织最近又根据现代人生理心理结构上的变化，更进一步将人的年龄界限做了新的划分：44岁以下为青年人；45—59岁为中年人；

60—74岁为年轻老人；75—89岁为老年人；90岁以上为非常老的老年人或长寿老年人。这一新的5个年龄段划分，把人的衰老期推迟了10年。目前大多数发达国家的法定退休年龄是65岁，但面对人口老龄化带来劳动力资源短缺、养老金支付压力等问题，发达国家纷纷采取了延长法定退休年龄或鼓励推迟退休的做法。按美国法定退休年龄标准的设计，1924—1937年这14年间出生的人口，统一执行65岁的退休年龄；1960年及以后出生的人口，则统一执行67岁的退休年龄。日本政府则在2006年修改了相关法律，把养老金受领年龄从60岁延长到65岁。2010年1月29日，西班牙政府宣布从2013年起将把法定退休年龄由65岁延长到67岁。德国从2012年起将把在业人员的退休年龄逐步从现在的65岁提高到67岁，并在2029年完成这一过程。希腊政府在2010年年初宣布，将退休年龄由65岁延长至67岁。2009年11月4日法国议会通过法案，将必须退休的年限从65岁推迟到70岁。

现代社会，知识经济时代，生产劳动已不再主要依靠体力，知识和智力在生产劳动中所起的作用越来越大。因此，经过系统学习和严格训练并熟练掌握现代科学技术的老年劳动者仍然能更好更有效地从事生产劳动，创造社会财富。从人类知识的连续性、继承性和综合性的角度看，老年人不仅是知识和生产经验的继承者、发展者，还是传播者。中国培养一个研究生需要18年，大学生16年，高中生12年，初中生9年。其他条件相同，受教育年限越长，工作时间越短，意味着个体收入净现值越小，从教育与人力资本投资的角度上看，刚性退休年龄无疑将对人力资本投资产生负面影响。完全忽视老年人口的年龄、性别、受教育程度、劳动能力等各方面的差异，以年龄标准一刀切式的退休制度已不适应我国经济与社会发展的要求。因此，适当延长具有高学历劳动力的工作年限，不仅能起到补充文化事业、信息产业、高技术产业和智力产业劳动力不足的作用，还能将纯消费者转变为生产者，缓解人口老龄化带来的赡养压力，促进经济发展。

(四)加快建立社会养老服务体系,大力发展老年产业

我国的社会养老服务体系尚处于起步阶段,不健全、不平衡等矛盾突出。十八届三中全会提出,要加快建立社会养老服务体系和发展老年服务产业。国务院出台了《关于加快发展养老服务业的若干意见》,民政部、国家标准化管理委员会、商务部、国家质检总局、全国老龄办五部门也联合出台了《关于加强养老服务标准化工作的指导意见》。

1. 加快建立多元的社会养老服务体系

目前中国养老机构仅有 22 万从业人员,其中符合资格标准的更是只有 2 万,缺口达 1000 多万。全国每所民办养老服务机构拥有平均不到一名医生,一些就职于此类机构的医生三成左右为中专或中专以下学历,有的甚至没有经过专业性的学习和培训。这意味着,专业的、社会化的养老服务有很大的需求,而其中的人员供给、培训、服务提供等,将需要有很多人来做。所谓的"老有所养、老有所医、老有所教、老有所学、老有所为、老有所乐",这都是需要发展养老服务才能提供的。按照老年人生活居住形式划分,社会养老服务体系包括居家养老服务和机构养老服务。根据中国人口老龄化的现状,这两种服务体系不可或缺。(1)大力发展机构养老服务体系。众多失能老人长期照料,需要机构养老服务。(2)居家养老是构建和谐社会的内在需求,也是丰富我国社会保障模式的重要途径。居家养老是指政府依托社区,利用社区网络服务资源,建立社区养老服务机构,为居家老人提供生活照料、精神寄托、医疗保障等服务。分为上门服务和日间照料两种方式,它将家的含义扩展到老人所居住的社区,是政府、社区、家庭相结合的现代养老方式。我国"未富先老"的人口老龄化特点,加上家庭的"小型化"和"空巢化",决定了传统家庭养老的不可持续,决定了养老必须考虑经济上的投入和产出,居家养老利用社区资源,具有广覆盖、低成本、高回报的灵活性服务方式,不仅能缓解家庭的养老负担,而且减少了养老资金的投入。但目前我国居家养老服务项目

少、资金缺乏、服务设施欠缺、从业人员工资水平低且流动性大、法规不健全等。需要采取措施，大力发展居家养老。

首先，应加快《养老服务法》等居家养老相关政策和法律法规的制定，为养老服务事业的发展提供法律法规上的保障。第二，加紧制定机构养老和居家养老服务基本规范和标准。要加紧制定养老机构设施设备配置规范，积极研究制定居家养老服务标准。行业标准和市场规范是推进养老服务工作的重要基石，是更好地提供养老服务、加强行业管理的准则和依据。各级有关部门要将标准化建设作为创新社会管理、积极应对人口老龄化的重要方面，采取有力措施，加紧制定完善养老服务标准，开展服务质量评估和服务行为监管，健全市场规范，促进养老服务业标准化、规范化发展。第三，整合养老服务资源，促进医养结合。鼓励保险机构整合医疗和养老资源，积极探索医养结合的有效模式。第四，鼓励社会力量大力兴办为老人服务的机构，鼓励民间资本积极参与，为失能老年人提供专业化、规范化的长期照料服务。这样，不仅可以保障老年人的生活质量和生命尊严，而且，可以解放生产力，广泛吸纳就业，缓解就业压力，是有利于老年人、有利于子女和家庭、有利于社会的正确选择。第五，创新养老资金的筹集模式，开展以房养老试点。

2. 大力发展老年产业，释放老年人口红利

大力发展老年产业既是积极应对人口老龄化、保障和改善民生的有效举措，又有利于拉动内需、增加就业和推动经济转型升级。老年消费将成为新的经济增长点。在美国，二战后婴儿潮时期出生的美国人在进入老年期后，极大地推动了美国医疗器械市场的发展。在日本、新加坡等老龄化程度比较严重的国家，老年人对药品和医疗器械产品的需求也在不断攀升。发达国家的医疗设备和器械产业与制药业产值大体相当，目前我国前者仅为后者的 1/5 左右,[①] 市场空间很大,产业发展前途很好。针对老年人的旅游、教育、娱乐、心理咨询等服务业也需要大力发展,通过挖掘老年人的市场需求,促进经济社会的和谐发展。

老年产业与其他产业的主要区别,就是其有明显的社会福利性特点。这个特点决定了这个产业投入大、周期长、盈利空间有限。因此,老年产业比其他产业更需要政策支持。政府部门要研究、设计老年产业发展的体制和机制、模式和规范。重点在产业准入门槛、财政专项支持、税收减免返还、建设用地指标、环境影响评价等政策方面予以适当优惠。[②]

3. 调整收入分配提高老年人口消费能力

要挖掘老年消费市场的巨大潜力,提高城乡居民养老金水平,是扩大老年消费市场的前提。一方面要提高老年人口的收入水平,统一城乡基本养老保险制度,完善与职工养老保险的衔接办法,鼓励发展企业年金、职业年金和商业保险。另一方面要加大对老年人消费的金融支持,帮助他们实现资产的保值增值,提高他们的消费能力和消费倾向。

4. 实施积极老龄化战略

随着老年人口规模特别是失能老年人口规模的迅速增长,必将给任何国家或地区的医疗和照料服务资源带来巨大的压力。对此,2002 年,在第二次世界老龄大会上,联合国把"积极老龄化"(active aging)确定为应对人口老龄化挑战的国际战略。所谓积极老龄化,是指秉承"预防胜于治疗"的理念,在人的一生中都要预防疾病和促进健康,让尽可能多的人、尽可能长时间地享有好的生活质量。健康不仅是一项至关重要的个人财富,同时对于经济增长和社会发展也至关重要;健康的实现有两个途径:首先是个人方面,个体要保持健康的生活方式;其次是政府方面通过预防和防治保健措施使老年人保持独立并预防和推迟患病以降低与老龄有

[①] 田雪原主编:《人口老龄化与"中等收入陷阱"》,社会科学文献出版社 2013 年版,第 129 页。

[②] 蔡恩泽:《老年产业发展迎来新机遇》,《中国审计报》,2014 年 1 月 13 日第 6 版。

关的残疾率，同时对已经残疾的老年人要提供治疗和康复训练以保证老年人的生活质量。为此，应号召全民改变不良生活方式，走积极老龄化道路。一是把疾病、失能等耗费医疗和照料服务资源的压力降到最低点。二是可以大幅提高全民的生活水平和生活质量，对于经济社会发展具有十分积极的意义。

（五）大力推动以人为核心的城镇化，释放人口分布红利

城镇化是中国经济发展的新动力，这意味着经济发展由人口"数量红利"驱动转向寻求人口"分布红利"支撑的阶段，科学引导和调控人口分布，有利于推动经济的持续发展。

1. 制订中长期人口布局规划

通过科学规划和政策调控，把延续20年、涉及5亿人口迁徙的过程，控制在有序的、合理的范围内。中国改革开放前30年，劳动力转移属于经济性人口流动，即是由经济利益驱动引起的人口流动，处于自发和无序的状态。从"十二五"开始，中国将迎来人口迁徙的高峰，有关指导人口有序流动、合理迁徙的问题已提到议事日程，应尽快制订人口布局战略、人口城镇化战略，以作为引导和调控人口迁徙和城镇化的纲领性文件。人口布局战略的制订，要以国土规划为基础，综合考虑各个区域发展水平、自然资源承载力、主功能区建设、产业发展等因素，对不同区域和城市人口分布的合理规模、警戒规模做出科学的预测，作为指导中国调控人口分布的重要依据。制订人口城镇化战略，作为人口布局的阶段性战略，对布局重点、阶段性目标以及相应的人口政策做出规划，指导城镇化的健康发展；对人口城镇化过程中出现的"被城镇化"、"农村空心化"、"农业劳动力老龄化"等可能危及国家经济社会发展的隐患问题进行预期研究并制订应对策略。按照2013年城镇化工作会议精神，推进农业转移人口市民化。全面放开建制镇和小城市落户限制，有序放开中等城市落户限制，合理确定大城市落户条件，严格控制特大城市人口规模。推进农业转移人口市民化应坚持自愿、分类、有序,充分尊重农民意愿,因地制宜制定具体办法,优先解决存量,有序引导增量。

2. 尽快制订配套改革方案

城镇化的过程就是消除城乡二元制度的过程,需要进行配套的制度改革,需要消除制度障碍,保证人口自由迁徙,创造安居乐业的环境。中国人口分布不合理,是城乡二元制度所致。引导人口合理迁徙、推进城镇化,必须从体制改革突破。围绕人口城镇化,制订总体改革方案,对改革内容、改革成本以及承受能力等进行统筹规划,协调各个部门改革步骤,实施综合配套改革。高度关注和研究对城镇化有重大影响的制度改革。比如,在现行财税体制下,地方政府过分依赖土地财政推动城镇化的问题;农村土地使用权不能抵押的问题。再如户籍、就业、医疗、教育等制度的改革,需要各主管部门根据城镇化的阶段性,协调改革的步调,推进综合配套,确保城镇化能够带来人口"分布红利"。按照国家主体功能区规划要求,在优先开发和重点开发区域制定和实施积极的人口迁入政策,鼓励外来人口迁入和定居;在特大城市中心城区合理控制人口规模,探索通过产业转移带动人口向周边地区分流的机制。在限制开发和禁止开发区域,制定和实施积极的人口退出政策,建立利益补偿机制,引导人口有序迁移。将人口流动作为中央财政转移支付的依据,解决好流动人口就业、就医、定居、社会保障及子女受教育问题。

3. 加强社区建设和管理

高度重视社区战略作用,培育经济发展方式转变的"微观"载体、社会管理转型的增长点,探索新型城市化模式。通过社区建设,扩大服务需求、创造低碳生活方式、推动节能减排和新能源项目的发展;通过社区建设,加强对流动人口的管理,安置好进城农民;通过社区建设,促进适合中国国情的居家养老模式的发展。一是制订社区发展规划,对社区建设中涉及的重大问题,进行科学界定和明确指导。社区规划要把为农民工及家属提供安居乐业的条件放到首位,住房和公共设施的建设,要考虑农民工及家属的需要和经济承受能力,尤其是控制好保障性住房占总住房的比例,提供开放、低成本、可就近择业的居住环境。社区规划要把满足"居家养老"和养老服务业的发展作为重要内容,把养老服务业作为解决充分就业问题的突破口。社区规划要融入"低碳生活从社区做起"的理念,充分考虑社区内再生能源的综合开发、生活中碳排放以及新能源产业进入社区的条件,构建紧凑型社区,提高社区居民居住密度。二是制订社区产业和社区就业的支持政策,鼓励发展适合社区的新能源、节能减排、垃圾处理、污水治理等产业项目,在项目扶持、税收减免、融资条件等方面给予扶持;鼓励社区居民使用新能源、节能节水等产品,在经济上给予补贴;鼓励发展社区服务业,创造就业岗位。三是制订社区规划要体现"就业优先"原则,鼓励劳动力社区就业,建立社区学院,培训社区就业者和志愿从事社区服务的人员,实施免费或部分有偿培训,提高社区服务人员职业能力;建立社区志愿者档案,对于有社区服务经历的志愿者,可以优先录用为社区工作人员。尤其是加强对40岁以上农民工的职业培训,提高他们从事社区服务的能力。

(陈宇学:中共中央党校经济学部副教授)

11 提高对外开放水平

对外开放是关系到国家前途命运的基本国策，是当代中国最鲜明的特色和我们党最鲜明的旗帜，是马克思主义基本原理的伟大应用，是科学总结我国历史经验和正确把握未来发展方向基础上所作出的科学判断，也是巩固和发展社会主义伟大事业以及不断完善社会主义市场经济的要求所决定的。在2013年召开的党的十八届三中全会中明确提出，构建开放型经济新体制，以开放促改革。在新形势下全面深化改革，内在地要求进一步扩大开放。中央经济工作会议又将不断提高对外开放水平列为2014年经济工作六大任务之一，对外开放在进入新阶段的同时不断迈上新的台阶。

我国的对外开放是伴随着改革一路不断前行的。开放从一开始就与改革是相辅相成的关系，改革需要开放，开放促进改革。30多年改革开放的经验不断地印证了这一关系。党的十一届三中全会之后，在邓小平的亲自倡导、设计和持续关注下，我国先后确立了深圳、珠海、汕头和厦门经济特区以及沿海开放城市、东部沿海开放地区等，这些最早对外开放的城市和地区为改革提供了"试验田"，成为我国经济体制改革的先行地，并为之后全国范围内的改革积累了宝贵经验。加入世界贸易组织之后，我国积极参与国际分工与合作，形成了全方位、多层次、宽领域的对外开放格局，并由此促进了改革的进一步深化。时至今日，改革已经步入深水区，国际国内形势风云变幻，各方利益集团错综复杂，进一步推进经济体制改革，需要进一步扩大对外开放。2013年9月，中国（上海）自由贸易试验区挂牌成立，这是一项国家战略，是顺应全球贸易发展新趋势，实行更加积极主动开放战略的重大举措。在党的十八届三中全会中提出构建开放型经济新体制，提出放宽投资准入、加快自由贸易区建设、扩大内陆沿边开放等一系列重大举措。这不仅将为我国经济建设和经济体制改革注入新的活力，而且将进一步推动政治建设、文化建设、社会建设、生态文明建设等各领域的配套改革。

一、对外开放对我国经济发展具有重要战略意义

党的十一届三中全会明确提出对外开放的方针，党的十二届三中全会正式把对外开放确立为长期坚持的基本国策。这表明，我国的对外开放政策并不是权宜之计，而是一项百年大计，是始终要坚持的长期战略。同时，对外开放不是一般的方针政策，而是关系国家前途命运的根本政策之一。对外开放作为发展社会主义市场经济的一项伟大实践，在经过30多年坚持不懈的努力，特别是"十五"期间成功抓住加入世界贸易组织的历史机遇后，我国对外开放水平进入一个全新的阶段。目前，我国已经初步形成了全方位、多层次、广领域的对外开放格局。面对当前国际、国内瞬息万变的形势，对外开放不能有丝毫懈怠，而应该将其看作关系到我国经济、政治、社会以及文化等多方面共同发展的战略不断进行下去。

(一) 有助于加快我国经济发展速度，提高发展质量

我国对外开放的基本国策是建立在马克思主义的基本原理基础上的。马克思主义经济学指出，人类社会生产力的发展达到一定阶段，就会越出国界，成为世界范围内的生产力，从而产生世界性的分工，这种国际分工会促使各国经济发展。任何试图脱离全球化大发展轨道的国家想要取得经济发展都是不可能的。我国不失时机的推行改革开放正是深刻认识到了这一发展趋势，坚定不移地制定改革开放战略，并将对外开放作为国家发展的基本国策，极大地促进了我国经济的繁荣发展。在实践当中，对于任何

一个国家和地区来说,经济增长的最大特征就体现在国内生产总值上,图1是我国在实行了改革开放政策后,在国内生产总值和国际贸易方面所取得的一些成绩。

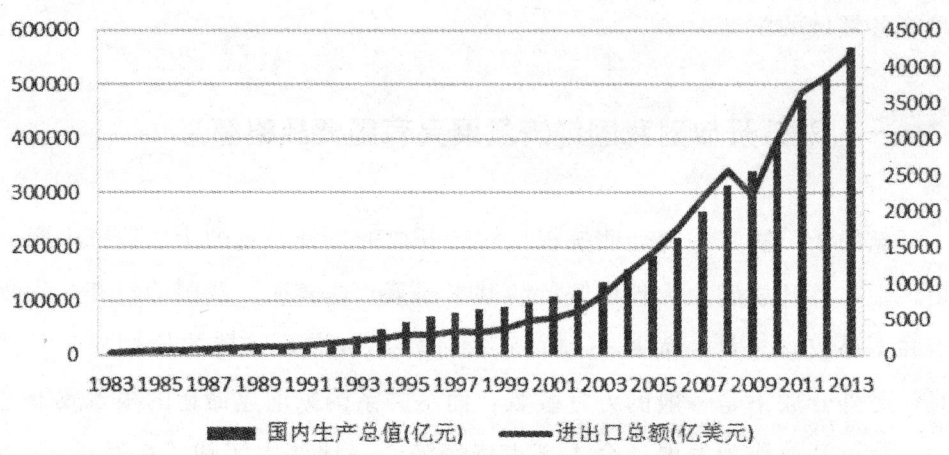

图1 我国1983—2013年国内生产总值和进出口总额趋势

从图1中可以看出在1983年我国的对外贸易总额为436.2亿美元,国内生产总值为5962.7亿元,到2013年我国对外贸易总额翻了95倍,达到了41603.1亿美元,而国内生产总值也翻了大约95倍。综合我国经济增长和对外贸易增长的情况可以看出,我国对外贸易与经济增长运行轨迹的趋势基本一致,即当经济发生波动时,对外贸易也随之发生波动。经济高速增长的同时往往伴随着对外贸易的快速发展,而当经济增长速度放缓时,对外贸易的发展也往往不景气。由此可见,二者呈现出较为密切的依存关系。

贸易的作用不仅体现在对中国经济增长速度的影响上,同时也体现在对经济增长质量上。首先,启动并且不断推动现代化进程,满足了广大人民群众日益增加的多层次的物质文化需求。其次,优化我国出口商品结构、经营主体结构、市场结构,增强外经贸发展后劲,实现外经贸与国民经济发展要求相适应的持续增长,使我国真正由贸易大国走向贸易强国,为国民经济的可持续发展做出更大贡献。再次,对外贸易完善了我国经济结构,推动了产业结构的调整和转换,有利于资本积累、技术进步和扩散、劳动力素质的提高以及国际收支平衡。总而言之,对于提高经济增长和实现经济结构转变和升级,具有不可替代的主要作用。中国应充分利用周边发展中国家资源丰富,劳力低廉的优势,逐步把劳动密集型和资源密集型的产业和产业环节转移出去,增加中国在国际贸易和国际投资中的效益。

(二) 有助于拓展我国融资渠道,引进先进技术和模式

加入世界贸易组织以来,我国逐步融入经济全球化,例如引进外资的数量逐年增长,进出口规模不断扩大。中共十一届三中全会提出了我国实行对外开放的政策,利用外资是对外开放政策的一项重要内容。通过设立外商投资企业、引进外商直接投资、利用外资等方式,获得了巨大的融资渠道。外商直接投资不仅为我国企业拓宽了融资渠道,同时也带来了先进的生产技术、管理经验和理念,填补了国内某些空白,扩大了我国的出口和对外贸易,加强了市场竞争,对我国经济尤其是沿海经济发展起到了重要作用。

(三) 有助于提升企业能力,增强国际竞争力

我国20世纪90年代的利用外资战略,总体来说可以归结为一种"以市场换技术"的战略。这一战略的实施,对加速我国企业技术进步产生了一定的效果。随着我国改革开放不断深化、国内产业竞争力提升,尤其是中国加入WTO后,这一战略的局限性日益明显。进入21世纪,中国对外开放进入新阶段,资金等要素从单向流入为主转为双向流动并重的格局开始形成,企业全球配置资源的能力增强,国内经济与外部经济的互动关系更加复杂,国内企业在做投资决策时要综合考虑作为投资母公司和投资

子公司之间的利益均衡,考虑商品流动和要素流动之间的利益均衡,考虑保护国内市场和推动别国开放市场之间的利益均衡,以更积极和主动的姿态参与多边谈判,借助多边规则,更均衡合理地融入全球经济。

(四) 有助于形成区域开放格局,带动中西部经济发展

对外开放的战略格局从最初的经济特区,向沿海开放城市、经济技术开发区、沿海经济开放区、沿江城市、省会城市、沿边城市等逐级开放,从而形成由南到北、由点到面、由沿海到内地的全方位格局。目前,对外开放正在由南到北,由沿海到内地逐步扩大和推进。

首先,对外开放促进西部大发展。1999年,国家提出西部大开发战略。2006年12月8日,国务院常务会议审议并原则通过《西部大开发"十一五"规划》。规划要求"积极扩大对内对外开放",充分利用西部地区与周边14个国家和地区接壤的有利区位条件,进一步发挥劳动力资源、土地资源、特色矿产资源丰富的优势,更好地统筹西部开发与对内对外开放,以扩大开放促进西部地区实现又好又快发展,以西部大开发推进我国实施互利共赢的开放战略。增强西部地区参与国际国内市场竞争的能力,要促进东中西区域协调互动、正确引导外商投资方向、构筑参与国际区域经济合作的新平台、用好国际金融组织和外国政府贷款、转变外贸增长方式。要扩大西部对内对外开放,加强与毗邻国家的经济技术交流与合作,大力发展与周边国家的贸易和边境贸易。

其次,对外开放加快东部振兴。2004年,温家宝总理提出振兴东北老工业基地与西部大开发战略,是东西互动的两个轮子。关于振兴东北老工业基地,有人认为:改革开放以来,东北地区对外开放程度明显提高。对外贸易发展较快,利用外资规模日益扩大,国际经济合作也取得了一定程度的进展,但不可否认的是,东北地区的对外开放程度在全国仍处于偏低的位置,特别是远远低于东部沿海发达地区。在这种现实状况下,扩大东北振兴过程中的对外开放必须要有新思路,并制定出符合实际情况的政

策体系，即应该以形成多层次的对外开放格局、有竞争力的区域对外开放布局、提高对外出口能力和推动出口产品结构不断优化为基本思路，并制定和实施以加强区域内部的协调与合作、加快对东北地区对外开放具有重大影响的基础设施和口岸建设、推动边境贸易快速健康发展等政策措施。

最后，对外开放推动中部崛起。2004年3月，温家宝总理在政府工作报告中，首次明确提出促进中部地区崛起；2004年12月，中央经济工作会议再次提到促进中部地区崛起；2005年3月，温家宝总理在政府工作报告中再次提出：抓紧研究制定促进中部地区崛起的规划和措施，充分发挥中部地区的区位优势和综合经济优势，加强现代农业特别是粮食主产区建设；加强综合交通运输体系和能源、重要原材料基地建设；加快发展有竞争力的制造业和高新技术产业；开拓中部地区大市场，发展大流通。随着促进中部地区崛起和西部大开发战略加速推进，我国目前已初步形成东部发展、西部开发、中部崛起和东北振兴的四大区域经济合作发展的新格局。

二、我国实施对外开放战略的理论依据和重大发展

对外开放是我国的一项基本国策，也是发展社会主义市场经济的一项伟大实践。我国社会主义建设中形成的对外开放的理论，集中体现在两个相互联系的方面，一方面是邓小平的论述，另一方面是十一届三中全会以来中国共产党历次重要会议的文献。

对外开放思想是邓小平理论的重要组成部分。20世纪中叶以来，由于科学技术革命的突飞猛进，带动了整个世界和各国产业结构的巨大变动，极大地改变了世界面貌和人类生活状况，现代生产力的社会化、国际化程度更加提高，世界经济一体化的趋势更加明显，各个国家和地区之间的联系更加密切，世界各国之间的互相开放、互相依存程度更加增强。据此，邓小平在1984年就指出："现在的世界是开放的世界。"互相开放，

不仅是发展中国家的需要,也是世界发展的大趋势。从当代生产力发展水平来看,生产的社会化和国际化程度在近几十年中空前提高,国际分工有了长足发展,许多产品都是国际分工合作的产物;从科学技术的研究、运用和发展来看,国际合作成果与互惠步伐加快,动用世界范围的人力、财力和物力,通力合作,共同攻关,日益明显;从市场经济发展方向来看,开放化与一体化已经成为世界潮流,统一的国内市场已经发展成为世界市场。在当代,任何一个国家要发展,都必须扩大对外开放,加强国际交往。中国的对外开放政策,就是对当代世界经济、科技发展和国际形势发展科学观察和概括的结果。邓小平明确地指出:"关起门来搞建设是不能成功的,中国的发展离不开世界。"他强调指出:对内经济搞活,对外经济开放,不是短期的政策,而是长期的政策,即使是变,也只能变得更加开放。在邓小平理论的指引下,我国的经济社会发展取得了全面进步,总结和回顾在这一思想指引下我国对外开放取得的伟大成就,对我们坚定对外开放信念,进一步提高对外开放水平,具有重大的现实意义。

首先,小平同志的对外开放思想内涵丰富,博大精深,有着科学的理论体系。1980年,我国创办了深圳、珠海、汕头、厦门经济特区,这是小平同志亲自倡导、设计并始终关注和支持的一项崭新事业,是我们党和国家一个重大决策。在建设经济特区的伟大实践中,小平同志强调:"特区是个窗口,是技术的窗口,管理的窗口,知识的窗口,也是对外政策的窗口。"邓小平建设经济特区的思想,充分体现了一位社会主义改革家对中国式社会主义发展道路的伟大探索,并在这种探索中实现了理论和实践的重大突破。1984年,党中央、国务院在充分肯定经济特区窗口和试验作用的基础上,决定开放大连、天津等14个沿海港口城市,并在这些沿海城市建设国家级经济技术开发区。1988年海南岛建省并成为最大的经济特区。1990年,中央决定开放开发上海浦东。为了进一步完善我国的对外开放格局,在小平同志的支持下,中央制定了沿海地区经济发展战略,要求在整个沿海地区加快开放,发展外向型经济。小平同志关于发展外向型经济的思想,不仅仅是对经济特区讲的,也是对沿海地区和全国讲的。

进入90年代以来,我国的对外开放已从沿海向沿江、沿边、内陆省区推进,小平同志从沿海向内地逐步推进对外开放,实施沿海地区经济发展战略,实行全方位开放的思想,对深化经济体制改革和推进我国现代化建设发挥了巨大作用。

其次,利用外资是邓小平对外开放思想的核心内容之一。小平同志认为,"利用外资是一个很大的政策,应该坚持"。搞社会主义,中心任务是发展社会生产力。一切有利于发展社会生产力的方法,包括吸收外资和引进先进技术,我们都采用。对于我国如何有效地利用好外资,他作了以下几个方面的论述。一是要统一思想,正确认识和评价吸收外资。"有的人认为,多一分外资,就多一分资本主义,'三资'企业多了,就是资本主义的东西多了,就是发展了资本主义。这些人连基本常识都没有。我国现阶段的'三资'企业,按照现行的法规政策,外商总是要赚一些钱。但是,国家还要拿回税收,工人还要拿回工资,我们还可以学习技术和管理,还可以得到信息、打开市场。因此,'三资'企业受到我国整个政治、经济条件的制约,是社会主义经济的有益补充,归根到底是有利于社会主义的"。二是要广泛利用国外资金,"现在搞建设,门路要多一点,可以利用外国的资金和技术,华侨、华裔也可以回来办工厂"。三是要选取各种有效的方式扩大利用外资,"我提议充分研究一下怎样利用外资的问题……不管哪一种,我们都要利用,因为这个机会太难得了,这个条件不用太可惜了"。"吸收外资可以采取补偿贸易的方法,也可以搞合营","包括外资设厂","问题是怎样善于使用",怎样利用外资要"服从于发展社会主义经济这个总的要求"。四是要眼光远大,胸襟宽广。"人家来做生意,就是要赚钱,我们应该使得他们比到别的地方投资得利多,这样才有竞争力"。五是吸收外资的"重点是要放在充分利用、善于利用外资上"。

再次,小平同志一贯重视发展对外贸易。首先,他阐明了对外贸易在社会主义现代化建设中的战略地位与作用,"中国是一个大的市场,许多国家都想同我们搞点合作,做点买卖,我们要很好利用。这是一个战略问题";其次,提出了发展外贸的一些战略构想。比如,在市场多元化方面,小平指出"中国有很多东西可以出口。要研究多方面打开国际市场";第三,强调要扩大引进技术设备,加快现代化建设。要"换点高、精、尖的技术和设备回来,加速工艺技术改造,提高劳动生产率"。此外,小平同志还多次强调要学习国外的先进经验,引进外国智力。

最后,在对外开放中正确处理与独立自主、自力更生的关系,是小平同志始终强调的重大问题。他认为,独立自主、自力更生是中国的立足点,"中国的经验第一条就是自力更生为主","像中国这样大的国家搞建设,不靠自己不行"。但是,对外开放与独立自主、自力更生是并行不悖的,中国需要对外开放,吸收外国的资金和技术来帮助我们发展。"独立自主不是闭关自守,自力更生不是盲目排外。"

在深刻总结历史经验教训基础上,在党的十二届三中全会上正式把对外开放确立为长期的基本国策。这一重大决策,体现了社会化大生产发展的客观要求,是社会主义国家吸收一切人类文明成果,赢得与资本主义国家比较优势的必然选择。"发展是硬道理",十六大提出"以开放促改革促发展"。从过去看,改革开放 25 年来,我们党的路线方针政策之所以得到广大人民群众的拥护,我们之所以经得起国际国内各种风浪的考验,我国的国际地位和影响力之所以不断提高,归根到底是由于我国经济持续快速发展,各项社会事业取得很大进步,综合国力显著增强。在党的第二代、第三代中央领导集体和以胡锦涛同志为总书记的党中央,坚定地高举邓小平理论伟大旗帜,着眼于新的实践与新的发展,不断提高对外开放水平,取得了不平凡的成就。

第一,全方位、多层次、宽领域的对外开放格局逐步形成。20 世纪 80 年代,通过兴办经济特区,开放沿海港口城市,开辟沿海经济开放区等一系列开放措施,我国对外开放和外向型经济发展取得了巨大成就。这一时期，我国抓住了国际上劳动密集型产业转移的历史机遇，着力发展轻纺产品加工贸易，珠江三角洲等区域快速崛起。20世纪90年代以来，以开发开放上海浦东为新起点，我国对外开放向纵深推进，在实施沿海地区经济发展战略的同时，实行沿边开放、沿江开放和内陆开放。这一时期，我国抓住了国际产业结构调整和转移的难得机遇，长江三角洲等区域加速振兴，珠江三角洲等产业带全面升级。至此，我国全方位、多层次、宽领域对外开放格局逐步形成。

第二，贸易大国地位基本确立。党的十七大以来，我国对外贸易保持良好发展势头，有效应对了由国际金融危机带来的挑战，货物贸易规模跃上新台阶，贸易结构持续优化，贸易大国地位逐步确立，主要表现在以下两个方面。（1）进出口总额和排名逐年提升。我国进出口总额从1978年的206.4亿美元，发展到2013年的41603.1亿美元，年均递增16.1%，世界排名从1978年的第29位跃升到第2位。货物出口总额20487亿美元，增长209倍，年均增长17.0%，居世界第一；货物进口总额18184亿美元，增长166倍，年均增长16.2%，居世界第二。（2）出口商品结构不断优化。近年来，中国的对外贸易得到长足发展，出口商品结构也有了明显的改善，集中表现为出口商品结构正逐渐由劳动密集型商品向资本密集型和技术密集型商品过渡，初级产品的比重不断下降，高新技术产品的比重迅速提高，具体见表1和图2，出口商品结构在从粗加工、低附加值产品出口为主向深加工、高附加值产品出口为主的转变中取得了显著成效。从表1和图2中可以看出，初级产品占出口总额的比重已由1985年的50.56%下降为2010年的5.17%，工业制成品出口占出口总额比例从1985年的49.44%增加到2010年的94.83%。但是中国仍然是贸易大国而非贸易强国，需要不断优化出口商品结构，提高出口商品的附加值和科技含量，实现我国出口贸易的可持续发展。

表1 我国1985—2010年出口结构变化（%）

年份	1985	1990	1995	2000	2005	2007	2010
初级产品出口占出口总额比例	50.56	25.59	14.44	10.22	6.44	5.1	5.17
工业制成品出口占出口总额比例	49.44	74.41	85.56	89.78	93.56	94.9	94.83
机械及运输设备出口占出口总额比例	2.82	9.00	21.11	33.15	46.23	47.39	49.46

资料来源：根据中华人民共和国商务部网站和历年统计年鉴整理得出。

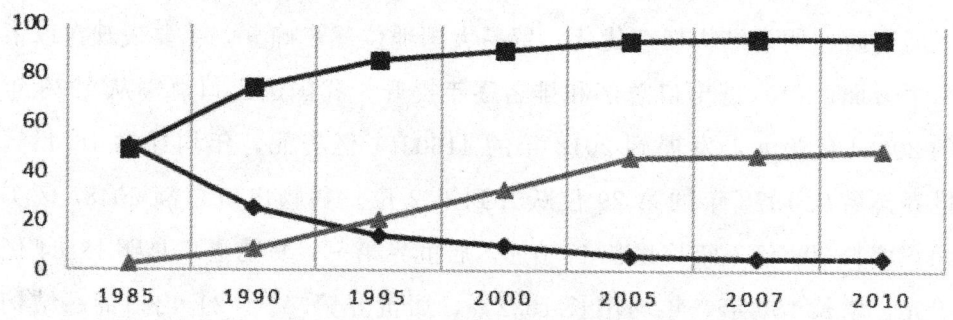

图2 我国1985—2010年出口结构变化趋势

资料来源：根据中华人民共和国商务部网站和历年统计年鉴整理得出。

第三，有效利用外商直接投资（FDI）。随着中国投资环境不断完善和吸引外资政策的合理调整，外商在华直接投资出现新动向，投资结构逐步改善，投资方式不断创新，外资质量和水平大幅提升。

（1）外商直接投资数量屡创新高。近年来，特别是在2008年金融危机之后，影响世界经济趋势的不确定性和不稳定性因素增加，中国吸引外商直接投资虽然呈现一定的波动性，但从趋势线来看，整体是逐年上升的（见图3）。2006年中国利用外商直接投资数额为670.76亿美元，比2005年增长5.13%。2007年首次突破700亿美元大关，达到783.39亿美元，比2006年增长16.79%，2008年突破900亿美元大关，达到952.53亿美元，2009年受到国际金融危机影响，我国利用外商直接投资数额下降为918.04亿美元。为了应对国际金融危机带来的负面效应，中国政府先后出台了一系列优化投资环境的政策措施。2010年4月国务院发布了《关于进一步做好外资工作的若干意见》，提出了20项具体措施，包括扩大外商投资领域，鼓励外资以并购方式参与国内企业改组改造和兼并重组等。同年6月商务部也出台了《关于下放外商投资审批权限有关问题的通知》下放若干类审批事项至各省政府。中国投资环境不断完善，吸引外资规模再次迈上新台阶。2010年实际利用外商直接投资首次突破千亿美元大关，达到1088.21亿美元；2011年继续攀升至1176.98亿美元，再创历史新高。从全球视角看，2009－2011年我国吸引外商直接投资位于世界前两位，在发展中国家始终居于榜首，但在全球外商直接投资中所占比重还比较低，未来进一步增长潜力和空间较大（见表2）。

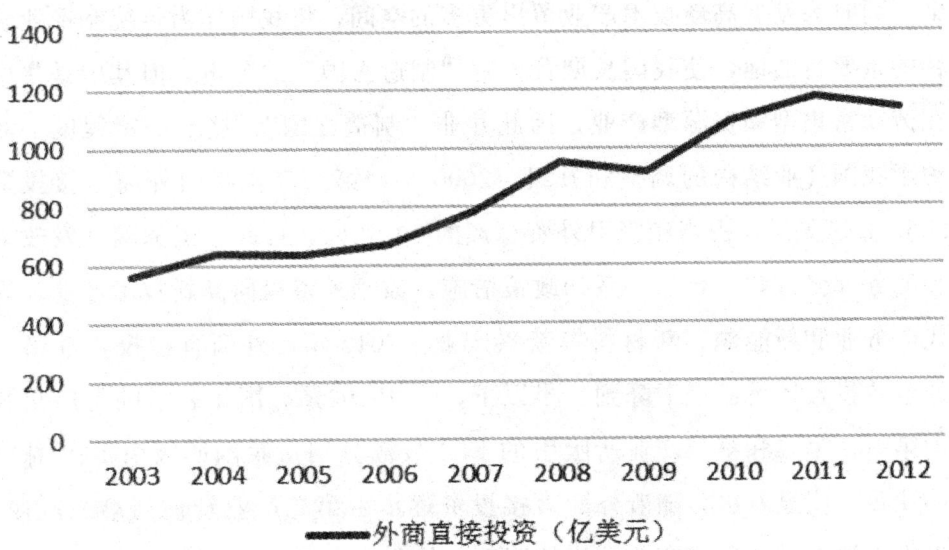

图3 我国2003－2012年外商直接投资变化趋势

资料来源：根据中华人民共和国商务部网站和历年统计年鉴整理得出。

表2 我国2005—2011外商直接投资总额及其占世界总额比重和排序

年份	2005	2006	2007	2008	2009	2010	2011
全球FDI流入总额	9587	14110	18333	17440	11850	12440	15240
发展中国家FDI总额	3164	4130	4997	6580	5110	5740	6840
中国吸收FDI占全球比重	6	5	4	5	8	9	8
中国吸收FDI占发展中国家比重	19	15	15	14	18	18	17
中国吸收FDI在世界的排序	3	5	5	3	2	2	2

资料来源：根据中华人民共和国商务部网站和历年统计年鉴整理得出。

注：FDI（Foreign Direct Investment）为外商直接投资英文的简称。

（2）外商直接投资产业结构优化。2000年前后，我国所吸引的外商直接投资主要集中在第二产业特别是制造业，大约90%左右的外资流入制造业。美日欧等发达国家为了降低产品成本，减少资源使用和环境污染，同时为发展高新技术产业留出更多的空间，将我国作为传统制造业转移的重要目的地，使我国长期背负着"制造大国"的名声，但其中是集中在劳动密集型和资源型产业，因此并非"制造强国"，这在一定程度上制约了我国产业结构的调整和升级。2000年，第二产业吸引外商直接投资286.72亿美元，占当年吸引外资总额的70.42%。自此，国务院、发改委和商务部修订和出台了一系列政策措施，鼓励外资投向高新技术产业、现代服务业和新能源、新材料等新兴产业。2012年，外商直接投资在第二产业的投资比重已经下降到一半以下，为49.96%。图4表示的是历年我国第一、第二和第三产业所吸引的FDI数额分别占我国所吸引FDI总额的比重，明显看出，随着外商直接投资逐步由第二产业转移到第三产业，也极大地促进了我国产业结构的调整、优化和升级。

第四，"走出去"开展对外经济合作实现重大跨越。近年来，我国企业走出去的步伐明显提速，我国已经成为对外投资大国，主要表现出以下特点。

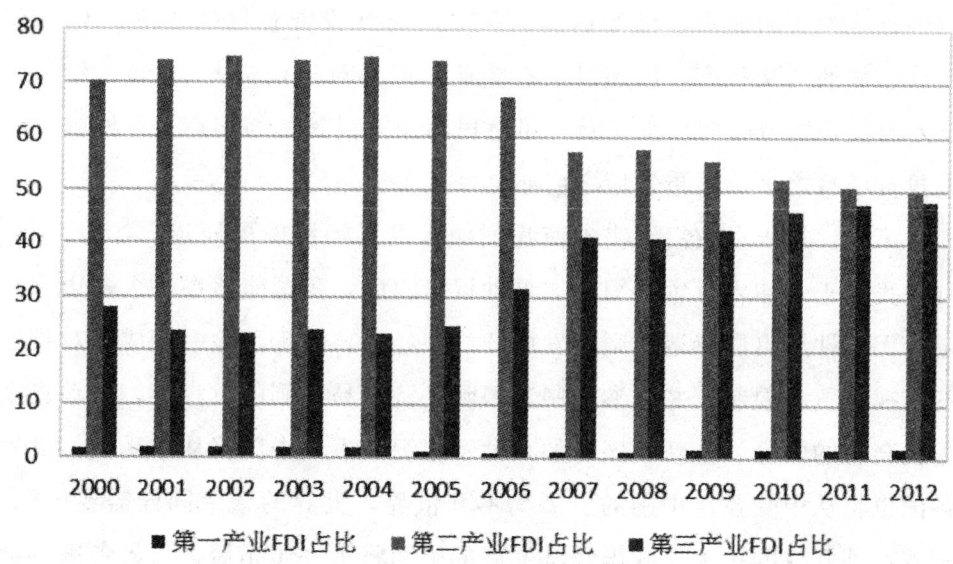

图 4　我国 2000—2012 年各产业吸引外商直接投资趋势图

（1）对外投资数额不断增加。世界金融危机之后，全球外国直接投资（FDI）流出量大幅减少。2010 年，全球外国直接投资为 1.12 万亿美元，仅比 2009 年的 1.11 万亿美元增长 0.7%。与之形成对比的是，2010 年中国对外直接投资数额达 688 亿美元，同比增长 21.7%，较 2001 年的 69 亿美元增长近十倍。同时，2010 年中国对外直接投资数额首次超过日本、英国等传统对外投资强国，上升到世界第五位。2011 年中国对外投资虽然增长速度低，但继续保持在高位，总额约 680 亿美元。

（2）国际并购逐渐成为对外投资主要方式。从对外投资方式来看，全球范围内的跨国并购已经成为我国企业走出去的主要方式。2011 年，以并购方式实现的直接投资 222 亿美元，占我国同期对外投资总额的 37%。获取海外先进技术、营销网络，开发资源能源，已经成为企业海外投资并购的重点。并购领域主要涉及采矿业、制造业、电力生产和供应业、交通运输业、批发零售业等。

（3）跨国投资主体转为民营企业。截至 2011 年年底，中国民营企业对外直接投资的比重,已经达到当年中国对外投资总量的44%,在一些具体领域的活跃程度,已超过国有企业,成为对外投资的一支新兴力量。从对外投资的资金规模上来看,虽然民营企业尚无法与国有企业匹敌,但是投资项目之多、涉猎领域之广亦是令人关注。

第五,加入世贸组织实现使我国融入世界经济发展轨道。2001年12月,我国正式加入世贸组织。加入世贸组织后,我国能够在一个多边、稳定、无条件最惠国待遇原则下发展开放型经济,逐步消除一些成员对我国的歧视性贸易限制,并在参与制定国际经济贸易规则的过程中,推动建立公正合理的国际经济新秩序。加入世贸组织,不仅中国将从中受益,世界各国也将从中受益。中国的发展离不开世界,世界的繁荣同样需要中国。随着对外开放的扩大,我国经济发展的空间将进一步拓展,世界各国将会在我国扩大开放中获得新的发展机遇。

三、我国对外开放面临的新挑战

自2008年爆发国际金融危机已5年有余。当前呈现在我们面前的世界经济总体图景是,2013年全球经济保持低速增长,同时推动全球增长的力量格局在改变。展望2014年,世界经济前景喜忧参半,整体经济复苏有望加快,发达国家和发展中国家之间的增速差距将进一步缩窄。随着风险因素犹存,美国量化宽松政策何时并以何种方式退出是世界经济近期最大的不确定因素,所产生的风险增加新兴经济体的挑战,不排除经济形势可能出现反复。但经济全球化大趋势不可逆转,各国将继续扩大开放、加快经济结构调整,积极抢占新一轮国际竞争的制高点。世界经济格局的加快调整和我国经济发展方式的加快转变,对我国对外开放提出了新要求。

（一）国际经济和政治环境复杂多变

1. 国际货币体系不利于目前经济发展模式

2008年金融危机对中国造成的最大危害是直接的金融部门损失、出口下降导致实体经济减速，而长期看，高度不稳定的国际货币环境对中国经济造成重大威胁。这场金融危机本质上是主要储备货币国家滥发货币造成泡沫经济的产生、积累和崩溃，而解决危机的基本方法则是危机国家（主要储备货币国家）发行更多的货币。从短期看，发达国家尽管注入大量流动性，但被信贷紧缩、内需下降导致的通货紧缩压力所抵消，实体经济减速导致石油、原材料等价格下降，发达经济体近期内将出现一个通货紧缩区间。由于规避风险、海外撤资、目前尚无有效替代美元的储备资产等原因，资本被迫流向美元资产，美元对欧元、英镑等货币近期内还趋于升值。而从中期看，美、欧为救市承诺注入数万亿美元的流动性，必然带来巨大的全球通胀压力。由于欧洲也注入了大量欧元流动性，因此美元、欧元等主要储备货币相对于全球实物财富而言都会呈贬值趋势。中国以巨额外汇储备形式积累的财富将被稀释几乎是难以避免的。海外投资并不能从根本上解决这个问题，因为海外投资即使成功，其利润如不能为国内需求所吸收，也只是转化为更多的外汇储备。主要储备货币汇率的大幅无序波动无论对于出口产业或海外投资无疑都将是极大的风险。在高度不稳定的国际货币环境下，坚持出口导向的增长方式将付出越来越大的代价。金融危机导致国际经济环境的剧变，正在对中国经济产生全局性的影响，增强了中国转变增长方式的紧迫性，出口导向型发展战略以及外资依赖战略受到挑战。在全球需求紧缩，发达国家内需普遍减弱，甚至要靠出口减轻衰退的情况下，中国要维持外需拉动的增长方式事实上已难以为继。

2. 全球化反思推动各国调整利益格局

国际金融危机影响深远。当前，世界经济增速放缓，国际市场需求受到抑制，全球贸易和投资增长短期内还难以恢复到国际金融危机前的水平，实现世界经济全面复苏将是一个缓慢而复杂的过程。经济全球化受到重挫，发达国家推进全球化进程的意愿、能力有所下降，部分国家民众出现"经济民族主义""排外主义""贸易保护主义"等反经济全球化思潮，实施自由贸易和开放政策的民意基础受到一定削弱。另外，全球经济失衡是这次国际金融危机的深层次原因之一，发达国家过度依赖虚拟经济的增长模式在危机中受到很大冲击，原有增长模式难以为继，纷纷提出世界经济"再平衡"、"再工业化"以及贸易逆差国扩大出口等政策设想及目标。一些国家还酝酿把"碳排放"与贸易挂钩，征收所谓的"碳关税"，各种形式的保护主义抬头。

与此同时，国际金融危机改变了各国力量对比，发达国家实体经济复苏步伐缓慢，发展中国家特别是新兴大国复苏势头强劲，推动世界经济增长的作用更加凸显，多极化趋势加速发展，世界银行、国际货币基金组织等全球经济治理结构调整加快推进，新兴经济体和发展中国家话语权有所提升。不同利益集团围绕全球气候变化、能源资源安全、国际货币金融体系、经济全球化规则等全球性问题的博弈更加激烈，发展权、话语权的斗争更加复杂。虽然以科技进步和生产要素全球配置为基础的经济全球化的长期趋势不可逆转，经济全球化深入发展的客观基础和总体趋势不会改变，但这种全球性的经济格局调整和转型，无疑会给我国经济发展模式和对外开放带来深远影响。

3. 全球分工深化加剧资源要素竞争

国际金融危机加快了科技进步和创新步伐，推动着世界产业变革与结构调整，全球产业将经历大重组、大洗牌和大升级。全球主流消费市场也在向健康、节能、环保、低碳和个性化、智能化等方向发展，新的技术和创意正在推动形成一些新的消费热点。发达国家加快调整科技和产业发展战略，把绿色、低碳技术及其产业化作为突破口。美国推出绿色经济复苏计划、欧盟实行绿色技术研发计划等，都是为了塑造新的竞争优势，抢占新的制高点。发达国家经济结构调整和"再工业化"进程加速了全球要素重组和产业调整步伐,国际产业转移在更大范围、更大规模、更深层次上推进,加快由一般制造业向高端制造业、高科技产业和服务业延伸,跨国并购明显增多,跨国公司服务业外包的意愿进一步强化,对中国等发展中国家市场的兴趣进一步增加,将进一步推动国际贸易和跨境投资发展,形成更加错综复杂的国际分工和产业发展格局。与此同时,围绕市场、资源、人才、技术、标准等高端资源要素的竞争更加激烈。

国际金融危机后,世界性产能过剩矛盾突出,有效需求不足成为各国发展的瓶颈,市场成为更加稀缺的资源。新兴国家对矿产资源的需求逐步增大,主要资源价格可能重现危机前大幅上涨的局面。世界各国加快科技创新步伐,各国对人才和技术等科技创新核心要素的竞争更加激烈。标准成为各国争夺的制高点,发达国家试图通过制定更加严格的减排规则和技术标准,主导危机后全球经济新的游戏规则,提高发展中国家的发展成本。气候变化以及能源资源安全、粮食安全等全球性问题将更加突出。从总体上看,我国产业还处于国际产业链的低端,原有低成本出口导向模式将面临更加激烈的国际竞争,到了难以为继、非改不可的地步。如果不能把握趋势、抢占先机,就会拉大与发达国家之间的差距。一是发达国家在高端制造业、科技创新和生产性服务业等方面仍占优势,对我国形成持续的竞争压力;二是发达国家推动再工业化,与我国竞争加剧;三是一些新兴市场和发展中国家劳动力低廉,我国劳动力成本相对上升,某些劳动密集型制造业面临挑战;四是新兴市场之间吸引国际投资和产业转移的竞争将进一步加剧。

(二)国内经济发展面临多重矛盾

反观国内经济形势也正经历深刻而复杂的变化,经济正处于增长速度换挡期,结构调整阵痛期,前期刺激政策消化期重复叠加的阶段。我国发展仍处于战略机遇期,但面对诸多突出的"两难"问题和矛盾,已进入只有调整经济结构才能促进持续发展的关键时期。

1. 经济社会体制转型难度不断加大

一是面临经济体制转型的挑战。中国改革开放30多年,经济对全球开放与市场经济体制改革同步推进,已形成了全方位对外开放和初步建立社会主义市场经济体制的经济快速发展局面;而相比之下,我国的政治体制和政府管理经济的职能转变还比较滞后,改革的既得利益者,难以放弃配置资源的权力和市场垄断的地位,不愿实行"大刀阔斧"式的改革开放,而成为改革开放面对的"硬骨头"。从某种意义上讲,要打破经济体制改革的某些障碍或"瓶颈",还得借势改革开放这一把"利剑"。二是面临社会结构转型的挑战。我国已进入了一个社会经济加速发展和社会结构转型的重要时期。首先,我们要加速工业化的进程,用信息技术改造传统的工业经济,用信息化带动工业化;其次,面临着经济发展过程中的大量消耗能源、资源和加重环境污染的严峻挑战。三是面临经济增长方式转型的挑战。中国是一个名副其实的人口大国和劳动力大国,以占世界人口总数22%(1/5强)的绝对优势,号称世界人口"第一大国"。目前全国就业人口达7.6亿人,占全球就业人口(28亿)的1/4强,中国又是一个实实在在的劳动力"第一大国"。我国农村有劳动力4.8亿,除了农业和农村企业消化约3亿劳动力以外,还有剩余劳动力约1.8亿;近几年我国每年新增劳动力约2400万(其中每年约有500万大学生毕业就业)。我国劳动人口之多、就业压力之大,也堪称"世界第一"。近年来,受国际金融危机的影响,一些企业处于半关闭和关闭的状态,甚至有的企业面临倒闭的危险。有的企业出口利润很大程度上是以榨取农民工的劳动剩余价值为前提的。有学者认为,我国的对外贸易经济基本上属于"打工经济",它主要是建立在"硬苦力"型增长方式基础上的。

2. 经济发展方式不可维系

改革开放30多年来,我国经济快速发展,成为全球具有重要影响的最大新兴经济体和世界工业与制造业大国。但也要看到,我们的发展也付出了很大的代价,经济结构不合理的矛盾长期积累,发展不平衡、不协调、不可持续的问题日益显现，突出表现在需求结构失衡、供给结构不协调、要素利用效率低下、环境损害大、空间布局不合理等方面。从需求结构看，主要是内需与外需、投资与消费失衡。多年来，我国经济对外贸的依存度不断上升，投资率偏高，消费率偏低。贸易依存度从1985年的22.7%上升到2010年的56.7%，2005年曾高达63.6%，资本形成率从20世纪80年代初的32%左右上升到2009年的46.8%，最终消费率则由同期的67%左右下降到48.6%。

作为一个经济大国，长期依赖投资、外需拉动，不利于国民经济良性循环。从产业结构看，主要是三次产业发展不协调，部分行业产能过剩。2009年我国服务业比重为42.6%，不仅远低于高收入国家74%和世界平均70%的水平，甚至低于低收入国家50%的水平，我国服务业发展明显滞后。工业大而不强，缺乏核心技术和品牌，基本上集中在价值链低端，重化工业产能扩张过快，与资源环境的矛盾加剧。从城乡和区域结构看，主要是城镇化发展滞后、中西部地区发展滞后、城乡和区域之间生活条件和基本公共服务差距较大。2009年，城镇与农村居民收入比为3.33：1，东部与中西部人均GDP之比为2.2：1。从要素投入结构看，主要是资源消耗偏高，环境压力加大，资源环境的约束日益突出。2009年，我国消耗的钢材占全球的46%，煤炭占45%，水泥占48%，油气占10%，单位GDP能耗是美国的2.9倍、日本的4.9倍、欧盟的4.3倍、世界平均水平的2.3倍，预计今后一段时间，经济增长的能源资源和环境硬约束将更加趋强。总的来看，中国人均GDP已经超过3600美元，迈入中等收入国家行列。可喜的是，中国保持了30余年GDP年均增速达9.9%的纪录，当前经济增长势头依然强劲。担心的是，中等收入发展阶段的各类陷阱已不同程度地凸显。可以说，中国已经进入只有调整经济结构才能促进持续发展、跨越"中等收入陷阱"的关键时期。

3. 对外贸易不平衡进一步加剧

首先，对外贸易不平衡加剧，贸易摩擦持续上升。随着中国对外贸易的快速发展，中国贸易发展中面临着新的问题。一是外贸发展不平衡。货物贸易顺差持续扩大，而服务业国际竞争力低下，服务贸易持续逆差。二是与主要贸易伙伴的双边贸易不平衡日益加剧。周边经济体大多对中国享有贸易顺差，而中国对美、欧盟等主要贸易伙伴的顺差持续扩大，按美方统计，中国对美贸易顺差超过2000亿美元，贸易不平衡成为影响双边经济贸易关系的突出问题。三是中国与贸易伙伴的贸易摩擦由来已久。据世界贸易组织统计，1995－2006年，中国累计遭受国外反倾销536起，占世界反倾销总量的17.6%。针对中国出口的反倾销、反补贴等各种贸易摩擦案例迅速增加，自1995年以来，中国一直是世界上被反倾销最多的目标国。针对中国的反倾销调查逐年增加，年均立案数80年代为6.5起，加入WTO后，年平均立案数超过了50起。2005和2006两年，中国遭受国外反倾销占世界的比重分别高达27.9%和35.2%，呈明显的上升趋势。2006年共有25个国家和地区对中国发起"两反两保"（反倾销、反补贴、保障措施和特殊保障措施）调查86起，同比增长37%，涉案金额20.5亿美元。仅欧盟对华皮鞋反倾销案涉案金额7.3亿美元，影响7万人的就业。不仅发达国家采取针对中国出口的各种贸易救济措施，发展中国家更是后来居上，2006年，印度、土耳其等发展中国家对中国发起贸易救济调查的案件数占中国遭遇"两反两保"案件总数的71%。不仅如此，贸易摩擦的负面影响还向更广泛的领域扩散，如一些国家对中国汇率政策施加压力，甚至加剧了形形色色的"中国威胁论"。中国之所以面临大量的贸易摩擦，有着多方面的原因。一是由于中国出口迅速扩大，与进口国企业的竞争加剧；二是中国在加入WTO议定书中存在"非市场经济"、"特殊保障"等不利的条款；三是中国在全球产业价值链中处于劳动密集环节，出口产品的附加价值较低，出口产品价格低廉。

其次，出口产品附加价值低，结构升级受制于知识产权。尽管中国产品中高新技术产品比重高达29%，高于经合组织（OECD）国家，但这并不意味着中国出口产品具有较高的附加价值。由于全球化的深化，形成了全球产业价值链，中国通过吸引外资，从附加价值较低的最终组装环节融入了国际分工网络，这一战略带来的巨大好处，是为中国低素质劳动力创造了数千万个就业机会，将劳动附着在制成品上出口到国际市场获得了宝贵的外汇。不足之处在于，出口产品的附加价值太低。以加工贸易为例，2006年在中国的增值率只有37%。在极端的例子中，出口产品在中国的增值率不到10%。减少贸易摩擦的根本出路是提升出口产品结构，因此，提升出口产品的结构是中国对外开放中的一个重要任务，但面临着知识产权领域的制约。技术性贸易壁垒对中国出口的制约日益严重，同时中国出口产品升级面临发达国家企业与政府利用知识产权的双重制约。

再次，对外部资源能源依赖程度快速上升。中国人均资源占有量相对短缺，主要矿产资源储量不足，必须依赖国际市场。以石油为例，1993年后中国变为石油净进口国后，石油进口逐年增加，2006年中国进口原油1.45亿吨，成品油3638万吨，石油的进口依存度达到47%。据预测，到2020年，中国石油消费量将达4.5亿－5.4亿吨，成为世界第一大石油进口国，届时石油的对外依存度有可能接近60%。对海外资源的过度依赖，无疑会导致资源安全问题，为了应对这个局面，需要增加资源战略性储备、对外投资以及建设安全的运输通道等。国际资源价格剧烈变动对中国产生冲击。中国已经成为世界上一些重要资源的主要进口国，但是，中国在这些资源的国际市场定价上，发言权并没有因其需求份额而相应提高。由于没有长期采购协议，也没能充分利用期货市场，中国的进口大多只能被动地接受国际现货市场的价格，受到价格剧烈变动的强烈冲击。

4. 企业面临高成本压力

在中国启动新一轮汇率制度改革以来，人民币对美元、欧元升值的压力增大，而人民币汇率升值，必然导致资产价格重新估价，资产价格上涨。人民币升值，也使出口成本上升，企业利润率下降。虽然人民币升值使进口成本下降，理论上进口产品价格可以下降，但是，由于中国进口需求规模扩大，进口依存度高，中国成为许多大宗产品（如矿产品）的最大进口国，出口商会利用中国进口扩大的机会和寡头垄断地位提高价格，导致人民币升值下进口产品价格不跌反涨，而进口投资品价格上涨，会增加工农业产品的生产成本。中国作为世界制造中心，在经济增长率持续走高、生产加工能力不断扩大的背景下，对能源、原材料、矿产品、水资源等的需求越来越多，资源压力日益凸显，导致资源类产品价格全面上涨，并传导到下游的加工制造业领域，制造业产品的成本也出现上涨趋势。中国进入重化工业加速发展时代，不仅资源类产品需求扩大推动其价格上涨，而且环境压力与日俱增，一些发达国家谋求征收碳排放税，祭起新贸易保护大旗。改善生态环境已成为现实的政策选择。企业的环保投入增大，成本上升。另外，为了缩小个人收入差距，必须提高工资标准，完善社会保障体系，也使企业的劳工成本上升。总之，在资产价格、出口成本、大宗进口产品、资源类产品、环境成本、劳工成本全面上涨趋势下，较长时期内的成本推动型通货膨胀压力不可小觑。

四、我国对外开放的政策取向

（一）加快经济发展方式转变，推动产业结构优化升级

对外开放的根本目的就是要促进经济又好又快的发展，不断提高人民的生活水平，而加快经济发展方式的转变，推动产业结构的优化升级是关系国民经济全局紧迫而重大的战略任务。因此，我们要通过新开放战略的实施加快经济发展方式的根本转变，即促进经济增长由主要依靠投资、出口拉动向依靠消费、投资、出口协调拉动转变，由主要依靠第二产业带动向依靠第一、第二、第三产业协同带动转变，由主要依靠增加物质资源消耗向主要依靠科技进步、劳动者素质提高、管理创新转变。发展现代产业体系，大力推进信息化与工业化融合，提升高新技术产业，发展现代服务业，提高服务业比重和水平。

(二)扩大国内消费需求,促进储蓄和投资平衡

我国经济正从外向型经济转向开放型经济,开放经济不再只是我国的一个经济方面或一个经济部门,而是我国解决一切经济问题的根本前提和基础条件。对外开放既是造成一系列国内经济问题的原因,又是解决这些问题的渠道。消费、储蓄和投资不平衡是我国面临的最大结构性问题,也是造成经常项目大量顺差、国内流动性过剩、通胀压力不断扩大的根源。因此,我们必须通过不断扩大对外开放,通过增加进口,鼓励投资等多种方式刺激国内消费需求,降低国民储蓄率,协调储蓄、投资关系,从而减少经常项目顺差和国内通胀压力,优化经济结构。

(三)转变外贸增长方式,促进收支平衡

外贸增长方式的转变是目前我国贸易政策的中心环节,我们要立足以质取胜,调整进出口结构,鼓励自主知识产权和自主品牌的产品出口,促进加工贸易转型升级,大力发展服务贸易,以改变数量增长高质量效益低的局面。同时,大量的贸易顺差既增加了与贸易伙伴的经贸摩擦,又加大了国内通货膨胀的压力。下一阶段我们需要继续采取综合措施促进贸易收支实现基本平衡,具体包括通过削减关税、取消非关税措施,扩大服务贸易开放领域、推进贸易便利化等措施扩大进口,限制"两高一低"产品出口和完善出口退税制度规范管理出口等措施。

要使贸易大国变为贸易强国,必须转变对外贸易的增长方式。第一,要提高对外贸易的质量和效益,改变出口主要依靠低成本和拼数量的方式,改变粗放型和数量型的发展模式,使出口主体形式多样化和贸易形式多样化。优化出口商品的结构,努力创造具有自己知识产权、自己品牌的商品和服务出口,控制资源性、高耗性、高污染产品的出口,扩大新技术产品和附加值高的产品出口,提高出口商品的质量、档次、花色品种和效益。要提高加工贸易的产业层次,改变产品贸易量增加而贸易增加值低的

现状,加快产品的升级换代,使出口贸易从数量上的扩张,向提升质量和提高国际竞争力方面转变,在出口产品中使成套机器设备、精密仪器、高精装备,交通运输技术产品的比重加大,真正做到以质取胜,按国际标准组织出口商品的生产、实现出口贸易增长方式的根本转变;第二,要调整进口产品结构和市场结构,落实科技兴贸战略,优先进口国内发展必需的、重要的、紧缺的高新产品、高新设备、高新技术和具有战略性的资源,实现战略物资进口来源的多元化、方式的多样化和渠道的稳定化;第三,要发展绿色产品贸易,适应国际环境保护的潮流,健全我国环境保护标准,严格控制高耗能和高污染产品的贸易,形成有利于节约资源和保护环境的贸易结构,讲究生态环境效益,做大做强国内绿色产业,扩大绿色产品出口,在国际绿色产品市场上占据更大份额;第四,要改革和完善对外贸易体制,形成出口增长主要依靠质量和效益的机制,按照国际通行规则建立统一、科学的外贸管理制度,形成内外贸一体化的管理机制,健全国际贸易摩擦的有效应对机制,积极开展同国外贸易保护主义的斗争,扩大企业外贸经营权,推进国家贸易方式的电子化和贸易手段的网络化。

(四)完善人民币汇率形成机制,逐步推进资本账户开放进程

人民币汇率问题已成为我国金融改革开放中的核心问题之一。虽然目前已形成更具弹性的人民币汇率机制,但仍需进一步完善,特别要防范人民币升值预期给我国经济带来的诸多风险。资本账户的开放是我国金融开放的重要目标之一,我们现已建成和发展了 QFII (Qualified Foreign Institutional Investors,合格的境外机构投资者)和 QDII (Qualifed Domestic Institutional Investors,合格的境内机构投资者)等资格认证制度,但其开放是一个逐步推进的过程,需要首先完善国内的诸多金融政策,提高国内金融企业的国际竞争力,并建立一个完善的国际金融风险的预警和防范体系。

（五）创新利用外资方式，提高利用外资质量

引进和利用外资一直都是我国对外开放的重要内容，外资的大规模流入促进了经济增长，改善了产业结构，增加了就业机会，提高了企业的技术和管理水平，对中国经济发展具有不可替代的作用，但也造成了一系列的问题，比如区域经济和产业结构发展的不平衡，对外技术依赖性增加而自主创新能力不足，地方政府在引资上的恶性竞争所导致的税收和土地收益损失、环境污染以及劳动者权益的损害等。因此，我们在新开放战略中一方面要优化利用外资产业结构和地区布局，稳步推进服务业的对外开放，发挥利用外资在推动自主创新、产业升级、区域协调发展等方面的积极作用，另一方面要限制和禁止高耗能、高排放和部分资源性的外资项目，切实纠正招商引资中违法违规的做法。

我们要把利用外资同国内经济结构的调整和国企改组改造相结合，鼓励跨国公司投资农业、制造业和高新技术产业，积极引进外资是实施开放战略的基本点，引进外资是中国经济高速增长的重要基本条件。具体而言，第一，要把引进外资同提升国内产业结构和技术水平相结合，同促进区域协调发展和提高企业自主创新能力相结合。外资数量本身不是发展的成就指标，它是反映经济开放程度的指标，通过引进外资，对现有企业进行改造、充实和提高，改变技术进步缓慢和生产工艺设备落后的状况，依靠技术的优化升级实现规模经营，努力提高结构优化效益、规模经济效益和区域分工效益。从主要依靠增加大量资金投入转变到主要依靠提高生产要素的质量上来，提高综合要素生产率对经济增长贡献的份额；第二，要合理利用外资，发展开放型经济，改变经济中的结构不合理、产品质量差、附加值低的状况，通过引进一批高附加值、高技术的产品，加速我国产业结构的进步，做好引进技术的转化、吸收和创新；第三，要提高利用外资的质量，加强对外资产业和区域投向的引导，抓住国际产业转移的机遇，扩大外资直接投资规模，引导外商参与国家鼓励的基本建设项目，包

括农业综合开发和能源、交通、重要原材料的建设项目；拥有先进技术、能改进产品性能、节能降耗和提高企业经济效益的技能项目；能提高产品档次、扩大出口、提高创汇能力的项目；能综合利用能源防止环境污染的技术项目；第四，利用外资要根据国家经济发展的需要、国家产业政策和偿还能力，利用外资的重点要放在农业、水利、能源、交通和重要原材料等行业方面，要降低借款成本，多利用长期优惠贷款，降低商业性贷款比重，调整债务结构和币种结构，建立有效监督机制，加强和改善对外借款的宏观调控和项目管理，防范债务危机和金融危机，维护国家经济主权。

(六) 继续推行"走出去"战略，塑造优秀跨国企业和品牌

随着经济的增长和国民收入水平的不断提高，中国的对外投资额在不断增长之中，尤其在人民币不断升值的背景下，未来一段时间我国对外投资必将进入一个快速增长通道，这要求我们必须在新开放战略中建立一个系统、完备的对外投资战略，要进一步完善和落实支持企业"走出去"的政策措施，支持企业在研发、生产、销售等方面开展国际化经营，加快培育我国的跨国公司和国际知名品牌，同时也给东道国创造税收和外汇收入以及就业机会，共享"中国机会"。

实施走出去的发展战略，是新阶段对外开放的重要举措，是实施可持续发展战略的必然要求。要鼓励和支持有比较优势的各种所有制企业对外投资，带动商品和劳务出口，形成一批有实力的跨国企业和著名品牌。具体而言，一要更好地在全球范围内优化资源配置，在国际市场中求生存谋发展；充分利用国外自然资源，科技资源和人才资源，实施战略性的海外投资，在科技密集的国家和地区设立研发机构或高技术企业，创立我国自己的世界级名牌产品；二要把技术设备、产品带出去，发挥比较优势，积极开展对外经济合作，在互利互惠的双赢中促进国家经济的发展，带动商品、技术和服务出口，提高商品在国际市场的占有率，在国际分工与合作中提高占领国际市场的能力，提高出口竞争力，提高在国际项目的中标能

力；三要参与国际经济竞争与合作，开展跨国经营和跨国投资，培育我国的跨国公司，在对外投资中做到以企业为主，以市场为导向，以提高经济效益和增强国际竞争力为目的。投资的重点要放在能源、原材料、高技术等领域；四要正确选择走出去的具体形式，或投资办厂、或跨国购并、或股权置换境外上市、或设立研发中心、或创办工业园区。对外承包工程要从土建、分包向总承包、项目管理承包发展；五要逐步完善对外投资的法律法规和服务体系，健全投资风险防范机制，简化审批手续，加强对企业海外投资的管理和监督，防范在对外投资中国有资产的流失。

（七）广泛利用科技资源，加快创新型国家建设

技术水平不高、创新能力不强是制约中国经济增长方式和贸易增长方式转变的瓶颈，为此中国提出了建设创新型国家的战略，这一战略与互利共赢的开放战略都是科学发展观的具体体现，是一脉相承、相互支撑的。在新的开放阶段，我们必须加强国际技术合作与交流，引入国际科技人才，参加国际技术联盟，参与制定国际技术标准，正确认识对外开放与自主创新的关系，充分利用国际科技资源，才能尽快建成创新型国家。创新型开放国家建设中的诸如知识产权保护等制度建设以及产生的大量知识成果，既有利于中国经济的可持续增长，又可为世界各国的科技进步和经济发展提供有力的制度保障和技术支持。

（八）完善自由贸易区建设，发展国际经济合作机制

加快自由贸易区建设是我国加强多边双边经贸合作的新举措之一，目前我国已与东盟、巴基斯坦、智利等国家和地区签署了自由贸易协定，今后一段时间我们仍然要继续推进自由贸易区的谈判，并认真实施已签署的协定，使世界各国都能从与中国的经济合作中找到自己的发展机遇。此外，我们还将继续创立并发展诸如中非合作论坛、中美战略经济对话这样的国际经济合作新机制，为解决双边多边经贸、能源、外交、政治甚至军

事问题提供良好的平台。

（九）努力深化涉外经济体制的改革，提供良好的对外开放环境

扩大开放必须同涉外经济体制的改革相协调，以开放促进改革，以改革促进开放。那么，如何深化涉外经济体制的改革呢？一方面，要完善对外开放的制度保障。要加快涉外经济法律法规体系和管理体制的建设，形成与我国发展、改革、开放相适应的涉外经济管理体制；要在涉外经济运行方式上，充分发挥市场在资源配置中的基础性作用；要在涉外经济的行为主体方面，保证各类企业在对外经贸活动中的自主权和平等地位，建立内外统一的市场体系和企业主体；要健全和完善保障公平贸易的管理制度，建立应对贸易和投资争端的快速反应机制，健全我国技术壁垒体系和反倾销、反垄断体系，善于运用国际通行规则保护和发展自己；要完善外贸运行监控体系和国际收支的预警机制，用全球的眼光观察世界和筹划发展。另一方面，要加快政府职能的转变，在依法管理涉外经济的活动中强化服务和监督，运用法律手段和行政手段，维护国家利益和经济安全，保障投资者的权益；要把行之有效的开放措施规范化、制度化和法制化；要加强关键行业和领域的控制，规范行业标准和产品标准；要实行政企分开，加快行政审批制度的改革，规范和简化审批程序，在对外经济活动中提高行政效率；制定和完善市场准入标准，完善内外贸一体化的管理机制，建立加入WTO后的长期应对机制，制定开放效益的评价标准和指标体系。消除别国对我国的歧视性贸易限制，形成国际贸易摩擦的有效应对机制；积极参与制定国际经济贸易规则，建立公正合理的国际经济新程序，形成维护经济安全的风险防范机制。

（郭威：中共中央党校经济学部副教授）